社会政策学会誌第17号

格差社会への視座

貧困と教育機会

法律文化社

社会政策学会誌編集委員会

＊編集委員長　小笠原　浩一　　編集副委員長　室住　眞麻子

石井まこと	＊上原　慎一	大塩まゆみ
＊熊沢　透	栗田　明良	笹谷　春美
篠原　健一	＊清山　玲	竹田　昌次
都留　民子	西村　智	＊橋本　健二
＊平岡　公一	＊藤澤　由和	＊松尾　孝一
＊湯澤　直美	＊吉村　臨兵	渡邊　幸良

付記：本誌の編集は，春季号編集委員会（＊印の委員で構成）が担当した。

はじめに

　本号は，社会政策学会第112回大会（2006年6月3日（土）〜4日（日），立教大学池袋キャンパス）の大会報告ならびに投稿論文を中心に編集されている。
　同大会の共通論題は「『格差社会』のゆくえ」であり，4本の報告がなされた。このうち，本号では，3本の報告と座長報告とを掲載している。また，11のテーマ別分科会と8の自由論題会場が設けられ，それぞれ充実した研究報告がなされた。テーマ別分科会にはあわせて23本の報告が，また，自由論題には22本の報告が，提出された。その中から，テーマ別分科会の4本の報告を本号に収録することとなった。とくに，国際交流委員会企画の分科会において報告された UCLA の Katherine Stone 教授には，本号への寄稿につき特段のご配慮を賜った。また，テーマ別分科会における報告内容と討論の様子については，恒例に従って，座長報告を掲載している。本号にご執筆くださった各位ならびに Stone 教授への仲介の労をおとりくださった関口定一会員に感謝申し上げる。
　本号には12本の論文投稿があった。本号から投稿論文審査の方法を改善した。評価段階を細分化するとともに，評価の内容について具体的で改善促進的なものに改めている。その結果，編集日程に間に合った4本を本号に掲載することができた。さらに数本が再審査の過程にあり，次号以降に掲載を待つことになる。査読を担当してくださった会員各位には，相当に負担の重いお願いであったにもかかわらず，質の高い丁寧なコメントをお寄せくださり，さらに再審査，再々審査まで快くご協力くださったことに感謝申し上げる。
　収録論文の英文サマリーについて，査読・校正を一手に引き受けてくださったのは Charles Weathers 会員であった。英文査読の専門性を確保するための編集委員会からの突然のお願いであったが，ご快諾くださった。感謝申し上げる。
　なお，第112回大会の共通論題報告のうち，残念ながら学会誌への原稿提出

に至らなかったものが1本ある。大会共通論題報告はすべて学会誌に収録する慣行になっているだけに，編集委員会としては大変残念なところである。ただし，当該報告の内容については矢野聡会員による共通論題座長報告が紹介してくださっている。

　最後に，本号の刊行について法律文化社の岡村勉社長，田靡純子部長，編集担当の浜上知子さんにご尽力いただいた。謝意を表する。

　2007年3月

　　　　　　　　　　　　　　　　　　　　　社会政策学会誌編集委員会

　〈お詫び〉　学会誌第16号の288頁に記載されている，鍾家新会員のお名前が間違って表記されております。お詫びして訂正いたします。
　　　　　　　正：鍾家新　　誤：鐘家新

目　次

はじめに

Ⅰ　共通論題=「格差社会」のゆくえ

1　方面委員から民生委員へ……………………………谷沢弘毅　3
　　——生活保護政策における歴史の分断と継続
- 1　問題の所在　3
- 2　戦前期の生活保護動向　4
- 3　方面委員制度の特徴　7
- 4　戦後の生活保護政策の変容　11
- 5　結びにかえて　15

2　現代日本のポバティラインを考える………………玉井金五　17
- 1　はじめに　17
- 2　「格差感」から「平等感」へ　19
- 3　1980年代における「官」と「民」　22
- 4　ミニマム保障の揺らぎと1990年代　26
- 5　おわりに　29

3　「学習資本主義」と教育格差………………………苅谷剛彦　32
　　——社会政策としての教育政策
- 1　問題の設定　32
- 2　「学歴社会」における人的資本形成　34
- 3　学習の離床　36
- 4　人的資本と学習の市場化　38
- 5　学習の階層差　41
- 6　教育資源の配分構造の変化と政策論　45

〔座長報告〕
4　格差社会への視座……………………………………矢野　聡　49

  1 学会の本質を貫く恒久的課題 49
  2 貧困問題への取り組み 51
  3 現代の貧困および格差社会の位置づけ 51
  4 社会政策としての教育政策 52
  5 新日本的経営と格差社会 53
  6 格差社会の向こう側 53
  7 ま と め 54

Ⅱ　テーマ別分科会＝報告論文と座長報告

テーマ別分科会1＝労働市場の構造変化と労働法・労働政策の課題①

1　From Widgets to Digits …………… Katherine V. W. Stone　57
　　――Legal Regulation of the Changing Contract of Employment

  1 Changes in the Employment Relationship 57
  2 The New Employment Relationship 59
  3 New Risks and Vulnerabilities of the New Employment Relationship 63
  4 The Role of Law in the Old Employment Relationship 64
  5 The Demise of the New Deal System 66
  6 Income Inequality 69
  7 Reforming Labor Law for the New Employment Relationship 70

テーマ別分科会1＝労働市場の構造変化と労働法・労働政策の課題②

2　労働法改革と雇用システム ……………………… 仁田道夫　73
　　――解雇法制をめぐって

  1 はじめに 73
  2 グローバリゼーションが雇用に及ぼす影響 74
  3 解雇法制と労働基準法改正 76
  4 解雇法制と経営者主流の対応 79
  5 雇用ポートフォリオ 81

テーマ別分科会4＝同一価値労働同一賃金原則と賃金制度改革の動向

3　今日の賃金制度改革と同一価値労働同一賃金原則 …… 森ます美　84

1　同一価値労働同一賃金原則と日本の到達点　84
　　2　同一価値労働同一賃金原則の視点からみた
　　　　今日の賃金制度改革の動向　86
　　3　労働組合の同一価値労働同一賃金原則への取り組み　96
　　4　同一価値労働同一賃金原則の実現に向けて　99

テーマ別分科会8＝日本におけるジェンダーレジームの諸相
4　男性研究の現在と日本のジェンダー分析 ……… 宮下さおり　103
　　――近代家族の大衆的普及に関する問題を中心に
　　1　課 題 設 定　103
　　2　近代家族論における「男性」の位置　104
　　3　男性研究の現在　108
　　4　まとめにかえて　110

〔座長報告〕
第1分科会（国際交流委員会Ⅰ）
　労働市場の構造変化と労働法・労働政策の課題
　　――日本とアメリカ（関口定一）　116

第2分科会
　東アジア発の比較福祉国家論（埋橋孝文）　120

第3分科会（保健医療福祉部会）
　健康格差と社会政策
　　――不健康と貧困・社会排除に対する欧州の政策展開（藤澤由和）　125

第4分科会
　同一価値労働同一賃金原則と賃金制度改革の動向
　　――日本におけるペイ・エクイティ実現の課題を探る（遠藤公嗣）　129

第5分科会（労働組合部会）
　サービス産業の企業別組合の現状分析
　　――ホテル，流通産業の事例を通じて（鈴木　玲）　133

第6・9分科会（国際交流委員会Ⅱ）
　東アジアにおける社会政策学の可能性（武川正吾）　137

第7分科会（産業労働部会）
　アジア諸国の人的資源管理――現状と課題（黒田兼一）　142

第8分科会（ジェンダー部会）
　日本におけるジェンダーレジームの諸相
　　——ジェンダー部会の10年を経て（居城舜子）　146
第10分科会
　労働紛争と労働者団結の新展開（上原慎一）　150
第11分科会（非定型労働部会）
　地域における非正規労働の存在形態と諸問題（小越洋之助）　153

III　投稿論文

1　近年における精神障害者労働政策の動向とその課題……………江本純子　159
　1　はじめに　159
　2　精神障害者労働政策の展開　161
　3　精神障害者労働施策急増の経済財政要因　166
　4　精神障害者労働施策の現状と課題　169
　5　精神障害者の労働施策と実態との乖離　172
　6　おわりに　176

2　パートのユニオンリーダーと組合参加………金井　郁　180
　——小売企業におけるパート組織化の事例調査をもとにして
　1　はじめに　180
　2　調査の概要　182
　3　パートのユニオンリーダーの組合参加に対する主体意識　185
　4　結びに代えて　200

3　アメリカ・イギリスのコミュニティ開発金融機関（CDFI）によるマイクロファイナンス…………小関隆志　205
　1　問題の所在——先進国におけるマイクロファイナンス（MF）　205
　2　クレジット・ユニオンとCDFIの導入　209
　3　MFとCDFI　213
　4　CDFIの意義と特徴，課題　217

4 中国における最低生活保障制度の
　 問題と改善の方向性 ……………………………… 朱　　珉　225
　　1　はじめに　225
　　2　都市部における最低生活保障制度　226
　　3　低所得層の家計収支　230
　　4　最低生活保障制度の問題点　237
　　5　おわりに　240

SUMMARY
学 会 記 事
編 集 後 記
投稿論文募集について

I 【共通論題】「格差社会」のゆくえ

方面委員から民生委員へ　　　　　　　　谷沢　弘毅
現代日本のポバティラインを考える　　　玉井　金五
「学習資本主義」と教育格差　　　　　　苅谷　剛彦

座長報告：格差社会への視座　　　　　　矢野　　聡

共通論題＝「格差社会」のゆくえ——— 1

方面委員から民生委員へ
生活保護政策における歴史の分断と継続

谷沢弘毅　Yazawa Hirotake

1　問題の所在

　我が国は1990年代に入って格差が急速に拡大しつつあるが，かつては世界的にも稀な所得格差の大幅な縮小を経験した国であった。その格差縮小は，いわゆる戦後改革（財閥解体，農地改革，労働組合の組織化等）の実施によって，戦前のきわめて高い不平等を戦争直後の数年間に解消したと考えられている。

　ただしこれらの要因のほか，低所得階層の所得水準を保障する生活保護法制なども当然，格差縮小に影響していたと考えるべきであろう。同法制は救護法として1932年より本格的に施行されたが，それ以前にも恤救規則といった法制や方面委員制度といった形で実施されていた。それゆえ戦前に導入されていたこれらの所得再分配政策が戦後に強められて，（特に再分配後の所得ベースで）格差縮小に影響したと解釈することもできる。このような考えにもとづき，本稿では生活保護制度の効果をあらためて検証することにより，今後拡大すると予想される所得格差に対する何らかの対策を，低所得階層の側にたって提示していくこととしたい。

　なお生活保護政策は，厚生労働省，自治体，福祉事務所，民生委員，地域住民，被保護者といった多様な関係者によって運営されているため，本稿では政策の中心的立場にいた方面委員あるいは民生委員に焦点を当てつつ，その他関係者が政策にいかに関与してきたのかを歴史的・長期的な視点から検討する。その作業によって，生活保護政策の問題点とその解決に向けた若干の方向性を示すことができるはずである。

Ⅰ 共通論題

2 戦前期の生活保護動向

（1）保護実績とその評価

　戦前の生活保護政策は，既述のとおり1874年に施行された恤救規則まで遡ることができるが，本格的に実施されたのは1932年に施行（ただし公布は1929年）された救護法からである。ここで救護法に絞って東京市内における事業状況をみると，1936年度末に1.6万人の被救護者がいた。

　いま，この被救護者数の全人口に対する比率（救護法では救護率，生活保護法で生活保護率）をみると，1936年の救護率は約0.2％，1950年代前半の生活保護率は約4.0％であったから，ほぼ20倍の開きがでている。次に救護者を居宅と施設への収容に分けると，居宅が1.2万人と全体の77％であったほか，救護の種類別では生活扶助が全体の9割を占めており，医療・助産はほとんどなかった。また救護者の属性別特徴をみると，全体の6割弱が13歳以下の子供であり，子供達の大半が居宅で生活扶助を受けていた。反対に65歳以上の老衰者は，全体の12％しかなかったが，どちらかというと居宅の割合が多かった。疾病傷病者は，2割弱を占めて65歳以上老衰者よりも多く，居宅と収容がほぼ半々となっていた。これらの事実より，救護法にもとづく生活保護政策の特徴は子供中心，居宅中心主義にもとづく生活扶助であったとみなすことができる。

　さらに救護法の実質的な担い手であった，方面委員の事業内容についてもみておく。まず東京市内の方面事業は，短期間のうちにきわめて急速に拡大していったことが特徴としてあげられる。東京市で1924年度に432人しかいなかった方面委員数は，1932年における市域の拡大と救護法の施行を境として爆発的に増加し，1936年度には2,020人となった。市域が拡大したことや法制定といった国主導の政策であったことを除外しても，短期間にこれほどまでに急増したことは，きわめて注目すべき事実であるといえよう。

　事業内容についてみると，まず社会調査は1936年度に40.6万件に達しており，委員1人当たりで換算すると201件と，かなり積極的に実施されていた。救護事業総数の動向をみても，1927年から1936年度にかけて37倍（旧市ベースでは

17.6倍）に増加しており，その内訳では相談指導の伸びが最も大きく，次に保健救療となっていた反面，金品給与は抑えられていた。もっとも救護法の施行前には金品給与（つまり金品供与）が件数で最も多かったから，救護法の施行後に財政逼迫により金品給与を抑制させたことがわかる。

　これらの政策に対する評価は，残念ながら現在までのところきわめて低い。例えば小川政亮は，救護法が公的扶助義務主義をとっていたものの，依然として恤救規則の基本理念である「隣保相扶の情誼」を継承した，形式的改正でしかなかったと指摘した[1]。もちろん田多英範のように，「救護法において公的扶助義務が確立され，救貧の責任は国にあることを明確にした。これは，日本の救貧史上まさに画期的な出来事であった」[2]といった主張も見受けられるが，全体としては制度的に未成熟であったために低い評価しか与えられていない。さらに方面委員制度についても，池田敬正が「方面委員が，（中略）国家の救貧行政の一端をそのままになわされたということは，民間の特定イデオロギーによる行政壟断であり，あるいは民間奉仕者に行政上の公的責任をもたせることを意味した。こうしたことは行政の近代的運営の原則を歪曲するものであろう」[3]と，強く否定している。

　以上のような，救護法や方面委員制度に対するマイナス評価を間違いと否定することはできないが，いかなる制度もその導入期には当然ながら各種の不備をもっているから，不備のみを強調してもかならずしも制度の特質を評価したことにはならない。むしろ制度が導入された経済社会的背景，不完全な制度にもかかわらず方面委員制度が急速に普及した理由，他の低開発国と比較した場合の我が国の特徴等について注目すべきであろう。

（2）家庭での児童の扱い方

　戦前期の救護法が戦後の生活保護法よりかなり見劣りするという評価は，果たして正しいのであろうか。ここでは"家庭内での児童（主に13歳以下の子供，以下同様）の扱い方"を検討することによって，生活保護政策を地域内での相互援助のあり方から評価することとしたい。ここであえて児童の扱い方に焦点を絞る理由は，日々の生活を維持することが困難になった低所得階層にとって，

Ⅰ 共通論題

リスクを犯しても子供を自ら育てるのか,それとも現状の負担軽減を最優先として子供の養育を放棄する戦略をとるのかは,究極の選択と考えられるためである。そして後者は,棄児(つまり捨て子),養育院等の施設への入所(つまり家庭外養育),親子心中等の子殺し,の3つの選択肢がある。

このうち棄児について,『東京市統計年表』に掲載されている救護児童数の内訳によると,1936年の棄児は51人であった。また同じ統計書中に掲載されている育児事業(家庭内で子供を養うことができない場合に,家庭外の施設で扶養する事業)に関する統計から推計すると,棄児が年間117人収容されていた。2種類のデータで大きな差が発生しているが,いずれの場合でも人口に対してきわめて少数であったことに変わりはない。また同年には,家庭外養育の人数は668人と推計されるほか,親子心中は約10人であったため,いずれも家庭内で養育する人数に比べて圧倒的に少なかった。

もっとも棄児の人数は経済の発展段階によって変化するから,当時の我が国の経済水準に見合った現代の低開発国との間で棄児数を比較すべきであるし,その場合には棄児に近い概念としてストリートチルドレンに注目すべきであろう。いまユニセフとフィリピン政府が共同で実施したストリートチルドレンの調査によると,1984~87年において人口990万人のマニラ首都圏では,ストリートチルドレンが5~7.5万人いたと推計している[4]。この数字と比較すると,戦前東京市(人口は1936年で590万人)はストリートチルドレン(棄児)を発生させない都市であったと推測される。

このような棄児の少なさに関しては,以下の4つの理由が考えられる。

第一は,戦前の都市圏低所得世帯では構成員各自がその続柄・年齢等に応じた就業ルールを形成しており,これが結果として棄児を抑制していた[5]。具体的には,子供は年長者ほど,総世帯人員が多いほど,児童数が少ないほど,就業する確率が高くなるほか,10歳代前半には奉公人・女中として分居することによって世帯の消費支出を押さえる等,構成員別の役割分担を決めながら家族経済を戦略的に切り回していた。

第二に,上記のような戦略が可能であった背景として,労働市場において住み込みの奉公人・女中や自宅での内職といった形態で,幼年者を雇用する機会

が比較的豊富にあったことがあげられる。そして我が国の都市圏低所得世帯では，前近代より子供を捨てる慣習が希薄であったことがあげられる。このため当時の人々は，「子供はたんに生活の悪化をもたらすのではなく，むしろ将来的には生活を好転させるもの」と考えていた。

　第三として，養育院に代表される収容施設や方面委員など棄児を発生させない仕掛けが整備されていた。すなわち収容施設に関しては，1930年代半ばの東京では市の施設ほか民間施設が毎年大量の児童を積極的に収容していた。また方面委員が地域住民との連携のもとで一貫して棄児に責任をもって処置したため，これによって低所得世帯の親が子供をむやみに遺棄することを抑止していた。

　第四として，棄児を発生させる貧困世帯数が少なかったことである。玉井金五によると，アジアの代表的な都市における1960〜70年代におけるスラム人口比率（スラム人口÷総人口）をみると，コロンボ44％，デリー36％，ソウル29％，マニラ28％，バンコク21％であったが，1920年の東京では高くても5％を超えない水準であった[6]。

　以上のように，東京市内では棄児が極端に少なかったことから，戦前期の生活保護政策は不十分であったにもかかわらず，国際比較上では政策目標のパフォーマンスが良かった。だからといって同政策を評価できるわけではなく，我が国における家族戦略，地域戦略が子供を捨てない方向に機能していたためといえる。

3　方面委員制度の特徴

（1）導入基盤としての町内会

　戦前期に方面委員がかなり急速に普及した点はすでに指摘したが，それではなぜ混乱なく速やかに導入されたのであろうか。この背景にはまず，なんらかの社会事業が必要であるといった，地域住民の共通認識が確立されていたことが考えられるが，かかる導入意欲が高まったことのみで導入が可能となったと言い切ることはできない。

Ⅰ　共通論題

　なぜなら東京府慈善協会による救済委員制度が，すでに1918年6月に導入されていたにもかかわらず，うまく機能していなかった。またそれ以前から通学区域，警察管区等の線引きや在郷軍人会，青年団等の自治組織が導入されており，これらが住民同士の結束力を強める動きにつながったと予想されるが，住民が住民を扶助することまで可能とはならなかったからである。これらをやや誇張した表現でいえば，ハーバーマス流の公共空間（public sphere）を形成するために寄与したことは否定しないが，それを認めたとしてもこの空間はきわめて脆弱なものであった。

　それゆえ方面委員制度が急速に普及した背景には，それを可能とした特別の仕掛けがあったとみるべきである。なぜなら方面委員制度では，方面委員のみが問題解決のために活動していたのではなく，実際は地域住民の協力がなければ成立しないと推測されるからである。それゆえ方面委員制度が導入できた背景として，地域社会において各所得階層の世帯が関与し，共通の利害調整機能を有した仕組みが形成されていたはずである。このような仕組みとして，ここでは町内会に注目してみたい。

　いま図表1によって，東京市内（旧15区）における町内会と方面の設置数の推移をみると，町内会は1880年代より徐々に設置され，1910年代末より急増した。この動きは，1923年に発生した関東大震災直後の20年代半ばにピークを迎えた。これに対して方面も，1920年の下谷，深川両区を初めとして徐々に増加し，30年代初めに急増した。このような両者の動きを対比させると，町内会の設立が方面委員制度導入の引き金になっていたと推測できよう。ただし深川区を事例として町内会と方面地区との関係をみると，1933年当時，区内には150の町があったが，このうち町内会が設立されていた町が95であり，全体の63％にすぎなかった。また方面ごとの町内会設置比率は，44％から100％までバラツキがあった。つまり町内会の設置が方面委員制度の導入に大きな影響を与えたことは事実であろうが，地域別にみると導入にあたり多様な議論が発生していたことも見逃せない。

　この町内会に関して，基本的な属性を確認しておく。1933年に東京市役所が実施した調査によると，町内会の活動内容のうち慶弔（町内会総数に占める利用

町内会数の割合では95％，以下同様），兵事（92％），祭事（91％）が高いが，それ以上に衛生（96％）が高水準となっていた[7]。つまり当時は，都市に特有の衛生問題（主として塵芥処理，糞尿汲み取り，予防注射，衛生講演会，蚊蠅の駆除，下水溝渠の浚渫など）がきわめて深刻であり，その有力な解決手段として町内会が利用されていた。会費徴収方法は，全体の90％で世帯ごとに徴収金額が不均一であるなど，地域内の貧富の差を考慮した応能方式が広く採用されていた。また代表者の選出方法は，「会員の直接選挙」が64％，「役員の互選」が26％，「前任者の指名」が10％であるなど，きわめて民主的に運営されていた。

図表1　東京市における町内会と方面の設置数の推移

期　間	15区計		深川区
	町内会	方　面	町内会
～1886年	8		
1887～92年	12		2
1893～97年	19		
1898～02年	38		2
1903～07年	60		3
1908～12年	26		1
1913～17年	77		12
1918～22年	212	29	10
1923～27年	351	1	14
1928～33年	183	67	20
1934～36年	不明	18	不明

出所：東京市役所編『東京市町内会の調査』1934年，24頁、東京市社会局編『東京市方面事業要覧』1936年，6～9頁。

　以上より方面委員制度が急速に導入された背景には，おそらく町内会活動の普及過程で住民全体が関わる問題や商業振興，住宅管理など種々の目的が集約化・解決されていくなど，地域内での共通の目的を再認識する機能及びその利害調整の機能が備わっていたことがある。それゆえ町内会の設立を契機として，都市における「公共空間の再統合化」が達成されたと言い換えることもできよう。

（2）方面委員の個人属性
　ところで町内会という導入基盤が整備されたことを提示するだけでは，方面委員制度が急速に浸透していったことを説明したことにはならない。なぜなら方面委員になる人々の動機付けが解明されていないからである。
　動機付けに関連した資料として，以下では2つの資料を紹介する。まず『方面愛の雫』という方面委員の活動記録にもとづいて，方面委員の具体的な個人属性を分析してみよう。同資料は，東京府で同制度が導入された5年後の1925

Ⅰ　共通論題

年に，市内の方面委員達によって編集された記録集であり，そこには83人の方面委員の具体的な救済事例が記述されている。それゆえこの資料に掲載されている方面委員は，東京府における方面委員のほぼ導入初期の属性を表していると考えることができる。

　83人のうち身元（個人情報）が判明した委員が29人であったから，判明した割合（抽出率）は35％であった[8]。その職業をみると，商工業の自営業主が多いほか，無職が6人（全体の21％）いた。第三種所得税から推計した第三種所得の平均額は3,504円であったから，全世帯平均所得に対する倍率（全世帯比）は4.6倍となった[9]。当時の所得分布上からみると，極端に高い所得とはいえないが，比較的裕福な中間層であったことがわかる。また『方面愛の雫』に掲載されていた業務内容をみると，方面委員制度の開始直後でノウハウの蓄積がなかったことも影響して，驚くほど自由に救護活動をおこなっていた。

　もう一つの資料を分析しておこう。その資料とは，1937年に内務省社会局が編集した『方面事業功労者事蹟』であり，方面委員の功績を称えるために作成された個人別の経歴簿である。この資料より，東京府の方面委員として抽出されていた7人について検討する[10]。まず全世帯比の平均値は12.6倍となり，『方面愛の雫』の場合よりもかなり大きくなった。また学歴をみると，貧しいなか苦労して専門学校等を出た者が多かったが，それにもかかわらず事業家としてある程度の地位にまで達して，その後に区会議員や府会議員となり，さらに方面委員あるいは委員長に就任していた。また方面委員あるいは方面委員長に就任した後に，東京市方面委員聯盟や(財)東京市方面事業後援会といった関連団体を設立するなど，方面事業の活性化に積極的に関与していたことも共通している。

　なお方面委員は名誉職であるとしばしば規定されるが，言葉どおりに名誉な職であったとみなすわけにはいかない。なぜならば方面委員が，当時の紳士録の職業欄に記載されていなかったほか，名誉職というイメージに反して苦労が多かったからである。そもそも戦前期の都市部では，行政部門における資金・専門職不足から，多数の業務が素人たる公民の名誉職によって執行されていたことにも留意すべきである。それゆえ名誉職と認知されていたから方面委員制

度が円滑に機能したのではなく，都市内で発生する各種問題を解決するための自発的な意識風土（いわば，一種のソーシャル・キャピタル）が確立しており，そこに町内会といった利害調整組織が導入されたことにより，短期間に方面委員制度が浸透していったと考えるべきであろう。

4　戦後の生活保護政策の変容

（1）民生委員の登場

　戦後になると，周知のとおり1946年9月に生活保護法（以下，旧生活保護法という）が施行され，さらに同法は1950年5月に再度，生活保護法（同，新生活保護法）に改正された。この法改正にともない，方面委員または方面事務所がおこなっていた低所得者への個別対応は，戦後は福祉事務所が引き継ぐこととなった。

　まず民生委員がいかに選出されたか興味のある問題であるが，東京は1945年3月の大空襲によって住民が多数死亡したほか大半の戦前期資料も焼失したため，この問題の分析には適さない。そのかわり筆者は，1948年8月現在における札幌市の民生委員名簿を入手できたため，同市の状況でこの問題を検証する。札幌市は，米軍の空襲を実質的に受けなかったほか，市域も変更されなかったこと，公職追放の該当者もほぼいなかったこと等から，民生委員の選出方法を正確に検証するのに適している。

　1948年の民生委員数は286人となり，1942年の方面委員数の倍以上となったほか，42年の委員の37人が48年にも再選されていた。つまり42年の総数のうち約3人に1人が，戦後も継続して民生委員に就任していた。しかも中央・豊水・山鼻といった市中心部で，再任者の多くが主要役職に就いていたことは注目すべき点である。性別にみると，男性が274人（全体の96%）であり，女性がわずかに含まれていた。職業別にみると，無職が39人もいたほか，会社員57人，公務23人，医療10人となっている。また市議会議員が12人おり，全体の4%であったことも注目される。これらの議員は，主に議員年数の長い人物であり，戦前東京市と同様に地方政治家が生活保護行政に深く関与していた。

I　共通論題

　旧生活保護法は，成立後わずか5年で新法に変えられたが，その背景には1949年に入って民生委員が戦前の隣組制度の衣替えにすぎないこと，圧制的に地域の被対象者に接していることなどが問題とされ，GHQと厚生省との間の会談でこれらがとりあげられたためという[11]。このためもう1回民生委員の特性を大きく変化させる動きが新法の施行直後に発生したと推測されるが，この点は資料が入手できないため未だ確認できない。

　ただし札幌市におけるその後の民生委員の集団特性は，おそらく人数の増加，女性・無職比率の増大，自営業主・会社員比率の低下，市議会議員の消滅，平均年齢の上昇がおこったと推測される。ちなみに2005年3月末には，民生委員数は2,665人（定員は2,741人），うち男性1,073人，女性1,592人となり，総数が急増したほか女性が過半数を占めている。女性が急増した背景には，育児問題など家庭内の問題解決に女性のほうがきめ細かく対応できるほか，女性の社会進出が活発化したこと等の理由が考えられる。

（2）福祉事務所への業務移管

　戦後の生活保護政策が福祉事務所中心となった以上は，同政策の問題点を福祉事務所の業務のなかで把握する必要がある。その前に，生活保護率やそれと関連した指標の動きを把握して，政策の変化をフォローしておこう。図表2では，全国における貧困率，捕捉率を時系列で示している。ここで貧困率とは総世帯数に占める貧困世帯数の比率，捕捉率は貧困世帯数に占める被保護世帯数の比率のことである。

　貧困率の推計データは，年ごとに大きく変動しているが，そのトレンドは1950年代前半から1970年代初頭まで低下し，その後は上昇している。捕捉率の動きもきわめて特徴的である。すなわち60年代前半に大きく上昇したが，それ以外の期間では（70年代前半にやや上昇したのを除くと）ほぼ低下傾向を示している。このように捕捉率が時期によって大きく変動した理由は通常，過去3回実施された「適正化」措置（つまり被保護者数の抑制）によって説明されている[12]。3回の適正化とは，1950年以降における第1次適正化，1960年代半ばからの第2次適正化，1980年代初頭からの第3次適正化である。特に第3次適正化は，

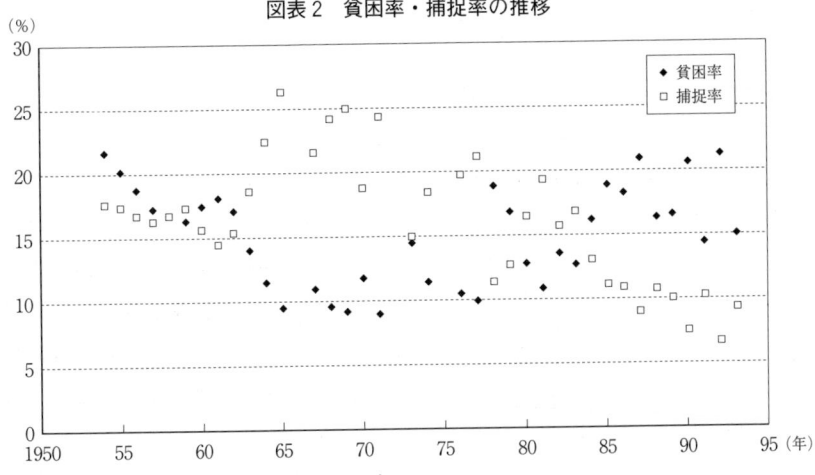

図表2　貧困率・捕捉率の推移

注：捕捉率は，捕捉率＝世帯保護率÷貧困率。
資料：和田有美子・木村光彦「戦後日本の貧困，低消費世帯の推計」『季刊 社会保障研究』第34巻第1号，1998年，93頁，表2。

第1次・第2次適正化と比べて長期化しており，保護の抑制が常態化したと指摘されている。

　このような政策スタンスの長期動向にともなって，被保護世帯の特徴も変質していった。すなわち世帯形態別にみると，高齢者・母子世帯等の小規模世帯は保護されやすいが，就業者のいる世帯や大規模世帯は保護されにくくなった。この結果，非稼働の単身世帯の割合が増加する「非稼働単身世帯化」が発生しているほか，受給期間の長期化も進んでいる[13]。その一方で，生活保護を受けずに最低賃金で就業している非正規労働者において「ワーキング・プア」化が進むなど，貧困の内容を複雑にさせている。

　このように「適正化」という名の裁量行政が，法の理念とかけ離れて現場で実施されてきた点に注目しなければならない。特に生活保護申請受理前（すなわち申請書類の作成指導段階）に，申請書類の作成を抑制するような窓口指導が日常的におこなわれており，もし作成を中止するなら本人が納得した上でおこなったという解釈が行政サイドでなされている。それゆえ裁量行政を是正するためには，行政裁量権の恣意的な運用に対する監視といった，行政法学からの

I 共通論題

アプローチが強く求められよう[14]。

　さらに生活保護体系を抜本的に変更することは容易ではないが，とりあえず長期的な視点から以下の4点の改善策が必要になろう。

　第一に，フロー重視の貧困観を是正しなければならない。すなわち「最低限の生活水準」がフローの所得水準を基準として決められているため，保有資産は処分して所得に換金されることを前提としている。このような考え方に対して近年は，資産の保有・使用状況等まで貧困状況の確定にあたって考慮するなど，研究者の一部ではタウンゼントが提唱した相対的剥奪概念を我が国に適用する試みがおこなわれている。しかし現行のミーンズテストは，これに関連した情報を収集していないため，個人別の貧困状態を正確に把握することはできない。複雑化する貧困問題の解明にむけて，ミーンズテストを拡充する試みが必要となろう。

　第二に，受給期間の長期化を阻止するカウンセリング業務の充実である。受給期間が長期化する理由として，①消費行動の破綻，②家族関係の崩壊などが考えられる。ここで問題なのは，生活保護額の不足ではなく，家庭生活を営む上での正常な家族関係の欠如である。このような事例には，家計の再構築に向けた広範なカウンセリングが必要となるが，従来の生活保護行政ではあくまでケースワーカー個人にこのような事例が任されていたため，専門家はほとんど育っていない。そのためNPOといった非営利組織を活用したり，地域内の人的ネットワークや相互信頼関係を形成することが重要となろう。

　第三は，若年層の就業意識に関する認識を転換させなければならない。すなわち最近急増しているニート・ひきこもり等の就労不適応者は，生活保護の被保護予備軍となる可能性がきわめて高いため，その予防策を早急に講じなければならない。ちなみに各自治体では，社会保障審議会福祉部会の答申にもとづき2005年度より自立支援プログラムを作成・実施しているが，これはもちろん被保護者が対象であり就業不適応者は適用されない。今後は，不適用者が自信をもって就労できる環境作りのために，福祉事務所等が職業安定所と密接に連携するほか，就業支援を対象としたNPOとの関係も密にすべきである。

　第四として，就業不可能な高齢者・障害者に対しての施策も必要性が増して

いる。例えば，町内会等の地域コミュニティが解体していくなかで，民生委員によって親族との連絡が途切れがちな独居老人等の孤独死を発見するという事例がしばしば発生している。このため現在，民生委員の重要な業務の一つが不就業被保護者としての独居老人の世話であるといわれている。しかし民生委員の出身母体である町内会は，役員のなり手がいない，活動の参加者が少ない，世代間の交流が難しい，未加入世帯が多いなどの課題を抱えている。今後は，町内会を支えるソーシャル・キャピタルを強化することによって，高齢者・障害者に対する対応を充実させなければならない。

5　結びにかえて

　本稿では，我が国における戦前から戦後にかけての生活保護政策を振り返ることにより，現在の生活保護政策が抱える多様な問題に対する若干の解決策を探った。

　まず戦前期の生活保護政策は，予算が極端に不足するなかで実施されるなど，非常に不十分な制度であったが，地域内のソーシャル・キャピタルが蓄積していたほか，町内会が先行して設置され「公共空間の再統合化」が達成されていた。このため実質的な運営主体である方面委員制度が円滑に導入できるなど，注目すべき側面を有していた。戦後は，その主要業務を福祉事務所等に移行するなど制度上では分断されたが，民生委員の活動内容を仔細にみると，地域住民に対する関与は様々な形で継続され，生活保護行政のみならず地域福祉上からも，民生委員が依然として無視できない存在にある。その点では，ソーシャル・キャピタルの蓄積とそれに支えられた町内会あるいは民生委員の役割は，戦前の方面委員から継続されている。

　今後は，高齢化等の進行のなかで社会保障財源の不足が深刻化するなど，生活保護に関わる公的部門の役割には限界がでてこよう。それゆえ町内会といった既存組織を，NPO等とともに活用すべきであるが，現代の町内会は運営方法や長年の習慣に対する不満・不信が根強くあるなど，多くの問題を抱えている。とはいえ社会保障のみならず，防災・防犯など日常生活の多分野において

Ⅰ　共通論題

町内会の果たす役割は依然として大きいため，格差拡大に備えて地域社会では町内会等を中心とした新たな公共空間を再構築することが必要ではなかろうか。

＊本稿の詳細な内容については，札幌学院大学編『札幌学院商経論集』第23巻第1号，2006年に掲載されている同名の論文を参照されたい。

1) 小川政亮『権利としての社会保障』勁草書房，1964年，69頁。
2) 田多英範「昭和恐慌と社会事業立法」右田紀久恵・高澤武司・古川孝順編『新版 社会福祉の歴史』有斐閣選書，2001年，269～271頁による。
3) 池田敬正『日本社会福祉史』法律文化社，1986年，702頁。
4) 谷勝英『アジアの児童労働と貧困』ミネルヴァ書房，2000年，141頁を参照。
5) 詳細は，谷沢弘毅『近代日本の所得分布と家族経済──高格差社会の個人計量経済史学』日本図書センター，2004年，第7章を参照。
6) 以下のアジアの代表的都市におけるスラム人口比率は，杉原薫・玉井金五編『増補版 大正・大阪・スラム』新評論，1996年，306頁，終‐1表を参照。
7) 東京市役所編『東京市町内会の調査』1934年（本稿では，『東京市・府社会局調査報告書53，昭和九年（1）』近現代資料刊行会，1995年を使用），53頁。
8) 個人情報は，交詢社編『第29版 日本紳士録』1925年より入手した。
9) 全世帯平均所得は，あくまで第三種所得と同じ概念に調整した上での金額である。その計算方法は，谷沢『近代日本の所得分布と家族経済』51頁，表1‐2の（注）を参照のこと。
10) 個人情報は，交詢社編『第41版 日本紳士録』1937年より入手した。
11) 村上貴美子『占領期の福祉政策』勁草書房，1987年，83頁を参照。
12) 以下の適正化に関する説明は，主に後藤道夫「最低生活保障と労働市場」竹内章郎ほか編『平等主義が福祉をすくう──脱〈自己責任＝格差社会〉』青木書店，2005年，78～96頁を参考とした。また大友信勝「生活保護行政の『適正化』」『賃金と社会保障』第901号，労働旬報社，1984年，井上英夫「公的扶助の権利──権利発展の歴史」河合幸尾編『「豊かさのなかの貧困」と公的扶助』法律文化社，1994年，杉村宏『現代の貧困と公的扶助』放送大学教育振興会，1998年，大友信勝『公的扶助の展開』旬報社，2000年，副田義也『生活保護制度の社会史』東京大学出版会，1995年も参照のこと。
13) 「非稼働単身世帯化」という用語は，布川日佐史「就労可能な生活困窮者と生活保護制度」『社会福祉研究』第94号，2005年，39頁で使用されている。また生活保護世帯の特徴については，岩田正美「『被保護層』としての貧困──『被保護層』は貧困一般を代表するのか？」岩田正美・西澤晃彦編著『貧困と社会的排除──福祉政策を蝕むもの』ミネルヴァ書房，2005年（第7章）も参照のこと。
14) 生活保護行政が抱える行政法上の問題点については，前田雅子「社会保障における行政手続の現状と課題」『ジュリスト』（No.1304）有斐閣，2006年が詳しい。

共通論題＝「格差社会」のゆくえ—— 2

現代日本のポバティラインを考える

玉井金五　Tamai Kingo

1　はじめに

　近年，わが国ではさまざまな格差をめぐる議論が沸騰し，かなりブーム化しているかの様相を呈してきている。所得格差，資産格差，教育格差，地域格差等といったように，社会経済の全体にわたって格差が広まっているというメッセージが数多く出されたことは，その実証の度合いはひとまずおくとして，国民の間に「格差感」が相当程度に醸成される結果を生んだことはたしかである。長い平成不況の間に失業・リストラが急速に進み，それが格差問題の顕在化の引き金のひとつになったことは間違いない。それを反映してか，格差問題への言及が増え始め，国民の大きな注目が寄せられるようになったのは，不況が深化し，その影響が強く出かけた1990年代末近くであった。
　しかしながら，社会政策という学問分野においてはいうまでもなく格差問題はほぼ研究の前提となってきた課題である。否，むしろ不適切な格差といったものをいかに解消していくべきかといったことに，学会発足以来の全エネルギーが注ぎこまれてきたともいえるのではないだろうか。もし，我々が19世紀末以来の社会政策学会の活動や社会政策そのものの歩みというものを少しでも振り返るならば，それは一目瞭然である。谷沢弘毅が明らかにしているように戦前の日本こそは「高格差社会」であり，そのためにいかなる対処が社会政策的になされてきたのかは格差問題に関する歴史的な教訓として十分汲み取っておく必要がある。
　そして，そのような格差問題は戦後も一定期間続くことになるが，そうした社会政策の重要課題であった格差の解消を一気に推し進める契機になったのが

I 共通論題

高度成長期の到来であった。高度成長期にかかわる事実についてはすでに多くの優れた文献が刊行されているので，ここであえて繰り返すことはしない。もっとも，高度成長によって国民に豊かさが浸透しはじめ，その結果本当に格差が縮小したのかという疑念は依然として存在したが，国民の間では「格差感」に代わって「平等感」が漂い始めたのも一面では事実である。「平等感」といっても，何とか精一杯頑張れば人並みの生活ができるのだと希望がもてるようになったというのがふさわしいかもしれない。

そして，そのような平等感をもつことができたのは，次第に比重を増やしつつあった被用者の層であり，そしてそれをあえて成年男性労働者とその家族というように呼べば，他方では自営業や農業者，または非成年男性労働者といった人々の一部は必ずしもそのようにはいえなかったか，あるいはむしろ逆の方向へと向かいつつあったとみることができるのではないだろうか。だとすれば，格差問題にかかわる社会政策は，成年男性労働者を中心としたものから，次第に重点を後者のグループに移していかざるをえないことになる。こうした社会政策の主要な対象をどこに置くかによって，その時代の格差問題が照射されるというのは，これまでもしばしば試みられた手法である[1]。

格差ということであれば，対象とするレベルを然るべきデータで裏づけして初めて議論できることはいうまでもない。しかし，それだけでもスペースのすべてを取ってしまいかねないので，次のように枠組みを限定したい。つまり，本稿では強弱や濃淡の差はあれ日本の社会政策は格差問題にいつも取り組んできたこと，だとすれば現在過熱気味の格差問題も長い社会政策の歴史からみればその一齣にすぎないこと，したがって，過去を振り返ればもっと冷静な視点から現在の状況を眺めることができるのではないかということを提起する。以下では，従来の社会政策の展開を一定の角度から追うことによって，わが国の格差問題がいかに捉えられ，それを人々が十分認識できたのか否か等を問うことにしよう。

2 「格差感」から「平等感」へ

 谷沢は戦前に日本が「高格差社会」であったこと，しかしそれにもかかわらず社会問題が激化することを防ぐ緩衝装置があったことを「方面委員制度」に注目することによって果たそうとした。それは，一見限られたテーマのようにみえるが，谷沢は方面委員の活動をもって，いわゆる戦前版「ソーシャル・キャピタル」としての位置づけを行おうとしている。この指摘は，方面委員制度の機能と役割を新たな視点から捉えなおそうとする課題提起になっているが，それだけでなく戦前の日本社会政策の特質といったことを考える際にも示唆的となる。
 周知のように，戦前の日本をみると，とくに両大戦間期に社会政策はそれなりの進展を遂げたといわれるが，その対象範囲や効果等にはまだまだ厳しい部分があった。しかしながら，わが国では社会政策が生成するまえから家族，地域，企業といったレベルにおいて，相互扶助的な試みがなされていたことも事実である。したがって，福祉にかかわる社会政策の系列には何らかの形で家族，地域，企業といった単位の一部分が組み込まれていった。それらは，健康保険法や救護法をはじめとしていくつかのケースに見出すことができるといってよい。その意味で，日本の場合，単純に国家，企業，地域，家族といった区分による視点からのアプローチで実相に迫るのは著しく困難である。
 もっとも，そうした状況は，戦後たしかに転換していく。しかし，注意すべきは戦前に形作られた社会政策そのものを構成する，あるいはそれらを取り巻く構造が容易には解体しなかったということである。公的扶助の文脈でいえば，救護法から生活保護法への移行があった。なるほど，国家責任が全面に出された点をはじめとして，まさに新時代を告げるかのような項目に眼が向けられることになるが，他方では依然として家族的親族的サポートを前提とする要素も重要なものとして残された。谷沢が指摘するように，先の方面委員も名称や位置づけは変わったものの，やはり形を変えてこれも残ることになる。ここでは，とくに戦前との連続面はどこにあったのかということに注目しておきたい。

I 共通論題

　この点は，社会保険の領域でも同様のことがいえる。医療保険として戦前から続く健康保険も国民健康保険も，戦後の混乱期に苦境に陥ったとはいえ，その基本的性格を変えることはなかった。健康保険，とくに組合管掌の健康保険における企業的要素はそのままであったし，また国民健康保険における地域的要素も継続した。一方，年金保険は戦時中に労働者年金保険（1944年に厚生年金保険と改称）ができたものの，それらは対象者が限られていたし，終戦直後には激しいインフレーションのもとで一旦壊滅的打撃を受けることにもなった。当時，まだ多くの比重を占めていた農業，自営業層に年金保険はなく，老後ということに関しては家族による支えがメインであった。

　このように，戦前に形成された構造は戦後も一定期間続くことになったが，それを大きく変容させる契機になったのが，何といっても高度成長期の到来であった。1955年から1973年までとされるこの時期に産業構造，就業構造が激しく変貌し，それは社会政策の領域においても多大なインパクトとなって現れ出ることになる。例えば，高度成長期の社会保障に関してしばしば言及されるもののひとつに，1962年の社会保障制度審議会勧告がある。このなかで注目すべきことのひとつは，国民を3つに分類する箇所であろう。そこで指摘されたのは，〈一般所得階層〉，〈低所得階層〉，〈貧困階層〉という区分であり，そうした階層分化に眼を向けねばならないということであった。

　思い返せば，1950年の社会保障制度審議会勧告では全国民といった括りや，部門によっては〈被用者〉と〈その他の国民〉という分類であったのが，先のように変化したのである。終戦直後は被用者といえども，またその他の国民といえどもすべて貧しいなかにある人々の生活保障をいかに作り上げていくべきかということに主眼が置かれたのに対して，むしろ高度成長期になるとそうした人々の間の格差が顕在化してきたので，それを前提にした取り組みが求められるようになったといえるのである。戦前の高格差社会は，終戦直後という特殊な状況も手伝って一旦みえにくくなってしまった。しかるに，高度成長期にさしかかる頃になると，それがハッキリ眼にみえる形をとり始めたということであり，そのことが先の分類につながったといえよう。

　高度成長期には，常用労働者としての安定的な地位が確立する一方で，依然

として不安定な臨時的，一時的就労に従事する者，また相変わらず生活困難な状態から脱却できない者，また逆に生活窮乏に陥る者等の分化が進展する。そして，そうした間隙を縫う形で高齢者をはじめとする，いわば「弱者」と括られた一定の層が現出し，これらの人々に従来以上の眼が注がれることになる。それは，まさに当時の新たな格差問題の発現であるといえたし，社会政策にかかわる者の間でも，強く認識された出来事であった。雇用保障のあり方だけでなく，社会保障の整備をめぐっても激しく議論が開始されたことは，それを如実に物語る。

　こうした動きを福祉系列の社会政策という視点でみると，当時の状況への対処の仕方は次のように整理することができるであろう。まず，社会保険を全国民に拡大することによって第1のセーフティネットとする。ただし，わが国の場合は一元化されたものではなく，戦前からの伝統を受け継いで〈職域〉と〈地域〉といった括りにおいて制度を強化する。そして，そのときまで比重の高かった公的扶助の役割を次第に低下させ，第2のセーフティネットとして位置づける。62年勧告との対比でいえば，一般所得階層には社会保険を，貧困階層には公的扶助を，である。まさに，その前年の1961年国民皆保険・皆年金体制発足は，そうした社会保険中心主義への移行を宣言するものであった。

　社会保険を支えるためには，何といっても勤労に基づく保険料拠出が前提条件となる。いいかえれば，それは被用者であれ，自営業者であれ安定的な雇用が守られてこそ可能となるものであることを意味する。その限りにおいて，当時しばしば論じられた〈完全雇用〉と〈社会保障〉は社会政策の重要なテーマであり，またそれを実現することこそが平等への第一歩としての願いを果たすことにつながったのである。しかし，社会保険といっても上述のようにまず2つの大きな括りがあり，それぞれにおいても格差問題を内に抱かえていたことに注意を払わなければならない。高度成長期から近年まで指摘され続けられた，職域間格差，地域間格差，そして双方の間の格差がそれである。

　このように，高度成長期は一方で社会保険を中心にした社会保障体制が整えられたが，他方では社会保険内部に孕む格差是正をいかに進めていくかが重要な課題となった。では，その後の展開をみるとどのように変化したのかといえ

ば，給付率や給付水準のアップという改革はたしかに格差を是正することにつながっただけではなく，それに応じて国民の間に平等感が醸成されていく契機にもなったといえるのである。そして，こうした高度成長期における社会保険の進展は，公的扶助の動向にも一定の影響を及ぼすことになる。いいかえれば，その過程は社会保険がベースに置かれ，それに対して公的扶助が補完的役割を果たすという形がつくられることになった。

　副田義也の成果によれば，高度成長期は次のようにも整理できる。つまり，1961年は大きな転機であり，それ以来社会保険優位の時代に入った。そして，1962年には社会保険庁が設置されるが，それに伴って旧厚生省の内部でもどの分野を担当するかによって官僚の有利不利が生じたとみる。いいかえれば，明らかに保険官僚が福祉官僚に取って代わった。1965年には，生活保護制度におけるエンゲル方式が格差縮小方式に変わる。高度成長の進展は，貧困を絶対的なものから相対的なものとみる考え方を強めることになるが，そうしたなかで1967年に出された中央社会福祉審議会生活保護専門分科会の提言をみると，一般世帯と保護世帯の消費水準の格差の目標値が先進国並の約60％と掲げられた。

　その後1970年代に入ると一般世帯と保護世帯の消費水準の格差は小さくなっていき，結局1984年には20年近く続いてきた格差縮小方式が水準均衡方式に変わることになる。しかも，この間の1975年には四級地の廃止が始まり，それは1978年に完全廃止に至った。この出来事も格差が縮小しつつあることを示す一指標といえる。そして，行き着いたところが1980年代半ばにおける保護率低下の開始であった。このように，生活保護制度に関する軌跡を高度成長期からみてみると，一見社会保険が順調な発展を遂げ，それに伴って公的扶助が次第にその機能と役割を縮小していく過程が描き出されるといってよいであろう。まさに，それは高度成長期に存在した格差が薄まった感を与えるのに十分であった。

3　1980年代における「官」と「民」

　では，本当に社会保険はその基盤を固めていったのであろうか。職域と地域

に分かれて運営された社会保険は，医療保険や年金保険を中心に高度成長期には給付率，給付水準のアップという形での改善を図っていった。その頂点が1973年の「福祉元年」であったことは周知のとおりである。これによって，職域保険と地域保険の間の格差は幾分小さくなったのは事実だろう。しかし，職域，地域それぞれの内部における格差の解消はまだ十分な達成をみたわけではなかった。そして，これからというときに高度成長期は終わりを告げ，低成長期への移行となる。高度成長を経ることによって，日本の社会経済的条件は激変した。これは，その後社会保険，とくに地域保険に重大な影響を及ぼすことになる。

そのことがハッキリしてくるのは，1980年代に入ってからである。まず，地域保険としての国民健康保険からみてみよう。もともと高齢者を抱え込む仕組みを採っている国民健康保険は，1972年に老人医療費支給制度が導入されたこともあり，一気にその財政状態の悪化を加速させていった。もはや単独では対処できない事態に対してなされた措置が，職域保険の健康保険をはじめとする各保険者からの国民健康保険支援であった。老人医療費の負担において各保険者からの拠出金を求めることになった1982年の老人保健法制定は，まさにそれを体現するものである。制度間財政調整を導入することによって，危機に直面した国民健康保険はこうして体制の一時的立て直しを図ることになる。

一方，地域保険としての国民年金においても同様の事態が生じ始めていた。それは，端的にいえば，国民年金財政の危機である。なだらかな上昇を続けていた国民年金の積立金の逓減が1980年代に入ってから始まったのである。ちなみに，当時における1986年度の積立金の予測をみると，厚生年金が約55兆円であったのに対して，国民年金は何と2兆円であった。国民年金の老齢年金の受給資格のひとつが25年以上という加入期間である。保険料の拠出が始まったのは1961年4月であるから，1986年にはそれこそ25年加入者が出てくることになる。つまり，1986年以降にはそうした急増する給付に備えての積立金を準備しておかなければならなかったのである。

しかるに，その前から逓減状態に陥ったことは大変な危機の到来を意味した。先の国民健康保険と同じように，単独のままではいずれ財政破綻は免れない。

Ⅰ 共通論題

それを回避するには，一階部分を一元化して国民共通のものを作り，そこに国民年金を一気に吸収してしまう方法しか，なかったのである。いわゆる基礎年金の導入の本質は，この点にある。しかも，一階の財源調達に厚生年金をはじめとする各保険者からの拠出金を求めたことは，急迫した国民年金財政の支援のためであり，それは年金保険においても制度間財政調整が行われたことの証しであった。医療保険と同じように，年金保険でも同じことが行われたことを確認しておく必要がある。まさに，それらは戦後の社会保険史上，最大の再編であった。

ここで，ひとつ興味深い比較を行っておこう。それは，今日しばしば言及される年金と生活保護との逆転にかかわることである。これは，何も今に始まったことではない。すでに，1980年代には明らかになっていた点である。しかるに，諸般の事情からそれが外から非常にみえにくい状況にあったということである。当時，基礎年金は老人世帯の消費支出を反映する形で5万円（ただし20歳から60歳までの40年加入を条件）と決められた。それに対して，老人1人世帯が生活保護を受ければ6-7万円は受給できた。加算が付けば，なおさらである。このように，数字のうえでの逆転は明白であるにもかかわらず，なぜその点についての指摘が当時十分になされなかったのであろうか。

これは，おそらく次の事情によったと思われる。2つほどあげておこう。ひとつは，それらの比較自体が無理であったのではないかということである。上述したように，国民年金の歴史は浅く，一元化以前にはまだ25年以上の加入者は出ていなかった。つまり，25年以上という受給要件を満たしたモデルそのものが存在しなかったのである。しかし，他方でたしかに受給者はいるにはいたが，そうした人々は何らかの形で加入期間の短縮措置を受けた者であった。それは見方によれば優遇措置を受けたとも取れるケースであり，彼らにとって拠出と給付の厳密な対応関係は問題とならなかった。まして，生活保護との比較など，視野に入る余地は極めて少なかったといえるのではなかっただろうか。

もうひとつであるが，国民年金の受給者は自営業や農業等に従事している人々が中心であった。彼らには，一般の被用者と異なって定年制のようなものがなく，稼動できればいつまでも働き続けるというところがあった。いいかえ

れば，年金だけの収入に必ずしも頼らなくてよいという事情があった。また，老後は家族の扶養ということも期待されたので，そうしたサポートに寄りかかることもできた。いずれにしても，年金だけですべての生活費を賄うという必要性は，国民年金の設計者において初めから考えられていなかったといってよいのではないか。その意味で，こうしたケースも年金と生活保護の厳密な関係を考えるというところまでいかなかったといえる。

ところで，1980年代といえば，社会保障そのものに対して政府の基本的姿勢に変化がみられるようになるということで注意が必要である。1961年の体制以来，社会保険を軸にした体系が取られてきた。しかし，先にふれたように，その社会保険自体に揺らぎが生じ，その再編が実行に移されなければならなかった。こうしたもとで，国家福祉のあり様に対する見方，考え方に新たな動きがみられるようになる。実際，政府レベルにおいては早くもそれに関連する改革の気運が高まった。つまり，一言で言えば「官」の役割の大幅な見直しである。ちなみに，当時の『厚生白書』を垣間みると，すでにそうしたことを反映した論調が目立つようになる[2]。

例えば，83年版では福祉の対象が低所得者から一般国民に移ったとして，次のように述べている。「さらに，豊かな社会の中で，従来の低所得者を主な対象とした福祉から一般国民を対象とした福祉へと広がりをみせており，適切な受益者負担が必要となっている。また，民間による福祉サービス提供が可能な分野では，民間の創意と活力を利用していくことが重要である」。また，86年版では，これからは個人の自立・自助が基本となり，家族，地域社会，公的部門はそれを「支援」するものとなる，と位置づけている。このなかで，公的部門が最後に出てくるところに注意が必要である。つまり，1980年代には従来の「官」主導という進め方を転換し，今後は「民」の活用をするという宣言がなされたのである。

こうした流れは，次のように言い換えてもいいだろう。つまり，戦後から高度成長期を経て1980年代までは「官」がリードする形で国家福祉を築き上げてきた。そして，ようやくミニマムとしての水準を達成することができた。したがって，今後は「官」というよりも「民」が自助努力を重ねることによって

I 共通論題

「官」で補いきれないところ,あるいはそれ以上の上積みといった個々のニーズにぜひ備えていってほしいということである。ここでひとまず確認しておくべきことは,ミニマムの保障は「官」が責任を負うということであり,それを前提として「民」が位置づけられたということであった。ミニマムの保障は,すべての土台である。それが揺らぐと,不自然な「格差」が発生するのは自明の理であった。

4　ミニマム保障の揺らぎと1990年代

　1990年代は,さらに大きな転機となった。平成長期不況の到来である。他方では,グローバル化,IT化,少子高齢化といった社会経済構造の重要な転換を促す出来事が先の不況に重なってくる。こうしたなかで,社会保険と公的扶助の体制がこれまで以上に揺れ動かざるをえなかったことは,いうまでもない。とくに,生活保護は80年代半ばから保護率が傾向的に低下していたものの,90年代の半ばあたりから反転を開始する。この時期の保護率の現象だけを捉えると,急に保護率が上昇したようにみえるが,80年代以前にまで眼を向ければむしろ80年代半ばから90年代半ばまでが保護率としてみたとき極めて低い,特殊な時期であったといえるだろう。
　一方,社会保険をみると,医療保険は老人医療費の伸びが止まらず,それは多くの拠出金を負担している健康保険をはじめとする各保険者をギリギリまで追い込むことになった。そうした事態を回避する一手段として,老人医療のなかの介護部分の切り離しによって老人医療費の抑制を図るといった方策が出てくる。そして,90年代前半期には早くも介護保険の導入に向けての地ならしが行われていく。敢えていえば,危機に陥った医療保険を何とか支えるために,介護保険というもうひとつの社会保険をつくり,リスクの分散と財源調達の裾野を広げるということで凌ぐしか残された途はなかったのである。その意味で,苦しいながらも社会保険を堅持するという姿勢は,依然として貫徹していた。
　他方,もうひとつの重要な社会保険である年金保険をみると,90年代は「国民年金の空洞化」が重大な問題として浮上した。上述したように,国民年金の

積立金逼減は80年代前半に顕在化し，それは国民年金の第1の危機として位置づけてもよい十分な状況を形成したが，一階部分の一元化で何とか切り抜けた。しかるに，その後も国民年金の第1号被保険者の制度への未加入とともに，保険料の未納，滞納が増加し，後者の割合は何と30％から40％もの間に達するという異常事態が現出したのである。これは，まさに国民年金の第2の危機であった。もし，国民年金がかつてのように単独の制度であれば，実質財政破綻である。しかるに，一元化されたおかげで，何とかもちこたえているのが現実であった。

　ここで，再度，年金と生活保護の比較に言及しよう。80年代においても逆転現象は存在したが，すでに述べた理由等で表沙汰にはならなかった。しかるに，90年代に入ると，25年という本来の加入期間を満たした者が出てくる。いわば，モデルケースが実際に登場してきたのである。他方で，保護率の反転は生活保護の実態に一層眼を向けさせる契機となった。つまり，ようやく2つの比較ができる状況が形成されたのであり，それは今日からみればそう遠いことではないのである。その意味で，逆転は80年代からあったが，90年代に入ってからそれが一層明らかになる事態が生じ，年金の給付水準への疑義とともに，40年拠出しても生活保護基準よりも低い年金ということが喧伝され出したのである。

　上述した国民年金の空洞化には，もちろんさまざまな要因が絡んでいる。しかし，年金保険が大きく揺らぎ出したのは事実であり，しかもそれは長期不況とともに本来加入しなければならない事業所までが加入を回避するという「厚生年金の空洞化」といった，もうひとつの現象まで引き起こすことにつながっていく。このように，一旦80年代に取り繕われた年金制度は，もともと脆弱な基盤のうえに成り立っていたこともあって，激しい環境の変化とともに，その制度的揺らぎだけでなく，ポバティラインをめぐる争点までをも提起することになったのである。そのことは，最低賃金の水準への関心が高まることによって，一層複雑さを増すことになっていく。

　最低賃金制度が賃金格差を解消するために機能しなければならないことは，いうまでもない。かなり古いが，1977年の中央最低賃金審議会答申「今後の最低賃金制のあり方について」では，次のように述べられた。「都道府県ごとの

I 共通論題

地方最低賃金審議会において，最低賃金を審議決定することを原則とする現行の最低賃金の決定方式は，今日なお地域間，産業間等の賃金格差がかなり大きく存在し，したがって依然として地域特殊性を濃厚に持つ低賃金の改善に有効である」。その後，地域別最低賃金は次第にその地歩を固めていくが，1981年に中央最低賃金審議会は「地域最賃は（ナショナル・ミニマムとして），全ての労働者（若年者・高齢者を含む）に適用するもの」という形で賃金のミニマム論まで展開した。

そして，その後80年代の産業別最低賃金の再編を経てからも，地域別最低賃金こそが地域のミニマムを決定するものとして，ますますその重要性を増していった。とくに，90年代に入り非正規雇用の拡大に関心が寄せられるようになってからは，そうした雇用形態と最低賃金というレベルでの話題が増えてくる。しかしながら，最低賃金の存在に一層注目が集まるのは，わが国で格差問題が論じられ始めた90年代後半のことである。いいかえれば，おおよそこのあたりにおいて，それまでやや別々に取り扱われ，そして論じられていた生活保護，年金，最低賃金の水準論議が高まることになったのではないか。だとすれば，この３つの本格的な比較はかなり最近のことだということになる。

原理的にいえば，働いて得る賃金が最も高く，次に一定期間保険料を拠出した年金，そして最後に公費で負担される生活保護という順になる。しかしながら，問題として指摘されたのは，本来そうした順序が守られるべきなのに，そのようになっていない現実が生み出されているということであった。「生活保護より最低賃金が下回っている」，「年金より生活保護の方が高い」といったことは，先の原理に基づけばすべて不自然だということになるからである。格差が拡大しているという時期に先のことが主張されると，余計に人々の目を引くことになる。しかし，この比較には細心の注意が求められるであろう。論議自体の歴史が浅いうえに，いかなるケースを採るかによって高低が異なるからである[3]。

こうした状況は，次のようにいってもよい。1980年代においても比較しようと思えばできないことではなかったが，制度的にみて未成熟なため，十分な比較までいけない部分があった。それに対して，1990年代に入るとそれぞれの制

度の成熟とともに，3つの突合せということが可能になった。また，同時に3つのものを比較して，その水準の是非を問うべき社会的雰囲気も醸成された。比較からいえることは，原理との乖離がみられるケースがあり，その点についての補修がいることが判明した。ただし，以前とは異なって働き方や世帯構造等が大きく変化してきており，そうした現状をしっかり見据えると，原理そのものの再考とともに，ポバティライン設定の再検討が求められていると。

5 おわりに

これまでにおいて，格差社会について論議が高まる前の時期，主に1980年代から1990年代にかけての動向に関し社会保険等を中心にトレースしてきた。とくに，国家福祉という視点からみれば，80年代には一応「官」としての役割を果たし終えた，つまりミニマムの整備は一通り終えたという認識のもとで，「民」への期待が寄せられることになる状況を確認した。個人の自立・自助が前面に押し出される背景には，そのような土台が基礎として出来上がったという前提が置かれたからだといってよいであろう。しかしながら，その後の展開をみると，保障されるはずのミニマムが社会保険において揺らぎ始めただけでなく，ミニマムそのものについてもさまざまなレベルでの交錯という現象が生じることになった。

先ほど取り上げた年金，生活保護，最低賃金の3者の関係などはまさにその一例である。高齢者が増えれば増えるほど，年金の給付水準をはじめとしてその実態が露呈される。不況が長期化すればするほど，どうしても生活保護とのかかわりは増えてくる。非正規雇用の比重が増えれば増えるほど，賃金・労働条件面，とくに最低賃金への関心は高くなる。このように，90年代後半以降はそれまでそれぞれの流れを形成していたといえるものが，一気に合流することになったともいえるのである。その意味で，3者の関係は以前から不自然なところを有していたものの，それがハッキリと浮かび上がるには，それなりの時間を要したということになる。

繰り返し述べてきたように，社会政策はもともと格差問題と格闘してきたわ

I 共通論題

けであり，何も今になって格差問題との関係を過大に捉える必要は毛頭ない。ただし，社会政策がこれまで十分意識していなかった格差問題が新たに登場し，それが今後大きな影響を与えていくというのであれば，それは十分視野に入れなければならない。苅谷剛彦がいう「教育格差」がそれであり，この領域はこれまでの社会政策の枠組みでは十全に対処できていない。また，斎藤貴男が論じる「優生」思想と結び付いた格差論も社会政策としては一旦関心が遠ざかっていたものである。「格差社会のゆくえ」において，この2つは新しい論点をなすことは必至である。

一方，最初に言及した谷沢の問題提起は今日的に「ソーシャル・キャピタル」論へとつながる。これは，新しい地域のあり方を模索するものであり，「官」でも「民」でもない「公」としての領域を形作るものとなる。「官」として守るべきミニマムが揺らぎ始める一方で，「民」への依存度にも限界があるとみた政府は近年こうした「公」の開拓，開発に力を入れ出しているように思われる[4]。だとすれば，「官」と「民」という2本柱で一応進めてきた体制が行き詰まりはじめたとき，それを超えようとする試みとしての「公」の中身に対しては，社会政策的にみてもそれなりに掘り下げてみる価値はあるように思われる。その意味で，この時期に歴史から学ぶことも不可欠であろう。

ミニマムの建て直しを図ろうとする政府は，社会保険を中心にその取り組みを進めている。それらをみると，いくつかの共通項が浮かび上がってくる。給付対象とする年齢の制限，財源と結びつく世代の保険への取り込み，自己負担率の引き上げ，保険料上限の提示等，枚挙にいとまがない。しかし，依然として社会保険を堅持するという姿勢は貫かれており，しかもまだ職域と地域といった区分を完全に払拭しようとはしない。だとすれば，格差社会論が盛んになるなかでみえてきたものは，これまで続けてきた「職域間・地域間の格差是正」路線が行き詰まりつつも，「階級間・階層間の格差是正」への方向転換を高らかに宣言できないジレンマ状態に陥っている政府の姿ということであろうか。

1) ちなみに，わが国で社会政策の重点対象が高齢者をはじめとする人々に移りか

けるのは，1970年代に入ってからである。
 2) 本稿ではひとまず公的なものは「官」，私的なものは「民」と区分しておく。その理由はのちに地域を「公」と表現することによる。
 3) 年金，生活保護，最低賃金の3つの比較は，必ずしも容易ではない。にもかかわらず，逆転を唱える論調が一人歩きしているところがある。
 4) 『厚生労働白書』の平成17年版の特集は「地域とともに支えるこれからの社会保障」であり，そこで「ソーシャル・キャピタル」論が展開されている。

【参考文献】
苅谷剛彦「『自ら学ぶ力』べた褒め社会の光と影」『中央公論』2006年3月号。
斎藤貴男『機会不平等』文藝春秋，2000年。
佐口和郎・中川清編『福祉社会の歴史』ミネルヴァ書房，2005年。
白波瀬佐和子「格差論が見過していること」『世界』2006年6月号。
社会政策学会編『自己選択と共同性』御茶の水書房，2001年。
──『経済格差と社会変動』法律文化社，2002年。
──『新しい社会政策の構想』法律文化社，2004年。
神野直彦・宮本太郎編『脱「格差社会」への戦略』岩波書店，2006年。
副田義也『生活保護制度の社会史』東京大学出版会，1995年。
橘木俊詔編『封印される不平等』東洋経済新報社，2004年。
玉井金五・久本憲夫編『高度成長のなかの社会政策』ミネルヴァ書房，2004年。
玉井金五「〈巻頭言〉現代日本のポバティラインを考える」『社会政策研究』6号，2006年。
橋本健二『階級社会』講談社，2006年。
谷沢弘毅『近代日本の所得分布と家族経済』日本図書センター，2004年。
Izuhara, M., *Comparing Social Policies*, The Policy Press, 2003.
Milly, D. J., *Poverty, Equality, and Growth*, The Harvard University Asia Center, 1999. ほか

共通論題=「格差社会」のゆくえ——3

「学習資本主義」と教育格差
社会政策としての教育政策

苅谷剛彦　Kariya Takehiko

1　問題の設定

　1960年代に隆盛を極めた「人的資本論」は，1990年代に「再発見」されたといわれている［Tomlinson 2005］。周知の通り，人的資本論は，教育・訓練への投資が経済成長を促すことを，理論的・実証的に根拠づける理論であった。1960年代の世界的な教育拡大を後押ししたのは，この経済理論である。ところが，1970年代後半以後，経済成長や教育拡大への楽観的な見方が色あせていくなかで，人的資本論も後退を余儀なくされた。それが，1990年代に「再発見」されるようになった背景には，経済のグローバル化と福祉社会の行き詰まりとがあった。少なからぬ先進諸国が「ポスト福祉社会」へと移行するなかで，この経済理論は，経済の競争力を増す経済成長政策の面からのみならず，今度は雇用の保障や貧困対策といった「社会的公正」の面から，「社会政策」の要として位置づけられるようになったのである。別の表現をすれば，福祉社会からポスト福祉社会への変化は，平等主義の考え方の面でみれば，「結果の平等」から「機会の平等」へと社会政策の基調をシフトさせた。その流れのなかで，保証すべき「機会」として，教育や訓練がクローズアップされるようになったということである。

　1997年に政権についたイギリス「新」労働党のトニー・ブレアが唱えた「教育，教育，教育」という有名なフレーズが，この変化を端的に表現している。そして，イギリスに限らず，他の先進諸国においても，「結果の平等」から「機会の平等」への移行の必要性が唱えられるようになると，それに呼応する

ように，教育政策の重要性が語られるようになった［エスピン・アンデルセン 2001］。雇用政策の面でも，失業手当の給付から，雇用能力の向上へと路線が転換された。「完全雇用」を目指すのではなく，「十全な雇用可能性 fully employability」をくまなく多くの人びとに身につけさせる政策への転換である［山口 2006］。ここには，「十全な雇用可能性」を保証するために，教育政策を重視するといった政策上のウェイトの変化が示されている。

　他方，それとほぼ時を重ねて，グローバル化や情報化といった変化を背景に，経済の「知識経済 knowledge economy」への移行がいわれ始めた。知識生産や技術革新の重要性が高まっていることが指摘され，企業経営において必要とされる人材やスキルにも大規模な変化が生じているといわれた。「ナレッジワーカー」（ドラッカー），「シンボリック・アナリスト」（ライシュ）等々と呼ばれる，知識生産やシンボル操作に長けた人材が知識経済の担い手として求められている，というのである。そして，その育成に向け，より高度な教育・訓練の必要性が指摘されるようになった。ブレアの「教育政策こそ最良の経済政策である」というもうひとつの有名なフレーズは，こうした知識経済のもとでの教育政策の重要性を強調したものといえる。

　もちろん，これらふたつの側面は相互に関係し，強化しあっている。「結果の平等」から「機会の平等」へと福祉政策の基軸を移すことは，一方では財政負担の軽減を目指している。と同時に，他方では人的資本形成を重視することで，経済成長という果実を得ようとする。税収増につながる経済成長こそが，国家財政の悪化を食い止める政策だと見なされるからである。知識経済のもとでグローバル化した経済競争に打ち勝つことと，社会的公正を大きく損なうことなく「小さな政府」を目指すこととの結節点に，「人的資本」形成としての教育（訓練）政策が位置づけられるようになったのである。

　さらにそこに，教育の私事化，市場化，分権化といった教育の需要と供給をめぐる制度の改変の議論が重なっている。ネオ・リベラリズムの教育（政策）版ともいえる教育改革路線であり，教育行政・学校運営の民営化や学校選択制度，バウチャー制の導入など，企業経営を模した「ニュー・パブリック・マネジメント」の手法を用いた教育改革が，すでにいくつかの先進国で導入されて

いる（イギリス，アメリカ，ニュージーランドなど）。それらの国ぐにでは，中央政府が教育の供給側の改革を主導するという従来の手法とは異なる改革が目指されている。教育の受け手を「教育サービス」の「消費者」として位置づけ，「消費者」の選択が，教育サービス提供の改善を図るという市場原理に準じた改革手法である［市川 1995］。公立，私立を問わずに学校選択を可能にするバウチャー制や，学校設置の自由化ともいえるチャータースクール制度（教育サービス供給側の自由度を増す政策）の導入，さらには教育行政や学校運営の民間委託を促す改革が，それである。これら教育政策をめぐる変化は，国によってその様相は異なるものの，1990年代以後の「ポスト福祉社会」における教育政策の変化を示す点では共通している。

　イギリスなどに比べ，日本においては，こうした動向は未だ顕在化していない。だが，内閣府規制改革・民間開放推進室や，2006年秋に誕生した安倍政権は，バウチャー制の導入や，よりいっそうの学校選択制の普及を提唱している。このような近年の動きをみると，日本だけが，世界的潮流から逃れられているわけではないことがわかる。

　この論文では，こうした近未来像を予測しつつ，ポスト福祉社会における教育政策の位置づけの変更を念頭に置きながら，1990年代以来の日本の教育改革がはらんでいる問題点を，教育における格差（拡大）という視点から明らかにする。具体的には，「人的資本」形成の重点化が進行するポスト福祉社会において，日本の教育政策・教育改革がどのような問題を抱えているのかを，教育における「学習資本」の格差の実態を示しながら，とりわけ，義務教育の費用負担の問題に関係づけて考察を行う。

2　「学歴社会」における人的資本形成

　1990年代以後の変化を見通すために，ここでは，1980年代終わりまでの戦後日本における「教育と社会」の結びつきに目を向けよう。現代へと至る人的資本形成の変化を理解するための準備作業である。

　ここで議論の俎上にのせるのは，「学歴社会」と呼ばれた教育と社会との関

係である。実態はともかく,「学歴社会」という社会認識・イメージは，学校における学業的な成功と，職業的な成功とを関連づける一定の見方を人びとに提供してきた。よく知られる,「よい成績（高い偏差値）→有名校→一流企業→豊かで安定した生活」といった一連の連鎖である。そして，こうした連鎖の結び目にあったのが，受験競争，新卒一括採用,「終身」雇用，年功賃金といった「日本的」諸制度である。

　学歴社会としてイメージされるこの教育・社会編成のもとでは，つぎのような人的資本形成の仕組みが働いていたと考えることができる。すなわち，①学校教育を通じて，知識の受容を中心にした「学力」が形成される。②この「学力」は，偏差値や（入学）試験の得点として一次元的に表示され，それをもとに，どの学校・大学に入学できるかが決まる。そして，③どの学校・大学を出たかといった学歴・学校歴を重要な選抜基準として，就職先が決まり，④企業に入ってからは，OJT を通じて技能が形成される。こういう形式をまとったプロセスである。

　ここで，試験の結果が示す「学力」は，直接，職業的な能力を示すわけではないと考えられていた。一部の専門職をのぞき，大学で学ぶ知識も,「職業的なレリバンス（関連性，有意味性）」が低いといわれた。誤解を恐れず単純化していえば，学校教育を通じて形成される「学力」は，訓練可能性や勤勉さの証し，と見なされることはあっても，職業的な知識やスキル獲得の証明とは見なされなかった。アメリカの経済学者・サローの用語を使えば，それぞれの企業で有用な技能や知識を習得する（学習）能力として，訓練可能性 trainability [Thurrow 1975] が重視され，学歴や学力はその指標と見なされたといえる。

　刻苦勉励を通じて高い受験学力をあげることが，有名大学への道を開き，それが一流といわれる企業や官庁への就職につながる。しかもいったん就職すれば，同じ組織内でのキャリアアップが期待される――もっとも単純化して描けば，学歴社会のイメージが提供するキャリアルートはこういうものであった。このように，学歴社会レジュームのもとでは，学歴（学校歴を含む）を基準に就職機会が配分され，入職口によって，その後の訓練機会が異なる。しかも長期雇用を前提としているために，そこでの訓練＝人的資本形成は，おおむね同

I 共通論題

一組織内でのキャリアの軌跡となってあらわれる。

このシステムのもとでは、個人のキャリアの軌跡と、訓練（OJT）の機会と、さらにいえばその機会を生かす学習能力（訓練可能性）は重なり合っていた。したがって、より高度な知識や技術を獲得する訓練機会が与えられ、その機会を生かすだけの学習能力が備わっていれば、そうした機会の多寡と能力に応じた人的資本の形成が行われていたと解釈できる。ただ、それらは、特別に意識されることなく一体となっていたために、その陰に隠れた学習能力とその差異をことさら表に出して論じる必要はなかった。

3　学習の離床

このような学歴社会型の人的資本形成は、しかしながら、21世紀を前に、時代遅れのものとして、強烈に批判にされるようになった。1980年代半ばの臨時教育審議会は、その答申がその後の教育改革の基本路線を決定するものになったとみることができるが、それは、21世紀の知識経済を見越した教育改革によって、人的資本形成の仕組みに革新を求めるものであった。冒頭で述べた他の先進国のように、ポスト福祉社会への移行を念頭に置いて、「機会の平等」政策の要に教育を位置づけることはなかったものの（この点は日本の問題点ともいえる）、すでに欧米への「キャッチアップ」は終わったとの認識のもとに、「新しい時代に対応する教育の諸制度の改革」（諮問事項および答申の標題）を期した改革案が提唱された［市川 1995］。そこでは、「創造性」や「個性」の尊重がいわれ、後の「新しい学力観」や「生きる力」の教育に連なる個性主義の教育が提唱された。また、学歴社会の弊害が指摘され、学歴社会から「生涯学習社会」への移行が唱えられた。「知識経済」という言葉はまだ使われていなかったが、経済面での国際競争力の強化を念頭に、知識受容型の教育からの脱却を目指したのである。そして、改革の手法としては、新自由主義的な教育の「自由化」論が唱えられた。

この臨教審の答申を受け、その後、中教審や教育改革国民会議といった場で、21世紀の日本の教育をどうするかをめぐる改革論議が続けられた。その一部は

すでに実施されているが，ここで注目したいのは，個性尊重を謳う「子ども中心主義」の教育観と，知識経済のもとでの国際競争力の強化を目指す新自由主義的な教育観とが，知識受容型の教育からの脱却を目指す点で，意見の一致をみたことである。いずれも，問題解決能力や，「自ら学ぶ力」の育成を目指し，学習者の主体性に目を向ける「学び」や「学習」といったタームを教育改革の中心に位置づける点では共通していた。

学習や学習能力がキーワードだという指摘は，何も目新しいものではない。すでに多くの論者が，「知識（基盤）経済」，「ポストフォーディズム」，「ハイスキル社会」といった様々な名称を用いて1980年代以後の先進社会の変化を言い当て，学習の重要性に言及している。問題発見・解決能力にしても，戦略的思考力にしても，コミュニケーション能力にしても，あるいは「創造性」にしても，それらの「ハイスキル」を身につける上で，「学び方を学ぶ」ことが重視されるというのである。

たとえば，ハーバード大学ビジネススクール教授のズボフは，「学習とは生産活動の中核にあり，端的に言って，今や学習することこそが，新たな労働の形態なのだ」という [Zoboff 1988]。より高度な知識とスキルを身につけた者が，知識経済の牽引者となる。そして，そうした知識やスキルを身につける上で，学習や学習能力の重要性が指摘されるのである。

そこで使われる用語や考え方の多くは，教育改革で用いられるそれと一致する。すでに述べた「問題発見・問題解決」「コミュニケーション能力」「自ら学ぶ力＝自己学習力」など，例を挙げればきりがない。時代の変化に合わせて教育を変えていくことが教育改革のねらいだとすれば，この一致は驚くに値しない。その結果，学校教育の領域にとどまることなく，「学習」や「学び」を求める大合唱が起きたのである。

すでに臨時教育審議会以後，生涯学習社会を作り出すことが，学習重視の時代には必要だとたびたび主張されてきた。学校を出たあとも，人は生涯にわたり学び続ける。そうした学びの機会をできるだけ提供する社会として，生涯学習社会が構想されたのである。

生涯学習社会の構想は，学校だけで教育が完結し，その成果である学歴の取

得が社会の編成原理として重要な意味をもつ「学歴社会」の否定の上に立っていた。いわば，詰め込み教育や受験教育への批判と表裏の関係をもって，生涯にわたり学び続ける生涯学習社会が目指された。生涯「教育」ではなく生涯「学習」と呼ばれるように，そこでは，押しつけの教育ではなく，学ぶ側の主体性が尊重されている。知識や技能を受容する「器」としての人的資本形成のイメージから，「自ら学ぶ力」をもとに学び続け，生涯を通じて人的資本をリニューアルしていくイメージへ。自ら学ぶ力＝学習能力が人的資本形成の要に位置するように，「人的資本主義」に変化が生じたのである。

他方で，雇用環境の変化もまた，学歴社会型の人的資本形成に変更を迫った。景気後退による労働需要の低迷と，規制緩和や日本的経営の見直しとが相まって，正規雇用の減少と非正規雇用の拡大とが起きた。その結果，雇用の流動性が高まり，長期雇用を前提に OJT を通じた人的資本形成の機会が若年層を中心に奪われていったのである［玄田 2001］。

雇用の流動性が高まり，行き止まりの仕事（＝学習機会の乏しい仕事）が増えていけば，学歴社会型の人的資本形成の仕組みも崩れていく。訓練可能性（≒学歴・学力）を基準に選抜し，同一企業内で長い時間をかけ OJT を通じて人的資本を形成していく仕組みがたちいかなくなると見なされるようになる。加えて，技術革新のスピードアップや経済のグローバル化による環境変化の激しさが増してくると，蓄積された知識やスキルだけでは対応できないという，「知識・技術の陳腐化」論が力を得ていく。こうして知識経済の出現とともに，ストック型の知識観・学習観からの脱却が求められるなかで，すぐれた学習能力を備え，自ら学び続ける「ナレッジワーカー」が礼賛され，キャリアの軌跡に埋め込まれていた学習機会と，それを活用する能力である学習能力とが，区別されるようになっていったのである。

4　人的資本と学習の市場化

新自由主義的な教育への市場原理の導入を背景に置くと，ここで重要な役割を演じることになるのが，学習機会の選択と，その選択能力の基礎となる「自

ら学ぶ力」である。選ぶことなく共通に与えられた学習の場での競争が，労働市場における人的資本の価値を決めていた時代とは異なり，教育の市場化が進んだ時代には，人的資本への「利口な」投資家＝学習者は，それぞれに異なる労働市場で交換される価値を見越して，学習の機会を選択する。生涯を通じて，人的資本への投資効率が最適化するように学習機会を選ぶことが，「利口な」人的資本家の振る舞いであると期待されるようになるのである。そして，そのような機会を見極め，探し出していくこと自体が，自己反省的なメカニズムを組み込んだ自ら学ぶ力＝学習能力の発揮と見なされる。

　そもそも学習とは，自己反省 self-reflection を組み込んだ過程である。学習活動や学習する内容，さらにはその成果に対して，自ら意味を与えつつ，つねにその状況を自己参照（セルフ・モニタリング）し続けなければ，「自ら学ぶ」ことはできない。それぞれの個人によって実際にどこまで自己参照が働いているかはともかく，新自由主義的な考え方をベースにおけば，そのことを織り込みずみの前提として，学習という社会的行為が，交換のネットワークに位置づけられるようになる。

　このように，人的資本形成の過程を，自己反省的で，環境適応的な学習を組み込んだものと見なすことによって，人的資本の価値形成のあり方に変化が生じていることが浮かび上がる。しかも，学習を通じて獲得されるのは，新しい知識や技術だけではない。学習能力自体にも磨きがかかる。逆に言えば，学習が停滞すれば，知識や技術を得られないだけでなく，学習能力自体がさびついてしまう可能性が高い。

　このように，「人的資本家」としての個人は，自らの学習状態と結果とを自己反省しつつ，人的資本の投資対象となる「生涯学習者」としての個人である。投資家であると同時に投資の対象でもあるというこの二重の性格が，投資効果についての自己反省を自らの問題として引き受ける状態を作り出す。いわば，人的資本家としての個人（＝生涯学習者）は，生涯にわたり，学習市場において，自己反省的に最適な学習をしつづけることを余儀なくされた存在となるのである。学ぶことが望ましいとされる社会的合意が成立するだけではない。市場メカニズムを通じて，生涯にわたる効果的な学習が強制されるようになる。

Ⅰ 共通論題

それに従わなければ，人的資本形成において不利になり，市場での価値づけのメカニズムを通じて，低い価値しか与えられなくなる。

このような変化は，もともと福祉国家を想定して案出された生涯学習社会のモデルが，事実上，市場競争型の生涯学習社会へと転換していくことを意味する。学習の市場化が進む生涯学習社会においては，問題発見・解決能力であれ，コミュニケーション能力であれ，知識経済のもとで価値づけられる人的資本の構成要素である多様なスキルを身につけるための学習能力自体の価値を高めることが求められるようになる。と同時に，「自ら学び」続けた成果が，市場を通じて価値づけられることを前提に，生涯学習を続けることが要請される。こうして，生涯にわたり学習が価値づけられ，強制される学習の市場化メカニズムを通じて，人的資本の自己増殖（裏返しとしての自己減衰）が行われるようになる。

学びたいから学ぶのではない。学ばなければ生き残れないから学ぶ。それが，市場競争型の生涯学習社会である。この仕組みのもとで，「利口な」人的資本家が，人的資本を自ら増殖させつづけるメカニズムが作動する。しかも，彼ら・彼女らの一部は，学ぶことを苦痛と感じず，楽しみにさえ変えてしまう「高度な」学習能力も身につけているのである。

学習能力を高めるための人的資本への自己投資は，流動性の加速化する社会の不確実性に対するヘッジにもなるだろう。知識の陳腐化がスピードアップし，労働移動の流動化・不安定化が進めば，学習能力を高めた利口な人的資本家を選抜し雇うことが，雇用主にとっても人的資本家にとっても，「賢い」選択となる[1]。

このように学習することの社会・経済的意味が大きく変化しつつある。このような変化をふまえ，人的資本形成の新たな段階が誕生しつつあるということができるだろう。それを私は，人的資本形成のコア・エンジンとして学習が重視されるようになっていることから，「学習資本主義社会」と呼んだ［苅谷2006］。学習資本主義社会とは，利口な生涯学習者が人的資本家として支配的な立場に立つ社会である。それは，人びとに学び続けることを求める生涯学習社会であり，学習能力の向上が人的資本の価値増殖につながる仕組みを内包し

た人的資本主義社会である。そして，資本主義社会一般がそうであるように，この学習資本主義社会も，不平等をうちに含んだ社会である。つぎに，その論点について，実証研究の成果を交えながら検討しよう。

5 学習の階層差

　ここで問わなければならないのは，学習における格差という問題である。伝統的な意味での学業成績 academic achievement に出身階層による差異があることは，よく知られた経験的な事実である［苅谷 1995］。しかし，日本の教育改革の議論では，通常，「自ら学ぶ力」や「新しい学力」と呼ばれるものに，家庭環境の影響が及ぶ可能性については，ほとんど議論されずにきた。素朴な子ども中心主義の立場では，一人一人の子どもの自ら学ぶ意欲への楽観的な期待感からか，学習能力の格差はほとんど問題にされなかった。子ども一人一人の興味・関心を重視するために，一次元的な評価尺度に照らすことで浮かび上がる格差という見方自体が忌避され，格差は個性の違いに回収される傾向があった。しかし，上述のような人的資本形成の仕組みの変化が生じているとすれば，そこにおいて，人的資本形成の中心的なエンジンとなる学習能力の階層差という問題は，ポスト福祉社会を論じる上で避けては通れない。

　はたして学習能力には，出身階層による格差が存在するのだろうか。そして，それは拡大しているのだろうか。実はこの問題に答えることは容易ではない。過去との比較が欠かせないのに，比べるデータがほとんどないからである。しかも，人的資本形成のエンジンとなる学習能力をどのようにとらえるかということもまた，簡単なことではない。

　そこで以下では次善の策として，利用可能な調査データを用いた分析の結果を紹介する。ここで分析を行うのは，私たち研究グループが2001年に関西地区で実施した，小中学生対象の質問紙調査の結果である。調査対象者は，小学校16校，中学校11校の小学5年生921名と中学2年生1281名であり，別の研究グループによって同一の学校を対象とした調査が1989年に実施されている[2]。ここでは，比較可能なこれら2時点の調査にともに含まれる「基本的生活習慣」

Ⅰ 共通論題

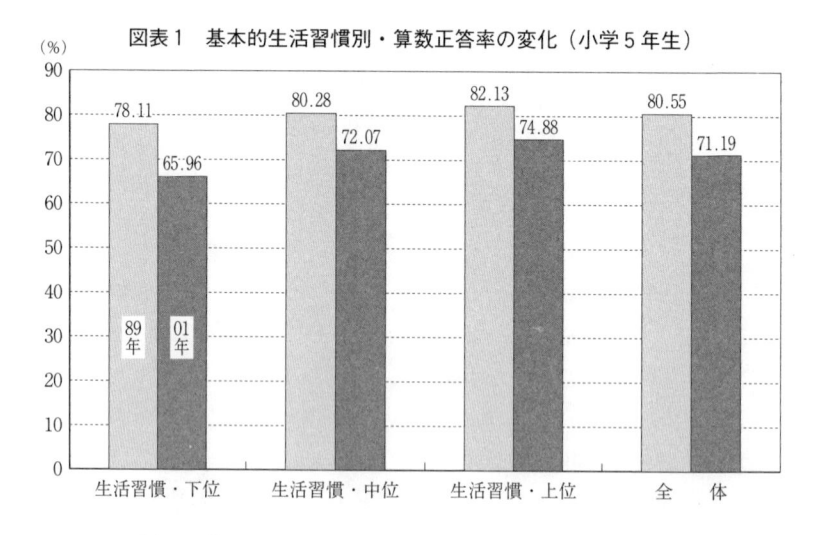

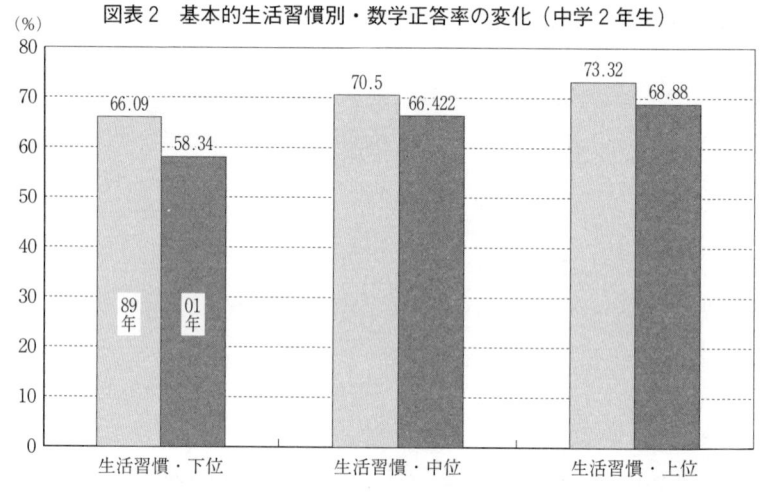

図表1 基本的生活習慣別・算数正答率の変化（小学5年生）

(%)
- 生活習慣・下位：89年 78.11／01年 65.96
- 生活習慣・中位：89年 80.28／01年 72.07
- 生活習慣・上位：89年 82.13／01年 74.88
- 全体：89年 80.55／01年 71.19

図表2 基本的生活習慣別・数学正答率の変化（中学2年生）

(%)
- 生活習慣・下位：89年 66.09／01年 58.34
- 生活習慣・中位：89年 70.5／01年 66.422
- 生活習慣・上位：89年 73.32／01年 68.88

の調査項目を用いて，子どもの学習における格差拡大の趨勢を検証する。
　ここでは，「朝，自分で起きる」，「毎日朝食を食べる」，「前日のうちに学校のしたくをする」等々の基本的生活習慣に関する6つの質問への回答を用いて，「基本的生活習慣」尺度を作り，それをもとに子どもたちを3つのグループに分けた。このグループ分けは，家庭の文化的環境の反映とみることのできる

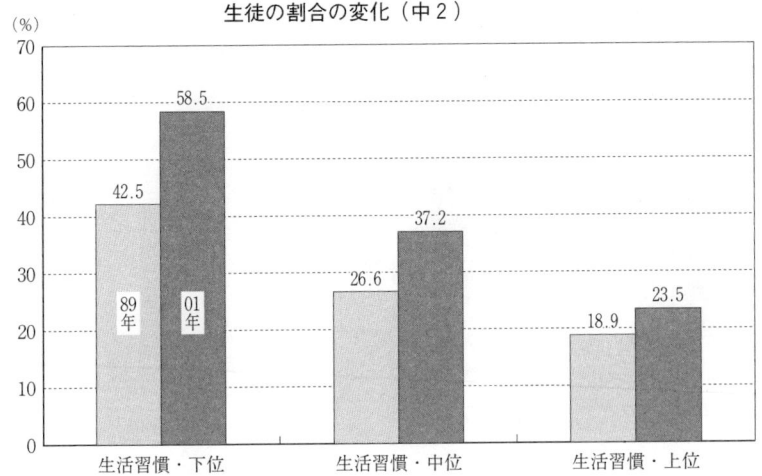

図表3　基本的生活習慣別・家での勉強時間ゼロの
生徒の割合の変化（中2）

（%）

生活習慣・下位	生活習慣・中位	生活習慣・上位
89年: 42.5　01年: 58.5	89年: 26.6　01年: 37.2	89年: 18.9　01年: 23.5

「文化階層」の代理尺度といえる。

　はじめに，算数・数学のテストの正答率をみると（図表1，図表2），全体として01年で低下傾向がみられるだけでなく，小5でも中2でも，生活習慣下位グループの得点の落ち込みが大きい。その結果，上位グループとの格差が拡大している。図は省略するが，小学5年の国語でも同様の傾向がみられる。

　テストの得点だけではない。勉強への取り組みにも格差があり，しかも拡大している。図表3は家でまったく勉強しない生徒の割合を基本的生活習慣グループ別にみたものである（中2）。どのグループでも勉強しない生徒は01年で増えているが，なかでも増え方の大きいのは生活習慣下位グループである。その結果，ここでも格差が拡大している。図は省略するが，小学5年生でも同じ傾向が見いだせる。つまり，勉強離れが全体的に進むなかで，とりわけ基本的生活習慣が身についていない家庭の子どもの勉強離れが進んでいる。学校外での学習への取り組みが，学習意欲の一端を示していると見なせば，90年代を通じて，格差が拡大しているといえるだろう。かつて高校生の学校外の学習時間の階層差が拡大している結果を示したが［苅谷 2001］，学習意欲の階層差の拡大が，小学校や中学校段階でも進んでいるのである。

Ⅰ 共通論題

図表4 文化階層別・調べ学習の時積極的に活動する生徒の割合（小5）

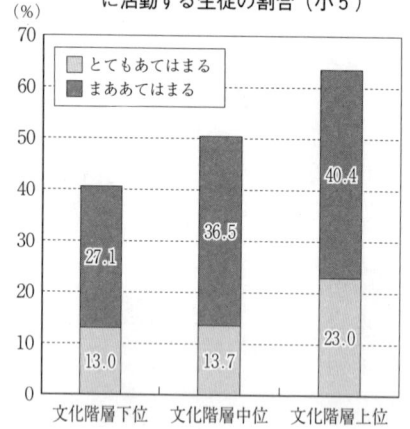

図表5 文化階層別・グループ学習の時まとめ役になることが多い生徒の割合（小5）

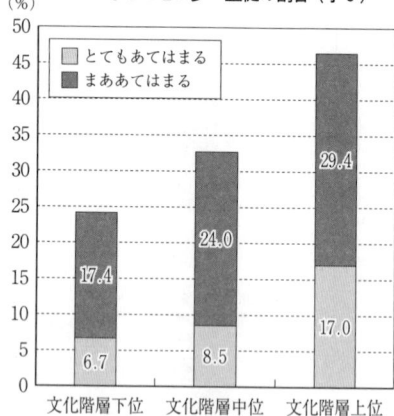

学習能力についてはどうだろうか。残念ながら，過去と比較可能なデータを持ち合わせていないため，ここでは，格差の変化については分析できない。かわって，2001年のデータを用いて，生徒の家庭の文化階層と子どもの学習態度との関係をみておこう。調査対象校との関係もあり，また子ども自身の知識の制約という問題もあり，この調査では子どもに親の職業や家庭の収入などについての情報を聞くことはできなかった。その代わり，調査では，子どもの眼からみた親の子どもへの関わり方や生活についての質問を含めた。家庭の文化的環境についてたずねる質問項目である。

ここでは，「家の人はテレビでニュース番組を見る」「家の人が手作りのお菓子を作ってくれる」「小さいとき，家の人に絵本を読んでもらった」「家の人に博物館や美術館に連れていってもらったことがある」（以上4点尺度），「家にはコンピュータがある」（2点尺度）といった質問項目への回答をもとに，小，中学生のそれぞれに主成分分析を用いて，家庭の文化的環境を示す一次元的尺度を作成した。この尺度を用いて，小，中学生のそれぞれの調査対象者の数がほぼ3分の1ずつになるように，3つの「文化的階層グループ」を構成した（上位グループ，中位グループ，下位グループ）。

図表4と図表5は，小学校5年生の学習態度についてみたものである。それ

ぞれ図は,「調べ学習の時には積極的に活動する」と「グループ学習の時にはまとめ役になることが多い」への回答率を家庭の文化階層グループ別に示したものである。

図から明らかなように,「総合的な学習の時間」などで想定される学習活動へのかかわり方には,子どもの家庭環境の差異が大きく反映している。文化階層上位グループの子どもほど,こうした学習に積極的であり,まとめ役にもなる。他方,階層下位グループの子どもは,こういう学習には強いかかわりをもたない。これだけ大きな差異が階層間で生じているのであり,「自ら学び,自ら考える」力の学習にも,階層格差が存在しているのである。ここでみた学習態度が,新たな段階の人的資本形成のエンジンとなる学習能力の一部(ないしその反映)であるとすれば,学校教育の早い段階で学習能力に格差が生じていることになる。このような早期に生じる格差が,その後どれだけ挽回可能であるのかは,残念ながら分析できない。しかし,ペーパーテストの学力だけではなく,学習能力にかかわる学習態度においても,小学校段階から階層差が生じていることを前提に,ポスト福祉社会における教育政策を考えていくのか,あるいはそれを無視して論じていくのかは,今後の格差問題の検討にとって重要な違いをもたらすだろう。

6 教育資源の配分構造の変化と政策論

このような教育における格差の現状をみた上で,最後に,政策的な視点から,教育における格差問題の近未来像について検討してみたい。

「自ら学ぶ力」の育成には,従来の知識受容型の教育以上に,より質の高い教育が求められている。「自ら学び,自ら考える力」の教育が,格差の拡大を伴わずに行われるためには,学級規模の点でも,教師の質(とくに教育力・指導力)の向上のためにも,一斉授業が中心だった時代以上の資源が必要だと考えるのである。

このような仮定が妥当だとすれば,現在及び近未来における教育資源の配分構造に注目することは,教育における格差の問題を,政策論として論じる上で

Ⅰ 共通論題

重要な手がかりを与えてくれる。それというのも、政策如何によって資源配分のあり方が大きく——それも悪い方向に——変わりうるからである。

このような関心から、ここで焦点を当てるのは、義務教育費国庫負担金制度や、「標準法（公立義務教育諸学校の学級規模及び教職員定数の標準に関する法律）」をめぐる近年の動向である。公立小中学校の教職員給与の２分の１を国が負担してきた義務教育費国庫負担金制度は、いわゆる「三位一体の改革」の中で、負担率が３分の１に縮小された。それ以後も、地方への財源以上の第２期分として、残りの３分の１をゼロにする主張が全国知事会等から出されている。また、教育財政の配分原理をパーヘッド（児童生徒１人あたりの原理）で計算することを進めるバウチャー制の導入や、さらには財政事情の悪化を背景に、「標準法」の再検討を進める動き、地方公務員定数の削減、教員の給与等を優遇してきた「人材確保法」の廃止といったことも議論されている。

これらの政策論議は、いずれも教育政策決定の場ではなく、それ以外の場で議論され、決定されるという特徴をもつ。そして、いずれの政策も、結果的に、義務教育に振り向ける資源配分の構造に変更を迫るものである［苅谷 2006］。

義務教育費国庫負担金の負担率の削減は、将来的には、一般交付税の削減と相まって、地域間の財政力の格差が、公立学校の教職員の人件費の格差につながる制度改革である。標準法を廃止し、子ども１人あたりの教育費を根拠に教育財源の資質をしようとする動きも、小規模校を抱える（財政力の弱い）地域の教育費の縮減につながるだろう。さらに、教職員総数の削減に直結する公務員定数の削減は、少人数学級の普及にブレーキをかけ、手厚い教育の提供を困難にする。

しかも、今後、少子化にもかかわらず、教職員の高齢化と大量退職の時代を迎えることから、義務教育に要する人件費は増大することが見込まれている[3]。賃金や退職金の引き下げなどをしなければ、支出が増えてしまうのである。しかも、大量退職が発生するということは、新たな教員の大量採用が見込まれることにつながる。少子化とはいえ、退職者の数が膨大になることから、現在の40人学級を維持するだけでも、平成20年度以後10年以上にわたり、毎年２万人近い小中学校教員を採用し続けなければならないと予想されている［苅谷

2005]。その結果，質の高い教育が求められる一方で，教員の採用倍率は低下していく可能性が高い。しかも，上述のことから，今後，教員の処遇が好転する見込みは少ない。それゆえ，優れた人材を教職に集めることに困難をきたすことが予想される。しかも，教育財政の地域間格差が拡大すれば，教員の採用面で，数の上でも質の上でも，地域間の格差が生じる可能性がある。

「学習」の重要性が増していく学習資本主義のもとで，全体としての教育財政の切り下げと，地方分権化に伴う地域間格差の拡大が進めば，すでに現状において存在する学習態度や学習意欲，学習能力の格差が，さらに拡大していく可能性は否定しがたい。比較的大人数の学級であっても，一斉授業を通じて維持できた知識受容型学力の時代とは異なり，より高度な学習が求められる時代に教育の質の改善が伴わなければ，「自ら学び，自ら考える力」の育成はますます難しくなっていく。教育の質の低下が起これば，学校段階の早期から生じている学習能力の格差は，ますます広がっていくだろう。これでは，「機会の平等」さえおぼつかない。ポスト福祉社会への移行のなかで，社会的公正の視点を欠いたまま，教育改革が行われてきたことのツケが顕在化してくるのである。

文科省による教育の一極支配への嫌悪感が，財政の悪化を目前にしても，分権化を後押しする世論を形成してきた。バウチャー制や学校選択制などの新自由主義的な改革が受け入れられる背景には，国にも地方にもあてはまる教育の官僚制的な支配や，公立学校への不信感がある。それらが，既存の制度を壊す改革への「声なき支持」となっている。その結果が，教育の格差を拡大するとわかっていても，既存の教育をそのまま容認したのでは，教育への公的支出増大に国民の支持をとりつけるのは難しい。公教育の信頼を回復するためには何が必要なのか。新自由主義と親和性の高い「学習資本主義」へと社会が変化していくなかで，新自由主義に代わるオルタナティブを打ち出せるかどうかに，社会政策としての教育政策の成否がかかっている。

1) 教育の受け手を，自らの人的資本への最適投資効果を目指す「資本家」と見なすことは，学習の個人化・個性化の進展と対応関係にある。自己学習力の重要性が強調されれ

Ⅰ 共通論題

ばされるほど，自己反省的な選択能力が問われるようになり，その結果に対する自己責任も問われるようになる。新自由主義的な教育改革論には，このような人的投資家による教育の選択が，教育の改善に結びつくという前提が含まれている。教育サービスの消費者であるにとどまらず，人的資本市場においてもっとも効率的な投資を行う教育の受け手＝学習者の選択が，学習機会の改善（人的資本形成の機会の最適配分）を促すという前提である。

2) 調査の概要については，苅谷剛彦・志水宏吉編（2004）『学力の社会学』（岩波書店）を参照。
3) 苅谷剛彦「少子化時代の怪 教員が大量に不足する！──義務教育を襲う地殻変動」『論座』(118)，156-165頁，2005年3月号（朝日新聞社）を参照。

【参考文献】

市川昭午（1995）『臨教審以後の教育政策』教育開発研究所。
エスピン・アンデルセン，G／渡辺雅男・渡辺景子訳（2001）『福祉国家の可能性』桜井書店。
苅谷剛彦（1995）『大衆教育社会のゆくえ』中公新書。
──（2001）『階層化社会と教育危機』有信堂高文社。
──（2005）「少子化時代の怪 教員が大量に不足する！──義務教育を襲う地殻変動」『論座』2005年3月号，朝日新聞社，156-165頁。
──（2006）「「機会均等」教育の変貌」，『アステイオン』，65，阪急コミュニケーションズ，12-43頁。
苅谷剛彦・志水宏吉編（2004）『学力の社会学』岩波書店。
玄田有史（2001）『仕事のなかの曖昧な不安──揺れる若年の現在』中央公論新社。
文部科学省（2005）『教育指標の国際比較』。
山口二郎（2006）『ブレア時代のイギリス』岩波新書。
ライシュ，ロバート・B／中谷巌訳（1991）『ザ・ワーク・オブ・ネーションズ：21世紀資本主義のイメージ』ダイヤモンド社。
Brown, Phillip, Green, Andy and Lauder, Hugh (2001) *High skills : globalization, competitiveness, and skill formation*, Oxford : Oxford University Press.
Thurow, Lester C, (1975) *Generating inequality : mechanisms of distribution in the U. S. economy*, New York : Basic Books.
Tomlinson, Sally (2005) *Education in a post-welfare society*, Second edition, Open University Press.
Zoboff. S (1988) *In the Age of the Smart Machine*, Basic.

共通論題=「格差社会」のゆくえ──座長報告
格差社会への視座

矢野　聡　Yano Satoshi

1　学会の本質を貫く恒久的課題

(1) はじめに

　1970年代以降低迷を続けていた貧困研究から，これをめぐる新たな動きが起こってきている。その発端は「格差社会」である。1990年から社会経済の大変動を経験した，いわゆる「失われた10年」の間に，そして小泉内閣成立から今日までの改革で揺れた「失われた5年」の間，続いた経済・社会変動によって，社会政策における貧困の再定義が必要となったのである。この論議は急速に盛り上がり，雇用，労働をはじめ少子高齢化，子育て，教育，そして社会保障政策全般にまで，国民的課題として取り上げられ，現在なお衰えてはいない。

　そもそも格差社会論は，1990年代後半に出版された齋藤貴男氏ほかのジャーナリストによって行われた派遣労働，パート労働等の非正規雇用が，正社員との比較で給与や社会保障，福利厚生の恩恵に浴せない不合理性を暴くところから出発した。議論そのものとしては当時行われていた構造改革理念への批判であったが，さらに専門家や学者によって行われた賃金・所得格差，不平等社会，学習能力，「生まれ」や「育ち」などの機会（希望）不平等社会に関する分析のキーワード，そしてその議論をめぐる反論等から次第に注目を浴びてきたのである。

　格差社会を生み出したその背後には，戦後社会で経験したことのない豊かさと，停滞する経済状況という2つの変動の中で，不平等というキーワードで翻弄される多くの人々，という現実があった。この要因が社会にどのような影響を及ぼすのか，我々の社会，そして個人はこの先どこへ向かうのか。そのアウトカムが見えないことへの不安と苛立ちが人々の側のみならず，政策形成者に

Ⅰ 共通論題

すらあったようでもある。そうしてこの流れがようやく経済不況を脱しつつあるかのような状況下で，さらに深められる形で現在に至っていると思われる。

(2) 社会政策学会の設立の趣旨

　もともと経済社会の発展と社会階層の明確化を焦点とする「格差社会」をめぐる議論は，社会政策学会の中心課題であった。1899（明治32）年の社会政策学会設立の趣意書には，次のように書かれている。「近時わが国の実業は長足の進歩をなし，国富の増進まことに著しきもの有り。これ余輩の大いに喜ぶところなり。然れどもこれがために貧富の懸け隔たりややその度を高め，したがって社会の調和次第に破れんとするの兆あり。ことに資本家と労働者との衝突のごときは，ここにその萌芽を見る。（中略）今にしてこれが救済の策を講ぜずんば後日臍を咬むもそれあるいは及ぶことなけん。殷鑑（いんかん）遠からずその欧州にあり。ここにおいて余輩相集って本会を組織しこの問題を研究せんと欲す。」として社会政策学会創立の目的となしたのである。それから100年以上を経た今日において，社会政策学会が有するその問題意識の重要性はさらに際立ってきていると考えられる。

(3) 議論の前提としての格差社会

　本大会の共通論題では，「格差社会」の事実確認，それが格差社会と呼ぶにふさわしいかどうかを含め，その前提条件を共有できるようにわが国の貧困の歴史研究，現状と問題点，教育における格差，そして労働をめぐる格差の諸点から，代表的な論者に報告をしていただくこととした。これを基礎に，社会政策学会の歴史的課題に関する新たなる展開を探ることにしたいと考えたからである。格差社会の問題が，社会政策学会の一トピックとして取り上げる性質のものではなく，むしろ恒久のテーマである以上，基本的枠組みの議論を周到に行うことこそが重要と考えられる。

　なお共通論題では，本大会での議論の方向を鮮明にするため，いわゆる格差社会として巷間広く行われている議論のうち，経済政策（財政，金融，租税，産業等の政策）および，都市と地方の格差論については，焦点を絞り込む意味か

ら別の機会に譲るようにした。

2 貧困問題への取り組み

最初の谷沢報告は，格差社会が大きな社会政策上の問題として取り上げられるのは，もともと我が国の社会が格差の広がりをあまり意識する必要がなかった，という視点から出発する。もちろん実際には戦前および終戦後の我が国においては，所得格差が今日と同等かあるいはそれ以上存在していたわけであるが，大問題にならなかったのは地域の所得格差問題について入念な対策が講じられてきた成果があったと述べるのである。谷沢報告によればその中心が方面委員，あるいは民生委員であった。

戦前の方面委員制度がきわめて不十分であるとの学説がある中で，谷沢会員は東京の実態調査から，彼らが比較的活発な活動を行っていたことを論証した。特に町内会に代表される地域社会との連携，方面委員の個人的属性としては自営業が多く，地域の自発的な意識風土（一種のソーシャルキャピタル）が確立していたと肯定的に見るのである。

戦後はこの機能が民生委員として引き継がれた。谷沢会員は，この際に福祉事務所の行政所管との引き離しによって，ソーシャルキャピタルとしての地域の一体性が薄れた点を指摘する。解決の方向性として町内会等の地域組織の再構築を唱えるのである。

谷沢報告に対し，総括討論として会場からは民生委員と町内会との関係性について，またはソーシャルキャピタル構築には「官」の役割が必要ではないか，あるいは現在の生活保護受給マニュアル表も，民生委員の判断で行われており，格差社会を推進しているのでは，等の質問が発せられた。

3 現代の貧困および格差社会の位置づけ

次の玉井報告は，今日の格差社会論というのは，「平等感」を持つことができたこれまでの時代の反転現象である，とする。玉井会員はこの「平等感」の

出所として戦後の所得再分配政策における社会保障の役割について分析した。すなわち1960年代までの「第1のセーフティネット」が，年金保険，医療保険その他を軸とした「第2のセーフティネット」に変わったこと，さら拡大し続ける経済成長につれて，社会福祉，社会保障制度とも一貫して給付拡大の方向を示したこと，を挙げる。

さらに1980年からはサービス供給主体が官から民へ移行する転機になったことが指摘され，社会保障に対する政府の姿勢の変化とともに，受給者もまた特定の階層ではなく，一般国民になった，と述べる。1990年代から，社会保障で表沙汰にならなかった問題が浮上し始めた。この要因として玉井会員はバブル崩壊後の経済停滞と，年金の制度成熟に伴う矛盾の露呈を挙げている。こうした分析の上に立って，貧困の原理を再考すべきこと，またそのためには働き方や世帯構造の変化を見たポバティライン設定の再検討を唱えている。

これに対し全体討論として会場からはポバティライン，階級間・階層間格差についてのポジティブな定義を知りたい等の質問があった。

4 社会政策としての教育政策

従来の社会政策学会と教育関連の学問との新しく，しかも重要な接点を強調したのは苅谷報告であった。苅谷報告は，格差社会論隆盛の背景には，平等主義の考え方からみれば「結果の平等」から「機会の平等」へと社会政策の基調をシフトさせたことが原因，と述べる。このことが人的資本形成，すなわち苅谷氏の言う「学習資本主義的」教育政策が位置づけられる所以になる。こうして形成される利口な生涯学習者が，人的資本家として支配的な立場に立つ。そしてこの仕組みが不平等，言い換えれば格差をうちに含んだ社会となる。

キーワードは，学習能力格差は出身家庭による職業・所得階層の影響があるか，ということである。苅谷氏は実証研究の成果から，この傾向があるという点を指摘する。1980年代までの一斉授業を通じて維持できた知識受容型学力の時代とは異なり，現在の教育システムは階層，およびそれと連動した地域間格差の拡大が，学習態度や学習意欲，学習能力の差としてますます現れるのであ

る。これが苅谷氏の言う，新自由主義と親和性の高い「学習資本主義」である。これに対する代替性を持ち得ない限り，教育格差社会は今後とも拡大し続けるとの問題提起である。

　苅谷報告に対する総括討論として会場からの反響は多く，社会政策と教育政策の格差是正に対する位置づけ，政府の政策の評価など，多彩な内容に及び，今後の教育政策を含む社会施策のあり方を展望する内容であった。本学会においても次回以降学校教育および生涯教育の視点を加えていきたいものである。

5　新日本的経営と格差社会

　午後の齋藤報告は，構造不況を脱出し，好況に転じたとされる我が国の労働・雇用環境下で進行するといわれる格差に焦点を当てた。齋藤氏の報告はジャーナリストとして見聞した企業内の労働者，給与生活者待遇，賃金，そして環境全般にわたる不合理性への指摘を基調としたものであった。要約すれば，今日の経済好況は，規制緩和，構造改革の路線を歩むことによって経済のいっそうの効率化が図られ，弱者を切り捨てる，あるいは徹底的にいじめることによって企業を強くしてきたことによる結果である，とした。齋藤氏は労働，雇用関係における経済的コストの低減化は，結果として「精神のガレキ」を招いた，と述べる。さらに彼は格差社会を招いた元凶として，経済界や学者の一部に優秀な能力だけを取り上げてほかは期待しない，いわゆる「優生思想」が根底にあると述べた。齋藤氏は解決策として論を進め，この構造を打開するには戦争をしないこと，結果の悪平等をむしろ志向するぐらいがちょうどよいこと，等を提言している。

　これに対し総括討論では「結果の平等」に対する具体性や，「戦争をしないこと」の意味等についての質問があった。

6　格差社会の向こう側

　コメンテーターの高田報告は，基本的に社会政策の枠内で格差社会を解決で

I 共通論題

きるのは難しいこと，理由はこれまで検討された平等はせいぜい能力主義程度であって，これだけでは格差社会の問題に対処できない，とする。次にくる社会，新たに問うビジョンがあって初めて，格差社会の問題と向き合える，というのである。すなわち，大衆民主主義下における集団主義的社会保障は終わりを迎え，個人を重んじる「個的社会」のビジョンが用意されるべきである，とする。この下では，格差を個性に変える努力がなされる，として現状肯定，環境改善主義を例示した。

これに対し総括討論では北欧の例等から，現状でも格差縮小の努力は可能ではないか，社会保障と税制策の連動で，格差問題の解消は可能ではないか，等の質問があった。

7 ま と め

経済のルールからすれば，格差社会は不況の後にくるし，また好況の後にやってくる。格差問題は経済変動下での，いずれも後追い的な社会政策上の課題である。本共通論題を全体を通じ総括的に述べると，格差社会を定義するツール（所得，雇用，世帯，教育）が十分に構築されていない，政治，経済，社会の側面における分離，ないし分離に基づいた総合的取り組みが進んでいない下での，しかも個別にはかなりの具体性を持った格差社会に対する提起，という印象であった。総括討論における会員の質問からは，とりわけ今日的「貧困」の概念に寄せて論じてほしいとの願望があったようである。これは第113回大会以降，個別に深められていく内容であると信じている。「許容すべき」格差も，「是正すべき」格差も，個人が格差社会を解消するその先の社会を，いかに描くのかに関心が寄せられなければならないことが伺える内容であった。これを契機に，社会政策学会における格差社会への取り組みは，今後さらに進化してゆくであろうことを確信している。

II 【テーマ別分科会】報告論文と座長報告

From Widgets to Digits　　Katherine V. W. Stone
労働法改革と雇用システム　　仁田　道夫
今日の賃金制度改革と同一価値労働
　同一賃金原則　　森　ます美
男性研究の現在と日本のジェンダー分析　宮下さおり

〈座長報告〉
関口　定一　　埋橋　孝文　　藤澤　由和　　遠藤　公嗣
鈴木　玲　　武川　正吾　　黒田　兼一　　居城　舜子
上原　慎一　　小越洋之助

テーマ別分科会1＝労働市場の構造変化と労働法・労働政策の課題①

From Widgets to Digits
Legal Regulation of the Changing Contract of Employment

Katherine V. W. Stone[1]

1 Changes in the Employment Relationship

By all accounts, the employment relationship in the United States is undergoing a profound transformation. The long-standing assumption of long-term attachment between an employee and a single firm has broken down so that employment is no longer centered on a single, primary employer throughout one's career. Instead, employees now expect to change jobs frequently and firms now expect a regular amount of churning in their workforces. They encourage employees look upon their jobs differently, to manage their own careers, and not to expect long-term career-long job security. Thus the employment relationship is being transformed from a long-term stable relationship between an employee and a firm to one in which the employee is a free agent operating in a boundaryless workplace. These changes in the nature of employment in the United States have significant implications for U.S. labor and employment law.

The newly emerging employment relationship is a vast departure from employment relationships in the past. Roughly one hundred years ago, the employment relationship underwent a transformation that persisted throughout most of the 20th century. On the basis of the scientific management theories of Frederick Winslow Taylor and those in the personnel management tradition, most large corporations organized their workforces into job structures that are termed "internal labor markets." In internal labor markets, jobs are broken down into minute tasks and then are arranged into hierarchical ladders in which each job provides the training for the job on the next rung up. Employers who utilized internal labor markets hired only at the entry level, then utilized internal promotion to fill all of the higher rungs.[2]

Throughout the 20th century, most large U.S. manufacturing firms adopted some aspects of scientific management in their work practices. Hence they reduced the skill level of jobs, while at the same time encouraging employee-firm attachment through promotion and retention policies, explicit or de facto seniority arrangements, elaborate welfare schemes and longevity-linked benefit packages. Because employers wanted employees to stay a long time, they gave them implicit promises of long-term employment and of orderly and predictable patterns of promotion. Thus internal labor markets became the dominant job structures of the industrial era. While these systems had their origins in the blue-collar workplace of the smokestack industrial heartland, by the 1960s they were adapted to large white collar workplaces such as insurance companies and banks.

Sometime in the 1970s, employment practices began to change. Since then, there have been widespread reports that large corporations no longer offer their employees implicit contracts for lifetime employment. Work has become contingent, not only in the sense that it is formally defined as short-term or episodic, but in the sense that the attachment between "regular" employees and the firm has been weakened. The "recasualization of work" has reportedly become a fact of life both for blue collar and for high-end professionals and managers. This was expressed eloquently by Jack Welch, former CEO of General Electric Company, in an interview with the Harvard Business Review in 1989 in which he said:

"Like many other large companies in the United States, Europe, and Japan, GE has had an implicit psychological contract [with its employees] based on perceived lifetime employment. People were rarely dismissed except for cause or severe business downturns.... This produced a paternal, feudal, fuzzy kind of loyalty. You put in your time, worked hard, and the company took care of you for life.... That kind of loyalty tends to focus people inward. But given today's environment, people's emotional energy must be focused outward on a competitive world where no business is a safe haven for employment unless it is winning in the marketplace. The psychological contract has to change."[3]

Labor economists have documented the trend away from long-term firm-worker attachment and toward short-term employment relationships. The Department of Labor's Current Population Survey (CPS), found dramatic declines in job tenure between 1983 and 2002 for all men over the age of 20, with the most significant declines amongst men in the age groups over age 45.[4] This is precisely the group who were the beneficiaries of the old psychological contract for long-term employment. In addition to the job tenure data, the CPS found a significant decline in the number of men who had been with their current employer for ten years or more. Similar large declines occurred for men in every age group over forty-five.[5] These are dramatic changes. For women, there was not such a marked decline, and in some cases even a modest rise. However, because women were not generally part of the long-term employment system, the overall percentages of women working for ten years or more is significantly lower than men at every stage.

The job tenure data is consistent with accounts by industrial sociologists and industrial relations practitioners. For example, the sociologist of work, Richard Sennett, interviewed a number of younger employees about their experiences in the labor market, and reports:

The most tangible sign of that change might be the motto "No long term." In work, the traditional career progressing step by step through the corridors of one or two institutions is withering... Today, a young American with at least two years of college can expect to change jobs at least eleven times in the course of working, and change his or her skill base at least three times during those forty years of labor."[6]

Before examining the new employment relationship, it is necessary to consider why employers are changing the employment relationship and recasualizing work. I would posit that the reason employers are changing the employment relationship is that they are adjusting work practices to production requirements. As firms are forced into a more competitive environment through increased trade and global competition, they have to pay more attention to short-term cost reduction. In addition, the merger movement and the market for corporate control forces firm managers to be responsive to short-term change in revenues and demand. Part of this responsiveness involves just-in-time production, just-in-time product design, and just-in-time workers.

2 The New Employment Relationship

As employers dismantle their internal labor market job structures, they are creating new types of employment relationships that give them flexibility to cross-utilize employees and to make quick adjustments in production methods as they confront increasingly competitive product markets. They do not want to create expectations of long-term career jobs because they want to be able to decrease or redeploy their work force quickly as product market opportunities shift.

We see evidence of this change all around us. For example, McDonald's recently distributed the following brochure along with its hamburgers.

Good Jobs for Good People
Looking for a good job ? Look no further than McDonald's.
If you're still in school, we can offer you the chance to learn valuable skills for your future while you earn extra spending money.

> If you have young children and only want to work part time, we can give you flexible hours while you earn the extra income a growing family needs.
> If you're retired and want a job that lets you meet people and have fun while you earn a little extra cash, McDonald's can give you that too.
> If you think a job at McDonald's sounds like a good idea, don't wait. Fill out the attached application and talk to a member of our management team today.
> Tomorrow you could have a job.

Primarily aimed at students, young mothers, and retirees, this brochure seeks to recruit applicants by promising flexibility and learning opportunities. It is not seeking long term, loyal employees.

At the other end of the spectrum, business consultants talk about the "talent wars" of recruitment. They advise firms to restructure human resource policies in order to attract the top talent by offering learning opportunities, lifestyle perks, and performance incentive compensation. For example, one influential consultant advises firms that to retain valued employees, they need to permit people to customize their jobs to suit their own ambitions and life styles.[7] Firms should let their employees select their work tasks, work location, schedule, and learning opportunities. In this view, employees are free agents operating in a free talent market, so they should be offered whatever it takes to attract and keep them — whatever it takes except promotion opportunities or job security.[8]

We also see evidence of change in the terminology of work. Employees are no longer called "workers" or even "employees" — they are professionals in a particular skill or line of work. Cafeteria workers are now termed "Members of the Culinary Service Team." Salespeople are now "Sales Associates," clerical workers are "Administrative Assistants," and cashiers are "Cash Register Professionals." These new-breed professionals have their own web pages, magazines and trade conferences in which they network with others like themselves and keep abreast of opportunities and developments.

We also see evidence of change in the methods of job-seekers. Resumes are no longer chronological lists of schools attended and positions held. Today, resumes are narratives about skills mastered and tasks performed. Resume preparation services advise applicants to organize their resumes on a functional rather chronological basis, emphasizing abilities and potentials rather than work history. Such a resume does not highlight either past employers or the sequence of jobs. Indeed, one has to read a resume carefully to find the name of employers or the sequence of jobs.

These observable trends reflect what management theorists and industrial relations specialists call the "new psychological contract,[9]" or the "new deal at work.[10]" In the new deal, the long-standing assumption of long-term attachment between an employee and a single firm has broken down. However, while firms disavow any long-term employment relationship, they also believe they cannot succeed if employees simply perform their tasks in a reliable but routine manner. Firms today need not merely predictable and excellent role performance, they need "spontaneous and innovative activity that goes beyond role requirements." They need employees to commit their imagination, energies, and intelligence on behalf of their firm. They want employees to innovate, to pitch in, to have an entrepreneurial attitude toward their jobs, to behave like owners. Current best management practices dictate that firms give employees discretion, but they want to ensure that the discretion is exercised on behalf of the firm. Thus they want to elicit behavior that goes beyond specific roles and job demands, and gives the firm something extra. Organizational theorists characterize this something extra as organizational citizenship behavior, or "OCB."[11]

Much of current human resource policy is designed to resolve the following paradox: Firms need to motivate employees to provide the OCB and the commitment to quality, productivity, and efficiency while at they same time they are dismantling the job security and job ladders that have given employees a stake in the well-being of their firms for the past 100 years. In the past, internal labor markets were adopted by firms to solve problems of employee motivation, encourage skill acquisition and discourage employee oppositional behavior. In the new era, they need to find other means to accomplish these goals.[12]

Managers have been devising new organizational structures that embody flexibility, promote skill development, and foster organizational citizenship behavior. However, they want to achieve commitment and OCB without giving promises of job security and creating the kind of career- long expectations they generated in the past. That is, the goal of today's management is, in the words of one management consultant, to foster "commitment without loyalty."[13]

The management systems of competency-based organizations and total quality management (TQM) are two prominent examples of comprehensive proposals for restructuring the workplace, promoting skill development, and fostering organizational citizenship behavior without promising long-term attachment. Advocates of the competency-based organization emphasize skill development by insisting that employees be paid for the skills they have, rather than according to lock-step job evaluation formulas.[14] Skill-based pay, they claim, will give employees an incentive to acquire new skills and also make it incumbent upon employers to provide training and career development opportunities.[15] Advocates of TQM, meanwhile, counsel firms to involve every employee, at every level, in continuous product and service improvement. Some of the specific recommendations of TQM are to provide continuous training and opportunities for individual improvement, and to give workers direct contact with customers, external suppliers, and others who do business with the firm.[16]

A new employment relationship is emerging through these and similar experimental programs by organizational theorists and management practitioners. Despite differences in emphasis, the approaches share several common features. One is that employers explicitly or implicitly promise to give employees employability, rather than job security. They promise to provide learning opportunities which enable employees to develop their human capital but do not promise long-term employment. Thus employers no longer promise to, nor are they are expected to, keep employees on the payroll when demand for the product fluctuates downward. Rather in the new employment relationship, the risk of the firm's short-term and long-term success is placed squarely on the employee.

The new employment relationship also involves compensation systems that peg salaries and wages to market rates rather than internal institutional factors. The emphasis is on offering employees differential pay to reflect differential talents and contributions. Another feature of the new employment relations involves providing employees with networking opportunities so that they can raise their social capital by interacting with a firm's customers, suppliers and even competitiors. It also involves a flattening of hierarchy, the elimination of status-linked perks, and the use of company-specific grievance mechanism. We can thus compare new employment relationship and the old one, as follows :

old employment relationship	new employment relationship
job security	employability security
firm specific training	general training
deskilling	upskilling
promotion opportunities	networking opportunities
command supervision	micro-level job control
longevity linked pay & benefits	market-based pay
collective bargaining on issues concerning the group	ADR procedures to resolve individual disputes

3 New Risks and Vulnerabilities of the New Employment Relationship

The new employment relationship shifts onto employees many risks that were previously borne by the firm. Foremost, employees now face a constant risk of job loss due to the continual workforce churning the characterizes the new workplace. In addition, the new employment relationship generates a level of wage inequality and wage uncertainty that was not feasible under the old internal labor market arrangements. In internal labor markets, wages were set by institutional factors such as seniority and longevity. Wages today are increasingly pegged to individualize factors and to the external labor market. One result is wage uncertainty for employees. Gone are the day of reliable and steadily progressing pay levels along some pre-arranged or pre-agreed-upon scale. Another result is increasing wage dispersion. Pay rates for similarly-situated employees in different firms and even with a single firm have become markedly diverse.

In addition to job insecurity and wage uncertainty, the new employment practices place on employees the risk of losing the value of their labor market skills. When jobs are redesigned to provide greater flexibility, their skill requirements often increase.[17] Newly trained employees thus have an advantage over older ones, and on-going training becomes not an opportunity for advancement but a necessity for survival. The new employment practices thus impose not only risks of job loss on employees, but also risks of depreciation of one's own skill base. Rather than being able to count on a rising wage level and a comfortable retirement, many workers are anticipating a lifetime of retooling just to stay in place.

Another type of risk that is generated by the new employment relationship involves the dissolution of stable and reliable employee old age and social welfare benefits. In the United States, social insurance is generally linked to employment. Workers obtain health insurance, pensions, disability, long-term care, and most other forms of social insurance from their employers, when they can get it, rather than from the state. Even most forms of state-mandated insurance benefits, such as unemployment compensation and workplace accident insurance, require a worker to have a relationship with a specific employer to be eligible for benefits. Because social insurance is tied to employment, as job security wanes and more and more people move from job to job, they lose whatever employer-sponsored benefits they once had. Even if the new employer offers a health benefit plan that is comparable to that of the former employer, most plans impose waiting periods for health coverage and exclusions for pre-existing conditions that leave many effectively uninsured.

Further, most pension plans do not vest for several years, so that mobile workers are often not covered.

The impact of the new employment relationship on social insurance goes beyond simply the change in job longevity. Employers are also restructuring their plans so as to shift more risk of uncertainty onto employees. This is most evident in the area of pensions. In the past, almost all private pensions were "defined benefit" plans. In a defined benefit plan, employers contribute to a fund on behalf of its covered employee, and each employee is guaranteed a specified benefit level at the time of retirement. The actual benefit usually varies with length of service and final out-going salary level, but it is part of a fixed schedule on which the worker can rely. Since the 1980s, many employers have shifted from defined benefit plans to defined contribution plans so that today, defined contribution plans have overtaken defined benefit plans as the dominant form of employer-provided pension in the United States. In defined contributed plans, the employer contributes a fixed amount into an account for each worker based on the number of person-hour worked. In some cases, the worker makes a contribution as well. Often the worker is given some choices about how the funds in his/her account shall be invested. Upon retirement, the amount of the worker's pension is determined by the value of that account at that time. If the funds were invested well, or if the market did well overall, the worker's pension could be high. But if they were invested poorly or if retirement occurred amidst a market downturn, the pension could be paltry. The risk, both of the market performance and of bad investment decisions, falls on the individual employee.

4　The Role of Law in the Old Employment Relationship

The new employment system I have described has many implications for labor and employment regulation. The basic U.S. labor and employment laws originated in the New Deal period of the 1930s, and they used that era's labor relations as their template. They created a legal framework that assumed the existence of strong firm-worker attachment, long-term jobs, and promotion ladders to define progress throughout a career. These laws were responsive to the employment relationship that prevailed during the New Deal period. Indeed, for most of the twentieth century, the law and the institutions governing work in America have been based on the assumption that workers were employed in stable jobs by corporations that valued long-term attachment between the corporation and the worker - i.e., based on the internal labor market model of employment.

For example, the primary objective of the National Labor Relations Act was to promote the self-regulation of the workplace by organized labor and management.[18] Under the Act, the unionized workplace was divided into discrete bargaining units, each unit a well defined, circumscribed, and economically stable group. While the individuals in the unit could and did change, the bargaining rights and bargaining agreements applied to the unit. Unions negotiated agreements that contained wages, work rules, and dispute resolution systems for those individuals working in the unit. The terms and benefits applied to the job — they did not follow the worker to other jobs when they left the unit. Job-centered benefits were not problematic in a workplace in which jobs themselves were stable and long-term.

The assumption of long-term employment also permeated union bargaining goals. Many of benefits and work rules unions negotiated rewarded long-term employment and were thus consistent with the implicit lifetime employment commitment. Wages, vacations, and sick leave policies, for example, were often based on length of service. Long vesting periods for pensions also assumed and reinforced the norm of long-term employment. Unions protected employees against employer breaches of their implicit promises of long-term employment with seniority systems and just-cause-for-discharge clauses. They also established grievance and arbitration systems to gave workers an expeditious and inexpensive mechanism to enforce the psychological contracts of the industrial era workplace. Thus there evolved an employment system comprised of rising job security, longevity-based wages, employer-based health insurance, and employment linked retirement security. For many unionized American workers, this employment system of the industrial era was the epitome of a good life.[19]

The collective bargaining system gave unions little input into strategic corporate decision making.[20] However, labor's circumscribed role in corporate policy was not particularly problematic in an era of growing firms, expanding employment opportunities, and tacit agreements for long-term employment. Furthermore, the implicit promise of job security and the longevity-based system of benefits gave employees a stake in the financial well-being of their firms. Thus, the American unionized corporation offered its workers an American variant of the Japanese lifetime employment system.[21] The tacit promise of lifetime employment in American industry was supported by the confluence of prevailing human resource policy, union bargaining strategy, and the legal framework of the labor laws.

5 The Demise of the New Deal System

Because the workplace is now changing, the New Deal regulatory framework is becoming increasingly obsolete. The former regulatory structure was based on the template of long-term employment relationships and strong employer-employee attachment, and thus it is not well suited to the newly emerging employment system comprised of implicit promises of employability security, human capital development, lateral employment mobility, and networking opportunities. Therefore, as internal labor markets decline in importance, many features of the regulatory framework need to be reconsidered. Below I describe some of these outmoded features briefly.[22]

(1) Ownership of Human Capital

One legal issue that was invisible in the past but has become prominent today is the issue of who owns an employee's human capital. Because the new employment relationship relies on employees' intellectual, imaginative, and cognitive contribution to the firm, employers put a premium on human capital development and knowledge-sharing within the firm. Yet the frequent lateral movement between firms that typifies the new relationship means that when an employee leaves one employer and goes to work for a competitor, there is a danger that proprietary knowledge will go too. Increasingly, employers try to prevent valuable knowledge possessed by the employee from falling into the hands of a competitor by requiring employees to accept covenants not to compete or by seeking judicial protection for trade secrets. Yet employees understand that their employability depends upon their knowledge and skills, so that they assume that they can take their human capital with them as they move around in the boundaryless workplace. As a result of these conflicting perspectives, legal disputes about employees' use of intellectual property in the post-termination setting have increased expodentially. It is probably now the most frequently litigated issue in the employment area.

In the United States, the law of post-employment restraints—covenants not to compete and trade secret law—has always been complex and untidy. It calls upon courts to weigh, blend, and prioritize many conflicting considerations, including employees' interests in job mobility, employers' interests in protecting business secrets, the public interest in a free labor market, and courts' interests in enforcing contracts. In the past decade, 44 states have passed changed their laws on post-employment restraints in ways that are more restrictive of employees and favor employers. In addition, many courts have adopted new approaches that have expanded the criteria under which covenants will be enforced, and have expanded their definition of trade secrets to give employers more protection. Some of these new criteria and doctrines are in direct conflict with the terms and implicit understands of the new employment relationship. For example, many courts now say that it is legitimate for employers to impose covenants to protect customer contact and employer investment in employee training. However, the new employment relationship promises to give employees networking opportunities and training for their own future employability. In this area, judicial interpretation is occurring without a proper understanding of the changes in the employment relationship. It is therefore necessary to develop a framework for deciding disputes involving the ownership of human capital in a fashion that protects employees' control of their own knowledge and hence their ability to operate effectively in the labor market.

(2) Employment Discrimination

Second, the new employment system has implications for women and minorities, posing not only new possibilities but also new obstacles in achieving equality in the workplace. Much of current equal employment law is designed to assist women and minorities move up orderly job ladders. Existing theories of liability assume that the discriminator is in a hierarchical relationship to the complainant. In a workplace without job ladders and with flattened hierarchies, discrimination takes different forms. Today discrimination often takes the form of cliques and patronage networks by which incumbent white males utilize tools such as ostracism and subtle forms of non-sexual harassment (as well as sexual harassment) to exclude and disempower newcomers. The harms caused can be devastating to the victim, yet not cognizable under existing theories of discrimination.

Under U.S. law, to prove sex discrimination, an employee must usually prove that the employer acted with a discriminatory intent. Hence the employee must establish that she was treated differently and disadvantageously, *because of her sex*. To show this, the employee must establish a baseline from which the employer deviated in this case. For example, if an employer refused to promote a woman on the grounds that she did not have a college degree, the employee can try to show that the action was discriminatory because on other occasions, the employer promoted men who lacked the same credential. That is, to prevail, the plaintiff must show that the employer had a standard practice, a baseline, from which it departed in her case. The discrimination law thus assumes that corporations have standardized personnel policies and practices, and that we can identify discrimination as a deviation from an established norm. In a workplace where peer groups are empowered to make many decisions, and where supervisory authority is delegated downward and away from standard routine practices, liability for discrimination becomes very difficult to establish. In order to make further strides toward equality, it is necessary to understand the new face of employment discrimination and devise anti-discrimination strategies that are appropriate to the new workplace.

(3) Employee Representation

Third, the new employment relationship has been constructed in nonunion environments and has proven remarkably resistant to unionization efforts. In part this is because many of the core practices of unions, such as narrowly defined bargaining units and seniority systems, are antithetical to boundaryless careers. They assume long-term attachment in narrow job ladders and are in direct conflict with the demands for flexibility that characterize the boundaryless workplace. In addition to the misfit between union practice and the boundaryless workplace, there is a misfit between the new workplace and existing labor law.

There are several respects in which the rights created and duties imposed by the National Labor Relations Act do not comport with the workplace of today. For example, as explained above, under the Act, unions exist only as representatives of a bargaining unit. Employment terms and conditions that unions negotiate apply to jobs in the defined unit rather than to the individuals who hold the jobs. Bargaining units imply static job definitions and clear boundaries, and thus are in tension with cross-utilization and the blurring of department of boundaries typical of work practices today.[23] As individual workers move between departments, units, and/or firms, their labor contracts do not follow them. In today's world of frequent movement, bargaining-unit based unionism means that union gains are increasingly ephemeral from the individual's point of view.

There are numerous other respects in which current labor law assumes clear and well defined boundaries. To give another example, the rules of economic warfare assume that union economic pressure should take place within a discrete economic unit—the bargaining unit—and should not spill over beyond its boundaries. The law prohibits secondary boycotts in an attempt to confine economic warfare to the immediate parties in a bounded arena of conflict. The effort to limit economic warfare to "primary" participants further assumes that the unionized workplace has static borders and that disputes within the entity between the firm and its workers affect only those immediate and identifiable parties. In today's world of network production, the assumption that there can be discrete, bounded conflict with clear insiders and outsiders is becoming less plausible than ever. Rather, unions are finding with increased frequency that efforts to bring economic pressure to bear transverses traditional bargaining unit and corporate boundaries. As they seek to apply pressure on suppliers, joint venturers, co-employers, network partners, and subsidiaries, the secondary boycott laws have become an ever more serious hindrance to union success.[24]

In these and other respects, unionism under U. S. labor law is job-centered and employer-centered, not employee-centered. So long as the jobs were relatively stable—i.e., the same jobs were performed over time in the same location with the same employees—bargaining units were stable as to membership, size, and composition and collective agreements were stable as to their scope of their coverage. This is no longer the case.

(4) **Employee Benefits**

The social insurance system in the United States was initially designed to complement job structures of the industrial era. In the early 20th century employers deliberately structured health insurance and pension plans to tie the worker to the firm. These arrangements fit well with the long-term commitment that employers were seeking. But now, when employers neither desire nor offer long-term commitment to their employees, the design of the plans is dysfunctional from the workers' point of view. Workers who change jobs frequently risk losing their benefits, yet those who do not change jobs out of fear of losing benefits cannot succeed in the labor market.

Also, as explained earlier, employers are restructuring their benefit plans just as they are restructuring their employment practices. In keeping with the ethos of the new workplace, the new benefit plans embody a retreat from the principle of risk-sharing and an adoption of a principle of individual choice. The new plans, such as defined contribution plans for pensions and the new health savings accounts for health insurance, shift more risk of uncertainty onto employees, and by doing so, they weaken the social safety net. Thus the issues of benefit portability, affordability, security, and broader forms of social safety nets need to be placed squarely on the national policy agenda.

6   Income Inequality

Fifth, the new workplace is arising at the same time that income distribution in the United States is becoming increasingly unequal. The incomes of the less educated portion of the population have deteriorated in the past twenty years, while the incomes of those in the top 0.1 per cent of the income distribution multiplied expodentially.[25] The pay gap between the top quintile and the bottom quintile of the work force is the greatest it has been at any time since 1947 when the U. S. Department of Labor first collected such statistics. In addition, there have been widening pay disparities within firms.[26] There is considerable evidence that the rising pay gap and the deteriorating income distribution are related to the new work practices. If this is so, the shift to the new employment relationship makes it ever more incumbent upon us to consider macro-economic reforms to address the deteriorating income distribution.

7 Reforming Labor Law for the New Employment Relationship

There are many types of legal reforms that would help adapt the labor and employment laws to the new employment relationship. To enable all workers to function and flourish in the new workplace, there needs to be universal and portable benefits, public provision of lifetime training opportunities, and publically funded wage replacement and support for workers in periods of transition. In addition, the labor law will have to be reformed so that workers can form a political and economic force for continual improvement. This means permitting workers to organize across employer units without limitation by narrow notions of bargaining units, and permitting them to assert economic pressure beyond the boundaries of the firm without constraint by secondary boycott laws.

However, in order for the new workplace to offer justice and fairness to workers, more than changes in the law are required. Specifically, to address the problems of worker vulnerability in both "regular" and informal employment relationships, there needs to changes in labor union practices that will foster the development of labor organizations that operate within local and regional geographic areas, across industries and across firms. That is, boundaryless workplaces needs to give rise to boundaryless labor organizations—organizations that welcome the unorganized as well as the formally organized, the permanent as well as the contingent, the full-time as well as the part-time, regular employees as well as atypical ones. In such an organization, the boundaries between industrial, corporate and civic citizenship will also become blurred, making it possible to address not only issues of worker rights but also social rights more broadly.

1) Professor of Law, UCLA School of Law. This piece is a condensation of several chapters in Katherine V. W. Stone FROM WIDGETS TO DIGITS: EMPLOYMENT REGULATION FOR THE CHANGING WORKPLACE (Cambridge University Press, 2004).
2) See generally, Katherine Stone, *The Origins of Job Structures in the Steel Industry*,

in D. Gordon, M. Reich and R. Edwards, LABOR MARKET SEGMENTATION (1975); David Montgomery, WORKERS CONTROL IN AMERICA : STUDIES IN THE HISTORY OF WORK, TECHNOLOGY, AND LABOR STRUGGLES (1979).
3)   Noel Tichy & Ram Charan, *Speed, Simplicity, Self-Confidence: An Interview with Jack Welch*, HARV. BUS. REV., Sept.-Oct. 1989, at 112, 120 (emphasis omitted).
4)   See BLS News Release 02-531, *Employee Tenure in 2002*, available at http://146.142.4.23/pub/news.release/tenure.txt (Sept. 19, 2002).
5)   For men between 55 and 65, the average time with a given employer declined from 15.3 to 10.2 years over the twenty year period; for men between 45 and 54, it declined from 12.8 to 9.1; for men between 35 and 44, it declined from 7.3 to 51. Id.
6)   Richard Sennett, THE CORROSION OF CHARACTER 22 (1998).
7)   BRUCE TULGAN, WINNING THE TALENT WARS 155-57 (2001).
8)   Id. at 176-66. See also, ROSABETH KANTER, ON THE FRONTIERS OF MANAGEMENT 190 (1997).
9)   See, Denise M. Rousseau, *The 'Problem' of the Psychological Contract Considered*, 19 J. ORGANIZATIONAL BEHAV. 665, (1998); Sandra L. Robinson & Denise M. Rousseau, *Violating the Psychological Contract: Not the Exception But the Norm*, 15 J. ORGANIZATIONAL BEHAV. 245 (1994).
10)   Peter Cappelli, THE NEW DEAL AT WORK: MANAGING THE MARKET-DRIVEN WORK FORCE 217 (1999).
11)   See Dennis W. Organ, ORGANIZATIONAL CITIZENSHIP BEHAVIOR: THE GOOD SOLDIER SYNDROME 4-5 (1988).
12)   Katherine V. W. Stone, The *New Psychological Contract: Implications of the Changing Workplace for Labor and Employment Law*, 48 UCLA L. Rev. 519 (2001).
13)   Peter Cappelli, THE NEW DEAL AT WORK: MANAGING THE MARKET-DRIVEN WORK FORCE 217 (1999). See also, ROSABETH MOSS KANTER, E-VOLVE 225-226 (2001).
14)   *See*, Edward E. Lawler, III, THE ULTIMATE ADVANTAGE: CREATING THE HIGH-INVOLVEMENT ORGANIZATION, at 156 (1992).
15)   *See, id.* at 144-156. See generally, Stone, *The New Psychological Contract*, 48 UCLA L Rev. at 560-565.
16)   See Joshua G. Rosett & Richard N. Rosett, CHARACTERISTICS OF TQM (NBER Working Paper No. 7241, 1999); Eric E. Anschutz, TQM AMERICA (1995). See generally, Stone, *The New Psychological Contract*, 48 UCLA L. Rev. at 565-568.
17)   See Harry C, Katz, ed., *Industry Studies of Wage Inequality: Symposium Introduction*, 54 Indus. & Labor Relations Rev. 399 (2001) (case studies about the link between job redesign and upgrading of skill requirements).
18)   29 U. S. C. § 151 et. seq. (1988).
19)   See, e.g., RUTH MILKMAN, FAREWELL TO THE FACTORY: AUTO WORKERS IN THE LATE TWENTIETH CENTURY 1 (1997) (describing the labor system at a unionized auto plant pre-1980s as "the best America had to offer to unskilled, uneducated industrial workers").
20)   See Katherine Van Wezel Stone, *Labor and the Corporate Structure: Changing Conceptions and Emerging Possibilities*, 55 U. CHI. L. REV. 73, 74 (1988).
21)   See Ronald Dore, BRITISH FACTORY-JAPANESE FACTORY 31-41 (1973) (describing the Japanese system of lifetime employment). Some have suggested that the Japanese employment system may be undergoing a transformation similar to that in the United States. For example, in 1999, *Economist*, reported that in Japan, "[f] ull-time, lifetime

employment in big companies is disappearing.... Since early 1998 Japan has lost more than [one million] full-time jobs ; meanwhile it has slowly been creating part-time and temporary ones." *The Amazing Portable Sarariman*, ECONOMIST, Nov. 20, 1999, at 71.

22) Each of these topics is treated in detail in Katherine V. W. Stone, FROM WIDGETS TO DIGITS : EMPLOYMENT REGULATION FOR THE CHANGING WORKPLACE (Cambridge Univ. Press, 2004).

23) See Alexander Colvin, *Rethinking Bargaining Unit Determination : Labor Law and the Structure of Collective Representation in a Changing Workplace*, 15 HOFSTRA LAB. & EMP. L. J. 419, 430-31 (1998) (noting that changes in the nature of employment create problems for bargaining unit determination).

24) *See, e.g.*, Dowd v. Int'l Longshoremen's Ass'n, 975 F. 2d 779, 783-87 (11th Cir. 1992) (finding efforts by an American union to obtain assistance of a Japanese union in pressuring a Japanese-affiliated employer to be an unlawful secondary boycott) ; Carpenters' Local Union No. 1478 v. Stevens, 743 F. 2d 1271, 1277 (9th Cir. 1984) (finding that a collective agreement that imposed terms of collective agreement on employer's nonunion subsidiary was improper) ; D'Amico v. Painters & Allied Trades Dist. Council No. 51, 120 L. R. R. M. (BNA) 3473, 3480 (D. Md. 1985) (finding the effort by a union to achieve anti-double-breasting contract language to be unlawful secondary activity).

25) *See* McKinley L. Blackburn et al., *Declining Economic Position of Less Skilled American Men*, *in* A FUTURE OF LOUSY JOBS ? THE CHANGING STRUCTURE OF U. S. WAGES 31 (Gary Burtless ed., 1990).

26) *See* STEVEN J. DAVIS & JOHN HALTIWANGER, EMPLOYER SIZE AND THE WAGE STRUCTURE IN U. S. MANUFACTURING (Nat'l Bureau of Econ. Research, Working Paper No. 5393, 1995).

テーマ別分科会1＝労働市場の構造変化と労働法・労働政策の課題②

労働法改革と雇用システム
解雇法制をめぐって

仁田道夫　Nitta Michio

1　はじめに

　経済のグローバル化が進むなかで，日本の企業はさまざまな課題に直面し，自らの経営を革新することによって，それらを解決しようと努力している。また，企業経営者たちは，自らの経営活動を見直すだけでなく，企業を取り巻く社会のあり方についても，さまざまな形で発言し，構造改革を求めるリーダーシップを発揮してきた。雇用関係を強く規制する労働法改革も，この10年間における経営視点にたった改革要求運動の重要テーマの一つであった。そして，実際に，解雇法制，労働時間法制，労働者派遣法制など多くの分野で法改正が実行に移され，現在も労働契約法の制定など，重要な改革案が政府において検討されている最中である。

　このような経緯の表面を見る限り，企業経営者主導の労働法改革が進み，それに支えられて日本の雇用関係は，従来の伝統的なあり方から大きく転換した，あるいは転換しようとしているという通俗的な議論が当てはまっているように見える。これは，グローバリゼーションの影響による，アメリカ型社会モデルへの収斂に向かう動きだと見ることもできる。もっとも，ストーン教授の著書 [Stone 2004] を読むと，日本におけるアメリカ型雇用システムについての理解は，必ずしも正確なものではなく，それが大きな変化の渦中にあることを的確に踏まえる必要があることがわかる。以下，本論では，ストーン教授の所説を参考にしながら，1990年代末から2000年代初頭にかけての日本の労働法改革，そのなかでもとくに解雇法制をめぐる議論と法制化の経緯を検討することによ

り，上記のような通俗的理解の当否を吟味してみることにしよう。あらかじめ，結論を述べておけば，雇用関係へのグローバル化の圧力という点では，アメリカと日本は大きく共通した状況にあるが，それに対する労使当事者の対応は，相当程度異なるものとなっており，その結果，両国の雇用システムは，必ずしも収斂の方向に向かっているとはいえない，というものである。

2 グローバリゼーションが雇用に及ぼす影響

グローバリゼーションとはなにか，また，その影響はどのようなものかを正確に知ることは容易ではない。しかし，1990年代以後の日本経済を観察する際に，多くの国内工場が閉鎖されたり，雇用を減らしたりし，他方で，中国各地，東南アジアの国々などに日本企業の工場が続々新設されたことは，顕著な事実である。資本がグローバルに動き，国内雇用に影響がでた。その結果を統計数字で見ようとすると，たとえば図表1，図表2が参考になる。

この2つの表は国勢調査にもとづいて，日本のエレクトロニクス産業と自動車産業の就業者数の推移（1990年から2000年）を職業別に見たものである。これら日本の国際競争力を代表する2つの産業では，合計200万人を超える人が働いているが，1990年から2000年までの10年間で，ブルーカラー労働者（生産・労務従事者）が16万人（約10％）減った。それに対して，専門的技術的職業従事者（これら2つの産業では主として技術者）は，同じ期間に3万人（15％）増加している。前者の数字には，中国や東南アジア諸国に新設された両産業の工場が日本国内工場のブルーカラーの雇用に及ぼしたマイナスの影響を見て取ることができる。逆に，後者の数字には，これら新設海外工場を含む各工場の生産活動に必要な技術や製品を日本国内の研究所や開発部門が中心となって開発するためにより多くの技術者が必要となる傾向が読み取れる。もちろん，こうしたブルーカラー職の削減と専門・技術職の増大には，他の要因，たとえば，技術革新などの影響もあると考えられるので，グローバル化に対応した対外直接投資のためだけによって生じた変化とはいい切れない。しかし，この期間における日本製造業の旺盛な海外直接投資と，国内設備投資の抑制傾向から判断する

図表1　通信・電子機器，同部品製造業雇用推移

	1990年		2000年	
	人数	%	人数	%
総　　数	1,527,667	100.0	1,416,752	100.0
専門的技術的職業従事者	159,738	10.5	175,719	12.4
うち技術者	155,341	10.2	169,247	11.9
管理的職業従事者	46,380	3.0	33,121	2.3
事務従事者	223,696	14.6	219,360	15.5
販売従事者	50,140	3.3	54,100	3.8
サービス職業従事者	1,708	0.1	1,033	0.1
保安職業従事者	2,372	0.2	1,720	0.1
運輸通信従事者	5,259	0.3	3,209	0.2
技能工・製造，労務作業者	1,038,258	68.0	928,355	65.5
うち電気機械器具組立・修理作業者	884,524	57.9	786,929	55.5

出所：国勢調査

図表2　自動車・同附属品製造業雇用推移

	1990年		2000年	
	人数	%	人数	%
総　　数	898,165	100.0	854,716	100.0
専門的・技術的職業従事者	50,373	5.6	66,000	7.7
管理的職業従事者	23,289	2.6	18,211	2.1
事務従事者	121,055	13.5	121,121	14.2
販売従事者	16,171	1.8	18,976	2.2
サービス職業従事者	1,044	0.1	731	0.1
保安職業従事者	2,404	0.3	1,745	0.2
運輸通信従事者	9,369	1.0	7,785	0.9
生産・労務従事者	674,386	75.1	620,109	72.6

出所：国勢調査

と，上に指摘したグローバル化の影響は，決して小さなものではなかったに違いない。

　このような雇用総数と，職業構造の変動は，当然困難な雇用問題を生じさせることになる。バブル崩壊後の長期不況のなかで，このような規模の雇用問題が発生した場合，それへの対処は容易なものではないことが予想される。これら2つの代表的産業だけでなく，多くの産業で同様な事態が同時に進行したと

考えられるから、いわゆる「終身雇用」慣行に代表される日本的雇用システムは、重大な困難に直面することになった。実際、後に見るように、1990年代末から2000年代初頭にかけての時期には、従来見られなかった規模の雇用調整が実行され、日本型雇用システムの崩壊が喧伝された。

3 解雇法制と労働基準法改正

　このような経済と雇用をめぐる大きな変動が生じるなかで、1990年代から2000年代にかけて、労働法制の大幅な見直しが進められた。そのなかでも、2003年に国会で成立した改正労働基準法は、雇用関係の基本をなす労働契約のあり方を変更しようとするもので、画期的な意義をもっていた。すなわち、従来、法律上の条文に明確な規定がなく、裁判所による判例法理の積み重ねによって作り上げられてきた解雇規制についての条文が、労働基準法18条2として初めて制定法となった。また、従来、通常の労働者で1年以内となっていた有期雇用契約の上限期間が3年間に延長された（専門的労働者の場合は5年契約まで可能）ことも、画期的な変化であった。

　日本の解雇法制は複雑であるが、もともと労働基準法上は、解雇は契約自由の原則にしたがって雇い主の自由であり、1ヶ月の解雇予告（または1ヶ月分の給与支払い）を行えば自由に解雇できることになっていた。しかし、長い時間をかけて解雇をめぐるさまざまな裁判例を通じて「解雇権の濫用法理」が次第に確立されてきた。そのひとつの到達点が日本食塩製造事件に関する1975年の最高裁判例である。これによって、「使用者の解雇権の行使も、それが客観的に合理的な理由を欠き社会通念上相当として是認することができない場合には、権利の濫用として無効になる」とする判例法理が確立した［菅野 2005参照］。

　また、通常は、客観的に合理的な理由となりうる経営上の都合による整理解雇についても、1970年代のさまざまな判例を通じて、一般に整理解雇の4要件として知られる基準が確立され、70年代末までには、この基準に満たない整理解雇は、やはり解雇権の濫用として無効となるとする法理が確立した。具体的には、以下の4つの要件が問題となる。

第1要件は,「人員削減の必要性」である。企業の経済状態（売上高など）から判断して，人員削減が必要であるかどうかが問題となる。

　第2要件は,「人員削減手段としての解雇の必要性」である。他の方法（たとえば希望退職の募集など）で人減らしを行うことはできないのか。

　第3要件は,「被解雇者選定の妥当性」である。特定の労働者や労働者グループを一方的に差別的に取り扱うような選定方法ではいけない。

　第4要件は,「解雇手続きの妥当性」である。労働組合や従業員代表と，解雇の内容や退職条件などについて事前に話し合うなど，適切な手続きがとられているかが問題となる。

　裁判所は，解雇の正当性について訴訟が提起された場合，このようにして確立された解雇権濫用法理に基づいて当該解雇の適法性を判断してきた。もちろん，具体的事例に即して，なにが社会通念上相当と見るかは，容易に決めることはできない。整理解雇の4要件も，基準をどう解釈適用するかという困難な問題が残る。そのため，ある整理解雇事例が最終的に裁判所によって正当と判断されるかどうか，予測がつきにくい場合があることも確かである。

　このような状況を問題であるととらえ，解雇法制の改革を主張する議論が1990年代後半から急速に高まってきた。構造改革の必要性を強く主張する一部の経営者と経済評論家，そして経済官僚たちがその主たる提唱者であった。彼らの議論を要約して示すと，次のようになる。

1) 現在の整理解雇を規制する判例法理は，解雇を困難にしている。
2) その結果，企業にとって雇用のリスクが高すぎるので，経営者は，なるべく人を採らないようにする。
3) その結果，マクロ的に見た雇用機会は望ましい水準以下に押し下げられている。
4) また判例法理に全面的に依存する解雇法制は，裁判結果の予測が困難であり，企業はリスクを恐れて，解雇が合法であると思われる場合にも，これを避けようとするので，雇用調整が十分に進まない。

　2001年に発足した小泉内閣は，経済危機のさなかに発足した政権であり，その政策基調は大胆な構造改革の推進にあった。「改革なくして成長なし」とい

Ⅱ　テーマ別分科会

うのがそのスローガンであった。この政策基調のもとで、さまざまな分野で規制改革が実行に移された。2000年代初めの労働法改革も、この流れのなかで理解することができる。もちろん、規制緩和の流れは、小泉内閣発足以前から強まっており、1990年代から、規制緩和委員会、規制改革委員会、規制改革会議と名称は変わってきたが、さまざまな分野で過大な規制、産業への参入規制となるような制度の廃止や変更を行ってきたことは確かである。小泉内閣の構造改革政策は、そうした積み重ねの上にたって実行されたものであることは、忘れるべきでない。

　さて、解雇法制をめぐる議論が法改正を視野に入れて具体化したのは、2002年の後半である。通常の労働法制改正手続きに則り、労使公益の三者構成の労働政策審議会労働条件分科会での審議を踏まえ、改正案が立案され、政府提出法案として、国会に上程された。最大の焦点であった解雇法制については、労働基準法18条の2として、「使用者は労働者を解雇することができる。ただし、その解雇が、客観的かつ合理的な理由を欠き、社会通念上相当であると認められない場合は、その権利を濫用したものとして、無効とする。」という条文を挿入するというのが改正案であった。衆議院厚生労働委員会において2003年5月7日に審議入りし、質疑を重ねたのち、同改正案は、6月4日の同委員会において修正の上、可決された。解雇法制については、原案から、第1文、すなわち「使用者は労働者を解雇することができる」という文言が削られ、第2文のみが残されることになった。

　政府提出の改正案自体、法律論的には、すでに確立している解雇に関する判例法理を成文法化する性格のものであり、現状を変更しようとするものではないと説明されたが、労働組合と野党は、この条文は、解雇を容易にする可能性があるとして批判し、国会で論戦が展開され、結局、上記のような修正を行うことで妥協が図られたものである。この妥協を踏まえ、衆議院、参議院で修正改正案が可決され、労働基準法に解雇法制が組み込まれることになった。なお、現在検討されている労働契約法が制定されることになれば、この条項は、基準法から除かれて、労働契約法の条文として組み込まれることになる可能性が高い。

労働法改革と雇用システム

図表3　経営上の都合離職率

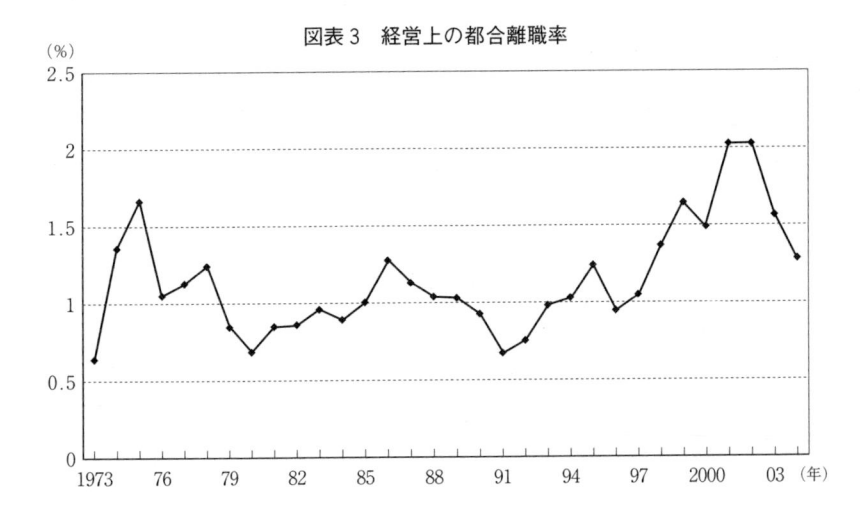

4　解雇法制と経営者主流の対応

　解雇法制改革は，小泉内閣発足後，規制緩和政策の目玉のひとつとして強く推進されたものだが，結果的には，現状維持で終わることになったと評価できる。これは，どのような理由によるのだろうか。

　第1に，日本の雇用システムが雇用調整を著しく困難にし，結果として企業の採用行動に悪影響を及ぼしているという規制改革派の主張は，明確な証拠によって裏付けられないという事実がある。実際には，日本の雇用システムは相当程度柔軟なものであり，必要になった場合には，企業はさまざまな方法を用いて雇用調整を実施している［仁田 2003参照］。ここでは詳しく述べないが，図表3から明らかなように，雇用動向調査に基づいて経営上の都合による離職者の全従業員数に対する割合（経営上の都合離職率）を計算してみると，1997-98年の金融危機をきっかけとして，大幅な増加をしていることが明らかである。1999年（1.65％）には，それまでのピークだった1975年（1.66％）と同レベルに達し，2001年には，2.03％にまで上って，それまでのピークを大幅に更新した。解雇という形式ではなく，希望退職という形式をとったケースが多かったと思

II テーマ別分科会

われるが，既存の法制度の下で，企業は大幅な人減らしに成功している。退職金の積み増しや，社会的評判の低下などのコストがかかったとはいえ，人減らしをめぐって重大な紛争が発生したり，裁判闘争の頻発によってこれらの雇用調整が大きく阻害されたとは考えられない。

第2に，経営者の主流が上記のような規制緩和派の主張を支持せず，既存の雇用システムの枠組みを基本的に守るべきだという態度をとったことである。全体としては小泉内閣の構造改革政策を強く支持した経営者主流（日本経団連に代表される）だが，解雇法制をめぐる対応は，それとはかなり異なったものであった。

たとえば，2001年9月18日の総合規制改革会議ヒアリングにおける福岡道生日経連専務理事の発言を見よう（http://www8.cao.go.jp/kisei/giji/008/gaiyo.html）。同専務理事は，次のような論拠により，「解雇基準の法制化」に明確な反対意見を述べている。「労働基準法の性格を鑑みるとその中に解雇法制の規定が入ることは規制強化となるため反対。また便乗解雇など経営者のモラルハザードを引き起こしかねない解雇規制緩和ルールの設定には反対。」前段は，やや趣旨が異なるが，後段の主張は，明確に，「解雇の容易化」を目指す規制改革会議の主張と反するものであった。同会議がとりまとめた「重点6分野に関する中間とりまとめ」では，人材（労働）分野の具体的施策として，派遣法制の変更などと並べて「労働基準法の改正等（解雇法制の検討着手を含む）」が明記されていた。福岡専務理事の発言は，これに対するコメントとして行われたものである。これは，規制緩和派の牙城である総合規制改革会議を構成する一部経営者，学者らの主張に経営者主流が反対の姿勢を旗幟鮮明にしたものといってよい。

この発言は，もちろん，同専務理事が独断で行ったものではない。当時，日経連会長であり，その後，経団連と日経連が合併してできた日本経団連会長ともなった奥田碩氏は，2001年8月2日の第33回日経連トップセミナーで行った講演（http://www.nikkeiren.or.jp/h_siryou/2001/20010808.htm）のなかで，「雇用の維持は労使の責務」とし，不良債権の最終処理に際しては，「それにともなう離職者がなるべく少なくなるような方法を採用するとともに，他のすべての

企業においては，仮に雇用の過剰感があるとしても，雇用に手をつけることは最後の手段であるという共通認識のもと，それを回避するために，労使で最大限の努力を行わなければならない」と強く主張している。そして「今，一部の論者からは，解雇規制の緩和を求める声が出ておりますが，私はこれは最もやってはいけないことであると思います。それは最も警戒すべき便乗解雇を容易にするものであるとともに，何より，経営者のモラルハザードに直結しかねないものであるからであります」と述べている。奥田会長は，「万一経営者のモラルハザードが広がれば，便乗解雇が横行し，セーフティー・ネットが破たんして，社会全体が崩壊しかねないと心配いたしております」とまで極論している。その強い危機感は注目に値する。

　こうした経営者主流の基本的態度が構造改革を推進する政府・与党にも影響を与え，解雇法制を労働基準法に組み込むが，基本的には，現状を維持するという結果につながったと考えられる。

5　雇用ポートフォリオ

　このような経営者主流の雇用システムに関する態度は，一朝一夕に作られたものではなく，また，単に特定のリーダーの個性的見解であるわけでもない。1995年5月に日経連が公表した『新時代の「日本的経営」』と題する報告書は，バブル崩壊後の経済停滞の中で，日本型雇用システムの再評価と展望を示した文書であり，さまざまな形で引用されてきたが，10年以上経過した今日でも，その影響力は失われていない。その冒頭には，次のような文章が置かれている。「経営環境が大きく変わる中で，日本的経営の運営面で考えなければならない問題はいくつもあるが，日本的経営の基本理念である『人間中心（尊重）の経営』『長期的視野に立った経営』は普遍的な性格をもつものであり，今後ともその深化を図りつつ堅持していく必要がある」[日経連 1995：3]。上記の奥田会長・福岡専務理事の発言は，1997-98年金融危機のパニックと，小泉改革という大きな社会変動を経験するなかでも，この経営者主流の基本的態度は変わらなかったことを意味する。

Ⅱ テーマ別分科会

　もちろん，グローバル化する世界経済のもとで，激変する経営環境に対応するには，従来の雇用システムを堅持するというだけでは，経営者にとって説得的な対応策とはなりえない。上記日経連報告が用意した対応策は，「雇用ポートフォリオ」というアプローチであった。このアプローチのもとでは，企業は，次の3種類の労働力を適切に組み合わせることによって柔軟かつ高度のパフォーマンスを発揮する組織を作ろうとする。
1) 長期蓄積能力活用型グループ：管理職・総合職・技能部門の基幹職対象。基本的には従来型。
2) 高度専門能力活用型グループ：専門部門（企画・営業・研究開発等）対象。有期契約で，年功昇給なしの年俸制。
3) 雇用柔軟型グループ：一般職・技能部門・販売部門対象の非基幹職対象。有期雇用契約で，昇給なしの時間給。

　変化する環境に対応する柔軟性は，主として上記2)や3)のグループの導入・拡充によって確保するというのがこのアプローチの基本である。その後の事態の推移は，日本の企業が基本的にはこのアプローチを踏襲し，結果として，雇用柔軟型グループのウェイトが上昇したことを示している。長期蓄積能力活用型グループは漸減した。しかし，10年をへた現在も，高度専門能力活用型グループは，必ずしもその存在を確立したとはいいにくい。一部には，たとえば，技術者派遣会社で働く特定派遣（派遣会社に期限の定めのない雇用をされ，需要に応じて派遣先職場を移っていく）の労働者など，このカテゴリーに該当する労働者層も生まれてきたが，雇用柔軟型グループの増加にくらべると，小規模にとどまっている。2003年の労働基準法改正に際して，解雇法制の確立とともに重要な課題であった3年契約の有期雇用（高度専門能力保有者については5年まで可）は，ある意味で，このグループへの適用が想定されていた（上記総合規制改革会議ヒアリングにおける福岡専務理事の発言）のだが，現在までのところ，大いに活用されているとはいいがたい状況にある。

　雇用柔軟化グループの増大は，とくに若年労働者の間に，高度専門能力活用型や長期蓄積能力型のグループへの転換が困難な負け犬グループを生み出し，永続的な社会的格差の定着につながってしまうのではないかという危惧を招い

ている。これは，現在日本で盛んに行われている格差論争の中心的論点のひとつである。雇用ポートフォリオ・アプローチは，その有効性を示したが，それだけに大きな課題を社会に残した。それへの対応の鍵は，どこにあるのだろうか。本論でこの点について踏み込んだ議論を行う余裕はないが，雇用ポートフォリオ論との関連でいえば，元来このアプローチのなかで期待されていた高度専門能力活用型グループのような長期蓄積能力型と雇用柔軟型の中間形態の労働者グループをどのような形で，どれほど作り出すことができるかが重要であると思われる。

【参考文献】

菅野和夫（2005）『労働法〔第7版〕』弘文堂。

日本経営者団体連盟（日経連）（1995）『新時代の「日本的経営」──挑戦すべき方向とその具体策』日経連。

仁田道夫（2003）『変化のなかの雇用システム』東京大学出版会。

Stone, Katherine V. W., 2004, *From Widgets to Digits*, Cambridge University Press, Cambidge, U. K.

テーマ別分科会 4 ＝同一価値労働同一賃金原則と賃金制度改革の動向

今日の賃金制度改革と同一価値労働同一賃金原則

森ます美　Mori Masumi

　国際競争の激化と不況の深刻化のなかで人件費総額の削減を追求する日本企業は，1990年代後半以降，成果主義人事・賃金制度への改革を急速に押し進めてきた。本稿の目的は，同一価値労働同一賃金原則（ペイ・エクイティ）の視点から今日の賃金制度改革の動向を捉え，検討するなかで，日本における同原則の実現に向けた課題を明らかにすることにある。

1　同一価値労働同一賃金原則と日本の到達点

　同一価値労働同一賃金原則は，ILO 第100号条約（「同一価値の労働についての男女労働者に対する同一報酬に関する条約」1951年採択，日本：1967年批准）に規定された原則で，〈看護師〉と〈実験技術者〉のように異なる職種・職務であっても，労働の価値が同一または同等であれば，その労働に従事する労働者に，性の違いにかかわらず同一の賃金を支払うことを求める原則である。異なる職種・職務の価値を比較する手段は職務評価制度であり，低く評価されてきた女性職務の再評価を目的とするこの原則の趣旨からして，性に中立な職務評価ファクターと評価方法の採用が重要なカギを握っている。

　筆者らがこれまで参照してきたカナダ・オンタリオ州のペイ・エクイティ法は，職務評価ファクターに「知識・技能（skill），精神的・肉体的負荷（effort），責任（responsibility），労働環境（working conditions）」の 4 要素を採用することを義務づけている。これら 4 大ファクターのなかに，評価する職種・職務の特性に応じたサブファクターを自由に採用することができる［森 2005：171-82］。

一方，評価対象となる職種・職務を確定し，実際に職務を評価するためには，職務分析による職務内容の把握と，それを明文化した「職務記述書」の作成が必要とされる。

　日本で，男女間賃金格差の是正策として，「コンパラブル・ワース」あるいは「ペイ・エクイティ」とも呼ばれる同一価値労働同一賃金原則が初めて提起されたのは1992年の国際シンポジウム「雇用平等の最前線」においてである［女性労働問題研究会　1992］。

　その後10年余りの間に，この原則を適用して男女労働者の職務の価値を測定し，男女間の賃金格差を是正しようとする「ペイ・エクイティ実践」が追究されてきた。その1つは，1996-97年にかけてペイ・エクイティ研究会（1997）が商社をフィールドに行った『WOMEN AND MEN PAY EQUITY 1997 商社における職務の分析とペイ・エクイティ』の実践である。2つめは，1998年に提訴された京ガス男女賃金差別事件の原告である〈積算・検収〉事務職と比較対象〈ガス工事〉監督職の同一価値労働同一賃金原則に基づく職務評価である。これは，筆者が行ったものであり，「京ガス男女賃金差別事件に関する意見書——同一価値労働同一賃金原則の観点から」として2001年1月に京都地裁に提出した。同年9月の「京都地裁判決」は，本意見書を「証拠」として採用し，原告と〈ガス工事〉監督職の「各職務の価値に格別の差はないものと認めるのが相当」と述べて事務職と監督職の職務が「同一価値労働」であることを認定した。日本で初めて同一価値労働同一賃金原則を採用した画期的な判決であった［森・前掲書：255-86][1]。

　これらの実践を通して，欧米では自明な職種・職務が「見えない」日本の職場で，この原則を適用するための職務分析・職務分類・職務評価の具体的な手法が蓄積されてきた。労働市場において女性労働者の53％が非正規労働者化した今日，男女間賃金格差の焦点は，正規とパート／非正規間の賃金格差へと移行している。ペイ・エクイティ実践の到達点を踏まえ，同一価値労働同一賃金原則を非正規労働へと拡大適用していくことが今日の課題となっている。

2 同一価値労働同一賃金原則の視点からみた 今日の賃金制度改革の動向

（1）90年代後半以降の企業の賃金制度改革の特徴

　さて，前述の同一価値労働同一賃金原則，ペイ・エクイティ実践の10年は，周知のように日本の企業の人事・賃金制度の大きな変革期でもあった。個別企業の賃金制度改革の内容は多様であるとはいえ，一言で言えば，年功的な職能資格制度から成果主義人事制度への転換として特徴づけられる。

　その内容は，第1に，従業員の処遇を決める等級制度の改革である。すなわち〈職務遂行能力〉に基づく職能資格等級から〈役割や職務〉の価値の大きさを基準にランク付ける役割等級制度，職務等級制度への転換である。第2は，これに伴う賃金体系の変化で，基本給の体系には，これまでの〈年齢給・職能給〉に代わって〈役割給・職務給〉などが中心に据わっている。第3は，個別従業員の賃金の昇給・降給と資格等級を管理する個人評価制度の変化である。従来の〈人事考課制度〉に代わって，目標管理制度を用いて職務・役割に期待される成果の達成度・仕事の実績を測る〈成果評価〉と，成果の達成にかかわる職務能力・職務行動を評価する〈コンピテンシー評価〉への転換である。これらの諸制度によって規定される賃金は，「日本型仕事給」とか「日本型職務給」と呼ばれているが，「日本型」と形容詞が付されることに明らかなように，欧米型の職務給とは異なる構造をもっている。

　賃金制度改革の動向を諸調査からみると，2000年以降に賃金制度の見直しを行った事業所は，300人以上規模では60％前後にのぼり，その理由として約6割の事業所が「従業員の成果や業績の評価を明確にするため」と回答している。この比率は，1000人以上規模では73％にのぼっている［東京都産業労働局 2005］，（回答は都内の1058事業所）。

　また，「役割・職務給」の導入状況は，管理職層では，1999年の21.1％が2005年には61.0％へと急増し，非管理職層でも17.7％から40.9％へと上昇して，「仕事基準」の賃金制度への転換が急テンポで進んでいることが窺える。「基

本給に占める役割・職務給の割合」は，管理職層で6割（59.3％），非管理職層でも5割（49.6％）に達している［社会経済生産性本部 2005］，（回答254社）。

（2）一般社員対象の職務等級制度・役割等級制度と賃金

そこで次に個別企業の職務等級制度・役割等級制度の実態を，同一価値労働同一賃金原則の観点から検討してみたい。図表1の5事例は，これらの制度を管理職のみならず一般社員（非管理職や組合員）にも適用している企業であり，過去5年間の『労政時報』（労務行政研究所）に掲載された新人事制度の導入事例から特徴的と思われる企業を選択した。結論からいえば，「職務等級制度ないしは役割等級制度」と呼ばれていても，その実体はかなり異なっている。

まず第1に，社員の「担当職務」を職務分析・職務評価して，「職務の価値」に基づいて格付けを行う職務等級制度を採用しているのは日本水産と沖電気工業である。

【日本水産】は，「IPEシステム」[2]と呼ばれる職務評価手法によって全社員の職務の価値を点数化し，それに基づき幹部社員は6階層に，組合員の職務等級は大きく3つの階層に区分している。いわゆる「要素点数法」による職務評価である。

評価ファクターは7分野・16項目からなり，7分野には，「組織への影響度，人の指揮・管理，責任の範囲，折衝度，知識水準・経験度といった職務に必要な資格条件，問題解決，職務環境」といった「職務基準」のファクターが採用されている。

職務評価のツールとして「職務等級ガイドライン」と，職種別・職務等級別に詳細な「職務基準書」が企業内のネット上で公開されている。運用の実態を検討しないと正確な評価はできないが，その内容からみる限り，欧米的職務等級制度に近いものといえよう。

これに対して【沖電気】の「職務グレード制度」は，「職務・役割の価値を基準とした格付け制度」である。幹部社員については，「JOES」[3]と呼ばれる日本のコンサルタント会社が開発した職務評価手法を用いて「役割の価値」を点数化しているが，他方で，「チームで共同作業」に従事する一般社員は「役

Ⅱ　テーマ別分科会

図表1　一般社員（非管理職・組合員）を対象

No	企業名 （制度の適用対象）	【等級制度】 等級を区分する基準等
1	日本水産 2001年導入 （陸上勤務の全社員 約1200名）	【職務等級制度】 ◆マーケティング職掌・技術技能職掌・支援スタッフ職掌に分類，各職掌を幾つかの職種に区分．職務の価値に基づき幹部社員を6階層，組合員は大括りに3階層の職務等級に格付け． ◆職務価値の算定方法：「IPEシステム」を用いて7分野・16項目の質問により，上位職務に就く者がその下の職務の点数を付ける方式で，社内のすべての職務の価値を点数化． 　評価項目の7分野は，「組織への影響度，人の指揮・管理，責任の範囲，折衝度，資格条件（知識水準・経験度），問題解決，職務環境」． ◆職務価値算定の指標となる7分野に関する「職務等級ガイドライン」（全職種に共通）と，職種別・職務等級別の詳細な「職務基準書」を社内ネットで公開． ◆職務等級は，異動による担当職務の変更や，同一職務でも職務領域の拡大（＝職務の価値の拡大）により見直す．
2	沖電気工業 2001年導入 （全社員約8500人）	【職務グレード制度】 ◆職務・役割の価値を基準とした格付け制度． 　社員を5職群（技術，SE，営業，企画・管理，製造・検査）に分類，職群別に8階層の職務グレードに区分．一般社員は下位の1～4グレード． ◆幹部社員は役割の価値を判定（点数法）し，格付け．個人の役割が明確にならない一般社員は，「職務グレード記述書」により予め各職群のグレードの定義を定め，それに基づき担当職務の価値のレベル評価（職務評価）と本人の「適性評価」（コンピテンシー評価）で格付け（分類法）． ◆「職務グレード記述書」で各グレードの職務価値を定義する「職務要素」は，「役割，職務特性（裁量責任・困難度），期待される成果，必要とされる知識・スキル，必要とされるコンピテンシー」から成る． ◆個人のグレードは人事異動の時および年1回定期的に，グレード定義は2年に1回見直す．
3	三共 基幹社員（管理職層） 2003年導入 一般社員（組合員層） 2004年導入 （全社員5441人）	【職級制度】 ◆成果主義（業績と行動）の役割グレード制度． ◆一般社員は，9職群別（営業職，医家向MR職，開発研究職，企画職，管理・支援職など）に大括りの3グレード（下位からJ, S, L）に格付け． 　一般社員は育成面を考慮し，「役割」グレードを定義する基準は「職務の任され方・進め方」（業務内容・遂行レベル・関係者との関わり方）．

今日の賃金制度改革と同一価値労働同一賃金原則

とした**職務等級制度・役割等級制度と賃金**

賃金制度・賃金体系 ―【基本給】を中心に―	【評価制度】	備 考
【基本給】 職責給＋職務能力給 職責給＝職務等級別シングルレート． 職務能力給＝職務等級ごとに上限・下限が設定された範囲給．職務能力評価の結果によって支給． 基本給の6～7割を職責給が占める（職務能力給がレンジの中位のケース）． ◆給与改定：職責給は職務等級の変更によって昇給・降給．職務能力給は職務能力評価で年1回改定． ◆賃金水準，レンジの上・下限は旧制度からの移行を重視． 【賞与】固定支給部分＋会社業績分＋個人業績部分	【業績評価】 ①目標達成度評価：半期ごとに評価し，賞与の「個人業績加算」に反映． ②プロセス評価：目標達成に至るプロセスを評価し，退職金（成果ポイント）に反映． 【職務能力評価】 職務等級毎に定められた「成果行動基準」に基づき，半期ごとに発揮度を「成果行動評価」する．結果は，<u>職務能力給の昇給</u>（最低評価では昇給なし）と，<u>職務等級変更</u>に反映．	・旧制度はコース別職能資格制度 ・従来の職能資格等級は一切考慮せず，担当職務の価値を基準に新しい職務等級を決めた．ただし，職務能力給は旧基本給を一部反映． ・コンサルタント会社を使用．
【基本給】 グレード給＋加算給 （6～7割）（3～4割） グレード給は，各グレードを3ランクに分け，5000円ピッチ．毎年の評価による洗い替え方式． 加算給は，定められた上限額までの範囲で昇給額を積み上げていく方式． ◆給与改定：発揮行動評価による． ◆幹部社員はグレード基準の年俸制 基本年俸＋業績年俸からなる．	【発揮行動評価】 期待される行動の実践度を評価．基本給に反映．コンピテンシー評価とは異なる． 【成果評価】 個人の目標達成度を評価．賞与に反映． 【グレード評価】 職務と人の両面から職務価値を評価．グレードのアップダウンに反映． ◆コンピテンシー評価は，「評価」ではなく，担当職務の適性判断，異動・配置，能力開発に活用．	・旧制度は職能資格制度 ・コンサルタント会社を使用． ・「役割」を明確に定めることができる幹部社員は，個人ごとに「役割記述書」を作成，「JOES」を用いて「思考困難度・実行困難度・裁量責任度・業績責任度・人材需要度」の5つの要素で役割の価値（職務価値）を評価し，経営判断を加えてグレードを決定した．この結果を基に「グレード定義書」を作成し，サブツールとして活用． ・「役割記述書」では，①ミッション（役割），②期待される成果（成果責任），③職務権限，④求められる経験・知識を記述．
【基準賃金】 役割給＋扶養給＋住宅給 役割給は9職群共通のグレード別レンジ給．上限のある積み上げ型． ◆給与改定：業績考課と行動考課の結果による．	【業績考課】年2回 L・Sグレードは目標管理制度により達成度を評価，Jグレードは「チャレンジシート」で実施した業務を評価． 【行動考課】年1回	・コンサルタント会社を使用． ・基幹社員の代表的職務約350職務について「JOES」を用いて職務評価を行い（点数化），職務タイプ別にグレードを定義．評価要素は「思考の難しさ・遂行の難しさ・

Ⅱ　テーマ別分科会

		例えば9職群に共通の「Lグレード」の概括的定義は,「組織におけるリーダー的な存在として影響力・指導力を有し,個人業績はもちろん,組織業績の拡大にも積極的に貢献していく段階」である. ◆職務に変更がなくてもグレードが上がる.降級はない.昇格は業績考課と行動考課による.
4	ソニー 2004年導入 (一般社員約1万2000人)	【コントリビューショングレード制度】 ◆「Contribution(貢献)＝Compensation(報酬)」を基本に,「職務を通じて求められる貢献＝期待貢献」を評価して3つのグレードに格付け. グレード1:課題抽出／解決 中心 　定義:結果責任は上司がもつが,職務遂行は本人に任され,自ら課題を設定して課題を解決する. グレード2:判断／改善 中心 　定義:主に一定の業務範囲において判断し,業務の関係する部分を改善する. グレード3:定常／工夫 中心 　定義:主に定められた内容や指示に従って業務遂行し,自らの業務遂行を工夫する. ◆グレードの認定に際しては,グレード別「期待貢献評価指標」(期待する成果・専門性活用度・課題難易度)と,7つの職種別に言い換えた「職種別評価ツール」を全社に公開.
5	日本航空電子工業 2003年導入 (全社員約2300人 出向者を含む)	【役割グレード制度】 ◆職務,職責等,現在担当している仕事基準(役割や発揮行動)で格付けし,同一価値(役割)労働同一賃金原則を徹底.「価値」＝組織に対する貢献度. 　一般社員の役割グレードは,5つの職掌(営業職,海外営業職,技術職,技能職,事務職)で共通とし,G1～G6の6階層に区分. ◆各役割グレードは,「基本役割(ミッション)」,担うべき「成果」,組織活動における「戦略立案・戦略遂行・組織内部・組織外部」の項目によって定義される.ちなみにG3グレードの「ミッション」は「自律的に業務を遂行し,グループ(課)の業績に貢献する役割」である.

出所:『労政時報』各号に掲載の当該企業の人事・賃金制度改革事例を参照して森ます美が作成し(2004.9.10),日本航空電子工業:第3629号(2004.5.14).

◆基幹社員 役割給＋住宅給（大半は役割給） 役割給はグレード別レンジ給．業績考課に応じて半年ごとに昇降する．	専門項目（職群・グレード別），グレード項目（グレード別），基準項目（全社共通）で評価． ◆業績考課と行動考課の双方を総合して賞与および役割給の昇給に反映．昇給への（業績：行動）の反映比率は，Ｌでは６：４（賞与７：３），Ｊでは昇給２：８（賞与５：５）． ◆基幹社員の評価も業績考課と行動考課によるが，評価項目等は複雑．	裁量の大きさ・業績への影響度・人材の需要度」． ・基幹社員は，「役割」に求められる成果責任の範囲と職務特性により４つの職務タイプ別（プロデューサー・マネージャー・スペシャリスト・エキスパート）に５グレードに格付け．
【基本給】 基本給に一本化． 「期待貢献」の大きさ（グレード）と基本給をリンク．グレードごとにレンジ管理を行う． ◆給与改定：期待貢献評価（７段階）の結果で改定額が決まる． 【一時金】 グレードと実績評価に応じた定額 グレード別定額＋グレード別・評価別定額	【期待貢献評価】 毎年４～５月に実施．過去１年間の「実績評価」をベースに今後１年間の「期待貢献」の変動を７段階評価． 基本給の改定に反映． 【実績評価】 年２回，「職務を通じて果たされた貢献」を実績評価指標である「成果（アウトプット）」と「質的貢献（アプローチ）」の視点から９ランクで評価し，一時金を決定する． 【グレード評価】 グレードのアップ，ダウンは，上司の推薦をベースに，「期待貢献評価指標」を基準として年１回行う．	・旧制度は職能資格制度 ・移行時は，従来の職能資格にとらわれず，本人が過去の実績と現在担当する職務の洗い出しを行い，上司が「期待貢献評価指標」に照らしてグレード認定の１次評価を行った．
【基本給】 「同一価値（役割）労働同一賃金」の原則に基づく役割給に一本化． 職掌別・役割グレード別レンジ給 ◆移行時の調整手当：新旧水準に変動がある場合は，金額を±調整． ◆給与改定：昇給・降給は「行動評価」により年１回改定．下位のＧ１～Ｇ３は積み上げにより降給はない．	【行動評価】 職掌別・グレード別にコンピテンシーに基づく「行動基準」を作成．評価分類（項目）は，課題形成（状況把握，分析・立案），課題遂行（判断，推進，組織間協働），組織強化（支援，組織活性），コミュニケーション（意志疎通）．具体的な「～している」といった行動を評価．評価結果は役割給に反映． 【業績評価】 目標管理による評価を参考として６段階の相対評価． 賞与の評価に反映．	・旧制度は職能資格制度 ・外部コンサルタントを利用． ・制度移行時には，旧職能資格制度の資格等級を役割グレードとし，新等級に読み替えた．

た．日本水産・三共：第3657号（2005.7.8），沖電気：第3498号（2001.7.6），ソニー：第3637号

割」を個別に明確化するのは困難という立場から，予め職務価値に応じたいくつかのグレードを用意して，各職務を分類していく「分類法」を用いて4つの職務グレードに格付けている。

　職務評価手法の一つである「分類法」では，「グレードの定義が分類基準」となるが，沖電気でも「職務グレード記述書」が作成されている。各グレードの職務価値を定義する「職務要素」は，「役割，期待される成果，裁量責任・困難度などの職務特性，必要とされる知識・スキル，必要とされるコンピテンシー」の5ファクターで，日本水産と比較すると〈役割・成果と職務と職能〉要素が混在している。それと関連して一般社員の格付けは，職務の価値の「レベル評価」だけでなく，社員の職務適性を測る「コンピテンシー評価」も併用して職務グレードを決定している。

　第2に，残る3社の制度は，呼称は「職級制度，コントリビューショングレード制度，役割グレード制度」と異なるが，「成果・貢献」を基準とする「役割等級制度」といえる。

　【三共】では，一般社員の〈役割グレード〉を判定する基準は「仕事の任され方・進め方」の違いである。具体的には「業務内容・遂行レベル，関係者との関わり方」といった要素で説明されている。例えば，9職群に共通の「Lグレード」の概括的定義をみると（図表1参照），その内容は従来の職能資格要件に近似している。

　【ソニー】は，「Contribution＝Compensation」，つまり「貢献は報酬なり」というコンセプトの下に，社員の担当職務を通じて求められる「期待貢献」を評価対象として，一般社員を3つのグレードに格付けている。グレードの認定は，「期待する成果，専門性活用度，課題難易度」を評価ファクターとする「期待貢献評価指標」によっている。この三大要素も，〈成果と職務能力と職務の難易度〉と言い換えられるものである。図表1に示した各「グレードの定義」は職能資格要件そのものといってよいであろう。

　最後の【日本航空電子工業】は，同一価値労働同一賃金原則を曲解している事例である。この会社は「仕事基準」の「役割グレード制度」をめざし，その基準として「同一価値労働同一賃金原則の徹底」を謳っている。しかし，この

会社のいう同一価値労働の「価値」は，組織に対する「貢献」，すなわち「組織の業績に貢献する役割」である。職種の違いにかかわりなく各グレードの「基本役割」は，「成果と，組織活動における戦略立案・戦略遂行・組織内部・組織外部」という一見しただけでは理解できない項目によって定義されている。以上の3社の制度からは，管理職とは異なって職務の成果責任を明確化できない一般社員層を対象とする役割等級制度の混迷ぶりと，公正でクリアな賃金決定には遠い実態が読み取れる。

　第3に，これら一般社員層を対象とする新人事制度の共通する企業にとってのメリットは，従来の賃金の年功性を排除ないしは弱めることができる点にある。日本水産では給与の6～7割を占める「職責給」はシングルレートで，大括りの職務等級が変わらない限り賃金は一定である。日本水産と沖電気では，「発揮行動」や「成果行動」を評価する職務能力給的部分を残しているが，ソニーと日本航空電子工業は，役割グレードによって規定される「基本給，役割給」に一本化されている。しかも賃金の昇給のみならず降給が，期待貢献評価あるいはコンピテンシー評価によって実行されるのである。

（3）「職種別」賃金制度と「職業能力評価基準」にみる職務分類

　次いで，最近，注目されている一般社員層を対象とした「職種別賃金制度」について若干コメントしたい。成果主義賃金制度の先進企業である武田薬品工業は，2006年4月から，全社共通のジョブサイズ（「成果責任」と「行動特性」による評価・等級格付け，範囲職務給）による賃金体系・賃金水準の一律管理から，「職種毎の市場価値に見合った賃金水準への適正化」を目的に，「技能職，一般事務職，研究職の一部である実験技術者」に職種別賃金制度を導入した。同社のみならず，すでに2005年11月の時点で「事務・営業・製造などの職種に応じた異なる賃金体系・水準を設定する」職種別賃金制度は19.7％の企業に導入され，なかでも卸・小売業では28.2％と高くなっている［社会経済生産性本部 2005］。同制度を導入した企業の事例[4]から指摘できることは，「職種別」といっても実体は「部門別」であったり「職種と職群の混合」であったりと，「職種」の定義はさまざまに解釈されていることである。

図表2 ノバルティスファーマ社の職種別基本給レンジのイメージ

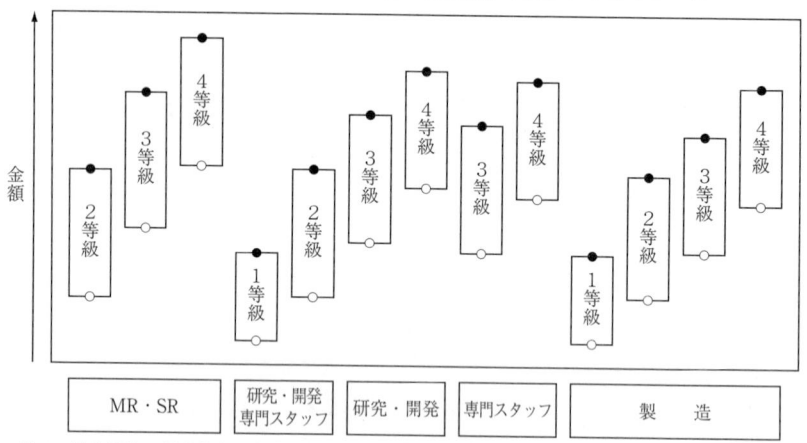

[図：職種別基本給レンジを示す棒グラフ。MR・SR（2・3・4等級）、研究・開発専門スタッフ（1・2・3・4等級）、研究・開発（3・4等級）、専門スタッフ（3・4等級）、製造（1・2・3・4等級）の各等級ごとの基本給レンジを示す]

注1：競合他社の報酬水準を参考に，職種別・等級別に基本給レンジを設定。
 2：レンジ幅・等級の位置関係はおおよその目安で，厳密な対応ではない。
出所：『労政時報』第3673号（2006.3.10），p.61

　しかし，職種別賃金制度の導入目的は，図表2の【ノバルティスファーマ】にみられるように，基本給を職種別に設定し，職群・職種間で賃金水準に格差を付けることにある。同社では，「研究・開発専門スタッフ」や「製造」の初任賃金は，他の「職種」よりも低く設定されている。つまり，管理職層と異なって成果主義賃金管理が馴染まない非管理職層に，これまでの単一賃金体系の適用という労使慣行を崩して賃金水準格差を持ち込むことに意図がある。すでに武田薬品工業では，職種別賃金の導入によって製造部門や一般事務部門の賃金水準はそれ以前よりも下がることが明らかにされている［荒川 2005：20］。
　これらの職種別賃金の水準は，職種・職務に対する評価の違いに依存するが，どのような要素・基準によって職務を分類・評価し，どのように職種・職務の階層序列を作るかは，極めて重要なポイントになる。
　先に述べた「職種別人事制度」の職種の定義・分類にみられる混乱は，社会的に企業横断的な職種・職務分類がないことに起因しているが，この点と関わって注目したいのは，中央職業能力開発協会が厚生労働省職業能力開発局の委託を受けて策定している「職業能力評価基準」における「職種・職務の分

類」である。すでに2004年以降，全業種に共通の「事務系職種」を含む24業種の〈職種・職務〉に関する「職業能力評価基準」が策定されている。「職業能力評価基準」とは，具体的な〈職種・職務〉の遂行に必要とされる職業能力や知識を4つのレベルに区分して明らかにし，「職務能力記述書」と形容できる詳細なシートが作成されている。この作業には，当該業種に精通する企業実務家が参加し，結果の検証が行われている[5]。

このうち「事務系職種」の「職業能力評価基準」の策定に当たっても，さまざまな業界との連携の下に，事務系の職務内容の洗い出しが行われ，その結果が図表3の「9職種・23職務」に分類されている。これらは業種共通のホワイトカラー職務といえるが，ペイ・エクイティ研究会での商社の職務分析・職務分類の経験に照らして

図表3 「職業能力評価基準」にみる「事務系職種」（9職種23職務）

職　　種	職　　務
経営企画	経営企画
人事・労務・能力開発	人事 労務 能力開発
総務・法務・広報	法務 総務 広報 広告
経理・財務	経理 財務
情報システム	情報システム
営業・マーケティング	マーケティング 営業
生産管理	生産システム管理 資材・設備・安全管理 品質・納期・コスト管理
物　　流	物流管理 包装・荷役・保管 輸送 物流情報システム
国際事業	国際経営管理 貿易 国際技術管理

出所：中央職業能力開発協会「職業能力評価基準（事務系職種）」http://www.hyouka.java-da.or.jp/search_gyoushu/data/00001/

も妥当な整理と思われる。さらに23の職務ごとに「職務概要書」（いわゆる「職務記述書」に相当）が作成され，例えば「営業」という職務の「職務の概要，仕事の内容，求められる経験・能力，関連する資格・検定等」が記載されている。また，「営業」職務の遂行に要求される〈能力要素＝能力ユニット：営業基礎，営業管理，営業実務，営業専門，営業高度専門〉ごとに作成された「職務能力記述書」には，〈必要な知識〉が具体的に列記されている。

「職業能力評価基準」の策定の目的は，第一義的には「職業能力の明確化」にあるが，ここで強調したい点は，その前提として多様な業種の〈職種・職務〉の洗い出しが行われ，さらに〈職種・職務〉に根ざした職業能力や知識が具体的に明らかにされていることである。これらは，同一価値労働同一賃金原則に基づく職務分析・職務分類・職務評価の作業に対しても有効な材料を提供している。

3 労働組合の同一価値労働同一賃金原則への取り組み

（1）産業別労働組合による取り組み

最後に，労働組合による同一価値労働同一賃金原則への取り組みについて触れたい。産業別労働組合として最初にこの原則を掲げたのは，全日本自治団体労働組合（以下，自治労と省略）である。1997年の「自治労賃金政策」において賃金決定の原則に「同一価値労働・同一賃金の原則」と「生活保障の原則」を据えた自治労は，2003年には「『同一価値労働・同一賃金の原則』の具体化」を課題に掲げ（「自治労の賃金政策骨子」2003年3月），実際にA自治体の公務員が従事する職務を対象に「JOES」による職務評価を試みている。

図表4はその結果の一端である。菅家［2006］は，職務評価結果の特徴点として「①同一の職位（職務段階）であっても評点（職務評価点──引用者付記）に相当のばらつきがあり，②下位の職位が上位の職位を評点において上回るケースもあること，③公務職場においては一般に本庁より出先機関の職務が給与上低く位置づけられる実態にあるが，今回の職務評価では実際の運用より評点が高い逆転現象が見られたこと，一方で，④同一の部署内では評点における職位の逆転はなかったこと」などを指摘している。自治労は前掲「賃金政策骨子」のなかで賃金制度について「給料表の構造については，客観的な職務評価による職務の価値に基づき，職級ごとに大括りに分類」することを提案しているが，前述の職務評価の結果が具体的に活かされる段階には至っていない。

もう一つ，同一価値労働同一賃金原則を取り入れた賃金制度・賃金体系を提起しているのは全日本電機・電子・情報関連産業労働組合連合会（以下，電機

図表4　自治労が試行した A 自治体における「JOES」による職務評価結果

職務段階	総合評価の最高点	総合評価の最低点	乖離／平均点
部　長　級	71.0	64.0	7.0／67.5
課　長　級	65.0	56.0	9.0／60.3
課長補佐級	59.0	51.0	8.0／55.0
係　長　級	55.0	38.0	17.0／48.7
主　任　級	43.0	36.0	7.0／40.0
主　事　級	42.0	35.0	7.0／38.0

出所：菅家［2006］, p. 3

連合と省略）である。2001年策定の電機連合「第5次賃金政策」は，「職群別職種・職能賃金制度」を基本に据え，非管理・専門職層である一般職群の〈基本賃金〉の体系に〈生計基礎給〉〈職種・職能給〉と並んで〈仕事（職務）給〉を位置付けている。「同一仕事（職務価値）＝同一賃金が基本となる，いわば"完全仕事給"」と形容される〈仕事（職務）給〉は，「仕事（職務）それ自体の価値を基準とし，具体的にはその職務を遂行するために要する知識や技能，責任の程度，作業条件などによって職務の価値を分析・評価し，……各職務のグレードの高さに応じていくつかの仕事（職務）等級にグルーピング」される賃金である。同一価値労働同一賃金原則という用語は用いていないが，実質的に同原則に基づく賃金であることは明らかであろう。しかし，電機連合において〈仕事（職務）給〉の給与表作成の基礎として，一般職群の担当職務の職務分析・職務評価が，実際に行われたという情報はないところから，その具体化は今後のことかと思われる。

（2）連合による「職務評価手法」の検討

次いで注目したいのは，日本労働組合総連合会（以下，連合と省略）男女平等政策・労働小委員会による「同一価値労働・同一賃金の実現に向けた職務評価手法の検討」である。すでに2005年9月にその「中間とりまとめ」が発行されている。

同委員会の目的は，連合が2002年の「春闘方針」においてパート等労働者の均等待遇実現の施策に同一価値労働同一賃金原則を掲げていることを踏まえ，

この原則を実現するための「仕事の価値を測るものさしと手法の確立」、すなわち「職務評価手法」の研究にあった。検討の結果、「中間とりまとめ」は、「男女間賃金格差や正社員・非正社員間など雇用形態の違いによる賃金格差を是正するためには、同一価値労働・同一賃金が必要である」として、それを実現するための「めざす社会的（企業横断的）職務評価手法」を提案している。その第1は、賃金決定における「属人的決定要素から仕事の価値に着目した職務評価」への転換である。同委員会が「めざす賃金決定要素」は、「仕事基準」であり、具体的には「職務の価値、職務遂行能力、成果・業績」を掲げている。第2に、「職務の価値」を測る職務評価の手法として4段階を提案する。ステップ①は「『職種』の職務内容を『職務分析』によって明確化」する。「性に中立な職務評価制度の開発」を行うステップ②では、「職務評価の4要素」に、「知識・技能、責任の度合い、身体的・精神的負担、労働環境」を採用している。ステップ③は、要素点数法による「職務評価」と「職務の価値の階層化」、そしてステップ④で「職務評価結果に基づく賃金の是正」を行う。

　さらにこれを実現するために連合が「取り組むべき課題」を掲げているが、なかでも、連合が検討中の「『賃金ビジョン』への反映」、および、「同一価値労働・同一賃金と職務評価を具体化するモデル組合の設定」という課題の実践に特に期待したいと思う。

（3）同一価値労働同一賃金原則によるパート・非正規労働者の
　　　低賃金是正への取り組み

　一方、同一価値労働同一賃金原則を、今日の低賃金・賃金格差問題の焦点であるパートタイマーはじめ非正規労働者に適用する取り組みは、非常に遅れているが、均等待遇の実現を目的に生協における正規・パート労働の職務分析・職務評価を展望して八谷［2006］が取り組んだ3職種（小型店店長職、インストア・惣菜チーフ、農産担当）における正規とパートの「職務調査」（ヒアリング）・職務分析と賃金比較の試みはその先駆的な研究実践として評価できる。その結果、全国生協労働組合連合会前副委員長であった八谷は、パート店長やパートリーダーでは、職務の違いを考慮しても賃金は「5％程度の格差が妥

当」であり，他方，県域を越えた事業展開が規制されている生協では異動の範囲・頻度の違いによる処遇差も「5％程度」ではないかとして，これらパート職種に対する「均等・均衡処遇」としての賃金是正要求は「同じ職務の正規役割等級賃金より1割下回る水準で9割相当の年収としたい」[同前：9]と結論づけている。

4　同一価値労働同一賃金原則の実現に向けて

　以上，同一価値労働同一賃金原則の視点から今日の企業・労働組合・行政による賃金制度改革の動向を検討してきたが，若干のコメントを付してまとめとしたい。

　第1は，図表1の5社の新人事制度にみられたように，成果主義人事・賃金制度への転換に伴って一般社員層においても賃金の決定基準を「仕事・職務」に置く傾向が進んでいる。しかし，「仕事・職務」をいかなる要素によって評価するかは，かなりの違いがみられることである。すなわち，評価の基準は〈成果・役割か，職務の難易度か，職務能力か〉あるいは〈その混合か〉という問題である。このバリエーションによって仕事の価値は高くも低くもなるからである。

　同一価値労働同一賃金原則の観点からみると，今日の成果主義に基づく評価基準の「成果・役割」への傾斜は，職務の性格上，成果や役割が明示されにくい一般社員にとっては仕事を低く評価される結果となり，賃金水準の低下に帰結する可能性が高い。

　これと関わって第2に，一般社員の担当職務の公平・公正な評価のためには，同一価値労働同一賃金原則に基づく職務評価の包括性・優位性がもっと留意されるべきである。同原則における〈知識・技能，責任，精神的・肉体的負荷，労働環境〉の4大ファクターによる賃金決定においては，職務の難易度やその遂行に必要な労働者の職能水準（知識・技能要素），利益目標や成果への責任・貢献の度合い（利益目標への責任要素）が賃金に反映されるのみならず，その職務の遂行が労働者に及ぼす身体的負担や精神的ストレス（精神的・肉体的負荷要

素)，労働時間や自然的・物理的な環境要因（労働環境要素）も包括的に反映される。経営サイドからの新たな人事・賃金制度の提案に対置して，労働者・労働組合サイドからも一般社員層の仕事と労働を何を要素として評価すべきかという提起を積極的に行うべきである。

　第3に，公正な職務評価の実施にとって，職務評価制度のあり方と並んで，重要なのは評価対象となる職種・職務の的確な把握と分類である。先に紹介した中央職業能力開発協会の「事務系職種」を含む24業種の〈職種・職務〉の分類などを参照した職場の職種・職務の検討は，職務分析だけでなく職務能力の評価の面からも不可欠な作業といえる。あわせて，日本の職場には職務評価が馴染まない要因としてよく指摘される「担当職務のフレキシビリティ」についても職務を分類するうえで実証的な検討が必要と思われる。

　第4に，本稿では，「職種・職務・職責基準の賃金データ」について取り上げることができなかったが，先の職種別賃金制度にみられたように，「職種毎の市場価値に見合った賃金水準への適正化」を意図する職種・職務基準の賃金制度への転換は，一般社員層の賃金水準を引き下げる危険性を有している。なぜなら，雇用労働者の3分の1が非正規化し，女性労働者ではその比率が53％にのぼっている今日，職種別賃金の「市場価値・市場相場」は今後，非正規労働者の低い時間給を基準に形成される可能性が大きいからである。

　同一価値労働同一賃金原則の適用は，企業内において正社員だけを対象とするのではなく，パートや非正規労働者を常に射程に据えて，非正規労働者の低い職種別時間給を引き上げる観点から実施されることが必要である。

　第5に，これらの諸点を実行していくためには，労働組合による同一価値労働同一賃金原則の実現への取り組みが不可欠である。さらに，多くの先進諸国において1980年代にこの原則が法制化されている事実に鑑みても，我が国でも何らかの形での同原則の法制化が求められることである。この点についての具体的な検討は機会を改めて行いたい。

　　1）これら2つのペイ・エクイティ実践の詳細については森ます美［2005］の第9章，第10章を参照されたい。

2)「IPE システム」(International Position Evaluation System) とは、マーサー・ヒューマン・リソース・コンサルティング社が実施する職務評価制度。職務の価値の算定は、7分野（図表1参照）16項目の質問による上位職務に就く者へのインタビューによってその下の職務の点数を付ける方式で行われる。

3)「JOES」(Job Evaluation System) は、人事測定研究所（現社名（株）リクルートマネジメントソリューションズ）が開発した日本型職務評価制度である。職務を全体として評価するという考え方に立ち、3つの側面と7つの尺度から職務が評価される。具体的には①「職務特性面」（思考困難度、実行困難度、裁量責任度、業績責任度の4尺度）、②「職能要件面」（仕事の能力、協働の能力の2尺度）、③「人材需給面」（人材の需給度）からなっている。1つの職務を3～5名が評価する「多面評価システム」に特徴をもつ。同社ホームページ参照：http://www.recruit-ms.co.jp/service/assessment/detail.do?goodsId=6

4)『労政時報』第3673号（2006年3月10日発行）は、「職種別人事・賃金制度事例」として「花王、キヤノン販売、大丸、外資系医薬品企業のノバルティスファーマ」を紹介している。この4社に限ってみても「職種別」といっても「職種」の規定はさまざまである。14に区分された「一般職層フィールド別職群体系」と呼称する【花王】は、「家庭品販売、化粧品販売、研究開発、情報システム……」など実体は「部門別」である。「営業、サービス、SE（システム・エンジニア）、アドミニストレーションの4つの職務系統」に区分した【キヤノン販売】と、「MR（医薬情報担当者）・SR（流通特約店担当者）、研究・開発、専門スタッフ、製造の4職種に区分した」【ノバルティスファーマ】は、職種と職群の混合である。唯一【大丸】が「職種別制度」と呼べるかと思うが、ここでは職種を、【4職群－12職掌－職掌内職務系列】の3段階に分類している。例えば、「バイイング職群」は、等級の上位から「マーチャンダイザー・チーフバイヤー・バイヤー・アシスタントバイヤー」の4職掌に区分されている。「チーフバイヤー・アシスタントバイヤー」などが、本来の「職種」に相当するといえるが、【大丸】はこれを「職掌」と呼んでいる。

5) 策定済みの「職業能力評価基準」については中央職業能力開発協会のホームページ（http://www.hyouka.javada.or.jp/）で公開されている。

【参考文献】

荒川創太（2005）「大手企業の賃金制度はこう変わった　90年代から現在までの見直し経過」『Business Labor Trend』2005年3月号

石田光男（2006）「賃金制度改革の着地点」『日本労働研究雑誌』No. 554

今野浩一郎（1998）『勝ちぬく賃金改革』日本経済新聞社

遠藤公嗣（2005）『賃金の決め方――賃金形態と労働研究』ミネルヴァ書房

木下武男（2000）「賃金をめぐる競争構造の変化」『労務理論学会研究年報』第10号

――（2001）「賃金制度の転換と成果主義賃金の問題点」『日本労働社会学会年報』第

Ⅱ　テーマ別分科会

12号
小林英夫（2006）「職種別賃金制度による人事制度の再構築——成果反映の納得性を高める『職種』を軸とした処遇への転換」『労政時報』第3673号（3/10）
笹島芳雄（2001）『アメリカの賃金・評価システム』日経連出版部
社会経済生産性本部（2001）「第5回日本的人事制度の変容に関する調査」『労政時報』第3549号（02.8.2）
——（2005）「第9回日本的人事制度の変容に関する調査結果概要」http://www.jpc-sed.or.jp/esr/esr-top.html（2006/4/20）
女性労働問題研究会（1992）『雇用平等の最前線』岩波ブックレット，No. 277
菅家功（2006）「公務部門における同一価値労働・同一賃金原則の展望——自治体での職務評価の試み及び『任期付短時間勤務職員制度』の可能性について」社会政策学会第112回大会テーマ別分科会〈第4　同一価値労働同一賃金原則と賃金制度改革の動向〉（6月4日）における配付資料
東京都産業労働局（2005）「賃金制度と労使交渉に関する実態調査」東京都労働相談情報センター
日本労働組合総連合会男女平等政策・労働小委員会（2005）『同一価値労働・同一賃金の実現に向けた職務評価手法の検討についての「中間とりまとめ」』同連合会総合人権・男女平等局
八谷真智子（2006）「同一価値労働同一賃金原則からみた生協労働者の職務と賃金」社会政策学会第112回大会テーマ別分科会〈第4　同一価値労働同一賃金原則と賃金制度改革の動向〉（6月4日）で配布のフルペーパー
ペイ・エクイティ研究会（1997）『WOMEN AND MEN PAY EQUITY 1997 商社における職務の分析とペイ・エクイティ』ペイ・エクイティ研究会
森ます美（2005）『日本の性差別賃金——同一価値労働同一賃金原則の可能性』有斐閣
連合総合生活開発研究所（2005）『賃金制度と労働組合の取組みに関する調査研究中間報告書』
——（2006）『賃金制度と労働組合の取組みに関する調査研究報告書』
労働政策研究・研修機構（2005）「特集　成果主義がもたらしたもの——『失われた10年』の賃金制度改革」『Business Labor Trend』3月号

テーマ別分科会8＝日本におけるジェンダーレジームの諸相
男性研究の現在と日本のジェンダー分析
近代家族の大衆的普及に関する問題を中心に

宮下さおり　Miyashita Saori

1　課題設定

　近年，ジェンダー研究において，「男性」を分析の対象に据えようとする動きがみられる。もともと，ジェンダー研究はフェミニズム運動の中から生まれてきた女性学と，それに刺激されて生まれてきた男性学とを統合する形で生まれてきたものである。ジェンダーとは女性と男性との関係性を問う概念であり，片方のみへの着目では全体像を描くことはできない。その境界は，時代によっても社会によっても異なる。すなわち可変的なものであり，両方の経験を検討しなければ理解できないものである。このことは理論的には意識されてきたものの，実際のところ，ジェンダーという概念を早くからとりあげ，社会科学における議論をいち早くリードしてきた社会学の領域においても，実証的分析の努力は女性の経験に集中してきた。
　今日ではその欠落を埋めるべく，本格的な男性研究の潮流が生まれつつある。しかしながら，なぜ男性の経験への着目が長らくジェンダー研究のなかに十分に組み込まれて発展を遂げてこなかったのか。また，そもそもなぜ男性への着目がフェミニストにとって必要であるのか。それを考えることは日本のジェンダー分析の特徴を照らし出し，反省的に捉える重要な契機になるのではないだろうか。
　本論文では，戦後家族の変化，具体的には夫を稼ぎ手とし妻を被扶養者かつ家事・育児の担い手とする近代家族の大衆的普及という過程がどのように分析されてきたのか，またどのように分析されるべきかという点に焦点を当てて，

日本のジェンダー分析の特徴を考察する。

2 近代家族論における「男性」の位置

(1)「近代家族」概念の導入——ジェンダー視角からの「家族」の検討

　1980年代に「近代家族」概念が日本に紹介される際，近代家族の成立とは，女性の「主婦」化だけではなく，男性性の変容をも含んだものであることが示唆されていた。日本における近代家族概念の導入に最も大きく貢献した家族社会学者の落合恵美子は，「近代家族」の成立を「家族領域の変質」と，それと対をなす「公共領域の変質」という二方向からの変化の結果として説明している。近代化の結果，女性は公共領域から分離した私的領域における「主婦」と位置づけられる一方，男性は公共領域での活動を担うとともに，母子と情緒的絆を保ちつつ統率するという，いわば妻子の守護者たる性格を付与された［落合 1989］。この議論は，国家や産業構造との関係から家族の特質が規定されていったこと，また前近代において存在したさまざまな社会的紐帯が，近代化によって失われ，家族関係が特権化されたという広範な諸社会関係の再編過程に注意を促した。

　ただし，そのような欧米における研究動向紹介の段階を離れ，本格的に日本社会の歴史的現実に即したジェンダー分析へと移行する1990年代において，女性の「主婦」化とその複雑な様相に対する着目に比べると，男性への着目は乏しかった。落合自身，戦後日本家族の性格とその成立についての分析を試みたが，女性の「主婦」化という側面には着目しても，男性の側の性格変化に関してデータを用いて論及することはなかった［落合 1994；落合 2005］。

　また，「男性」と家父長制という問題設定自体が軽んじられがちであった。例えば瀬知山角は家父長制の国際比較を行う際に，女性の「主婦」化に焦点を当てることこそが「事態を把握する上で好都合である」［瀬地山 1996：53］と考えた。第一に，男女役割の不均等な配分を正すには，実際に境界の乗り越えが行われることが重要であるが，現実には男性が境界を乗り越える（例えば男性が主夫になる）ことは少ない。第二に，男性の側は「ほぼ一貫して主たる稼ぎ

手としての役割を担ってきた」ために、女性よりも変化が記述できない。第三に、家父長制の矛盾も女性ほどには現れることがない。瀬地山はこのような理由を挙げたものの、実際に男性の役割変化や男性にとっての家父長制の問題を検討した上で述べたわけではない。そこでは、「男性」は十分な注意を払われるべき探究の対象とはならなかったのである。

(2) 日本の男性学とフェミニズム

もっとも、日本においてジェンダーを背負った主体としての男性に関する関心が全くなかったわけではない。英米においては女性解放運動に影響されて発生した男性解放運動やゲイ解放運動が、男性に関する関心を主導し、研究の推進力となった[1]。日本においても同様の経緯から、男性たちによる「男性の視点から、この男性社会を批判的に解剖することを通じて、男性にとってより"人間らしい"生活を構想するための"実践的な学"」[伊藤 1996：130] を標榜する男性学が発生している[2]。しかし、日本の男性学は男性の心理的な問題に特化しているといわざるを得ず、性差別との関連から男性のありかたを分析する視座を十分に発展させてこなかったことを、フェミニスト研究者は批判してきた [木本 2000；渋谷 2001]。

フェミニストの問題意識とかみ合わないことを最も端的に表すのが、日本における男性学の第一人者である伊藤公雄の歴史観である。伊藤は、「男は外で働き、女は家を守る」型の性別役割分業を作り出したのは「近代産業社会」であり、これまでの性別分業は200年にわたるフェミニズム運動と1970年ごろからの「ポスト工業社会」の到来によって動揺していることを一貫して主張している [伊藤 1996；伊藤 2000；伊藤 2003]。その議論において、「男性」は客体にすぎず、男性主体が性差別の生産・維持・変容に果たしてきた役割は看過されている。例えば、稼ぎ手として近代家族を支える男性の「しんどさ」は明らかにされても、その役割を引き受けるに至った複雑な歴史的過程が説明されることはない。そのため、家父長制、すなわち性差別的な社会構造を分析しようとする研究に対して、男性学が貢献することがなかったのである。

しかし、現在の男性学がもつこのような問題は、その担い手がもつ問題意識

だけに帰されるものではない。より広い範囲でジェンダー研究の動向を考えてみると，これまでの分析が抱えてきた方法的視座が大きく影響していたと考える。

（3）近代家族の大衆的普及に対する視座

そもそも，近代家族論をリードしていた家族社会学者には，近代家族が大衆的に普及していく過程において，主体による受容／抵抗を分析しようとする視点が弱かった。そこには，より上の階層のライフスタイルを憧れの対象として認識し，条件さえ整えば取り込もうとする主体の動きがあったという暗黙の想定があり，人々が営んできた日常的な生活文化とそこで培われる価値観が，検討の対象から落とされがちであった。

落合恵美子は，近代家族を引き受ける主体に関する説明を行わず，産業構造の転換に伴う男性の雇用労働者化が，ただちに女性の主婦化につながると考えている。落合とともに，家族社会学の領域において近代家族論をリードした山田昌弘は，敗戦と同時に西欧タイプの近代家族が新しいモデルとされたこと，すなわち新しい家族モデルを男女が憧れとして共有したことが，決定的であったとみる［山田 1994］。もっとも山田の場合，女性主体に対しては言及を行っており，少なくとも青年女性は「外で働かなくて済む」という理由から，専業主婦に憧れをもっていたことを示唆している。

また，「夫が一家の扶養者で，妻は被扶養者」とする性別役割分業家族が昭和初期の段階において都市部の下層にまで普及したと論じた千本暁子は，その過程を文化的要因と経済的要因の双方から説明する。中流階級の社会通念が工場労働者層に波及したということと，高賃金職種からの女性の排除および男性の実質的な賃金水準とが，女性の家事・育児への専業化傾向を促したというのである。当時の女性にとって，それは「仕事と家庭責任」という「二重負担」からの解放という積極的意味をもった［千本 1990］。この研究の主眼は近代家族を可能にする条件として，家計支出を充足させる男性の賃金水準に注目したところにあり，その手法は居神浩による戦後家族の分析に継承されている［居神 1997；居神 2004］。しかし，ここでも，中流階級の通念を受け入れた工場労

働者層の主体性については検証されないままである。

　もちろん，産業構造や男女の賃金水準の問題は重要である。しかし，近代家族モデルが安定的に成り立つためには，そのような経済的な条件だけではなく，男性には稼ぎ手規範，女性には主婦規範が主体的に受容されるという文化的条件が必要である。

(4) 稼ぎ手規範の階層的差異

　稼ぎ手規範の受容という問題を解明するためには，国家，企業，労働組合などからの具体的な働きかけの実態を明らかにすることが重要であろう。この課題に関連した研究はすでにいくつか存在している。例えば，労働組合による男性労働者への呼びかけの性格を明らかにしたものである。明治社会主義者と労働運動家のマジョリティは，女性労働者を周辺化しながら家族賃金の必要性を訴えており，戦前の労働者階級男性に影響を与えていた [三宅 1994]。戦後の労働組合主流派による家族賃金要求は，男性を稼ぎ手とする家族像を前提としており，女性労働者の賃金要求と矛盾をきたしていた [山田 1997；山田 2001]。また，戦後大企業による施策に注目して，近代家族モデルの普及を論じたものもある。大企業が主導した新生活運動は，家族賃金を具現化した賃金体系と企業内福利厚生制度を背景に，大企業労働者層家族の性格を大きく規定したという仮説が提起されている [木本 1995a；木本 1995b]。日本鋼管における新生活運動の施行過程を，教育対象となった労働者家族によるそのうけとめかたをも含めて検討した調査研究は，会社主導の新生活運動が，反発を受けつつも労働者家族に受容されていったさまを明らかにしている [Gordon 1997]。このような諸研究による知見をつなぎあわせ，より発展させるためには，男性労働者が日常的に保有していた男性文化の様相を掘り起こし，これらの働きかけに対する受容と抵抗の過程を理解する必要がある。

　例えば，高度成長期前の活版工が職場を基盤として保持していた男性文化は，稼ぎ手規範から距離をとっていた。男性たちは，時に生計の確保を含めた家庭責任を妻に押し付けたし，稼働能力のある者は稼ぐべきだという価値意識を相互に支持しあっていた。それは，成人女性が家事・育児に専念してできるだけ

高度なケアを家族に与えていくということを，彼らが価値ある行為だとみなしていないためでもあった。彼らにとって重要なのは，長時間をともにする職場集団のなかで成人男性どうしの強いきずなを作ることであり，「女・子ども」の世界である家庭生活の質に対して，強い関心をもたなかった［宮下 2000；宮下 2003；宮下 2005］。近代家族とは，このような男性文化を排除することによって大衆的に普及したものであり，男性文化の動向を看過することはできないのである。

3 男性研究の現在

(1) 近年における男性研究の展開

しかし，20世紀末からの男性研究への関心と発展には目覚ましいものがある。単発の研究報告・論文のみにとどまらず，著書[3]としてまとめられ，学会でのテーマセッション[4]として設定される状況が生まれている。また，海外の男性史研究が翻訳・紹介されてきている[5]。

1999年に出版された『共同研究 男性論』は，文化人類学，臨床心理学，文学，社会学，歴史学などの多様な学問領域に属する研究者たちが集まって「男性」をテーマに設定した共同研究会の研究結果である。そのテーマ設定の理由は「いわゆる研究者の世界では一部を除いて，正面から『男』を学問研究の対象にすえて考えてみようとする動きはあまり見られない」し，「日本のジェンダー研究の中ではまだまだ影の薄い存在である」［西川・荻野 1999：1-2］ためである，と記されている。このように，男性研究の必要性が認識されてきており，ジェンダー研究の中で男性分析を積極的に行っていかなければならないという気運が高まってきたことは間違いない。日本における研究動向レビュー[6]も徐々に行われており，このジャンルの動向を総括しうるだけの蓄積がなされてきたということができる。

(2) 男性研究の必要性

なぜ近年，ジェンダー視角から男性の研究を行う志向が生まれてきたのだろ

うか。それには二つの理由がある。

　一つは，男性をジェンダー化してみせることがアカデミズムにおいて与えるインパクトの問題であり，それは歴史学の領域において，最も積極的に表明されている。フェミニズムが男性史を必要とする理由について，最初に言及した荻野美穂[7]は，「男」が普遍的・抽象的な「人間」ではなく，ジェンダー現象であることが認識されるようになれば，女性史のこれまでの成果をより広い範囲で共有することができ，女性史がゲットー状態から抜け出しうる，と主張した［荻野 1993］。長野ひろ子も，男性史が必要である理由を「従来の歴史学において普遍性を体現していた男性はここにおいて『男性』というジェンダーに縛られた性として認識され，相対化されることになる」［長野 2003：150］ためと説明する。

　この戦略はジョーン・スコットの提起に重なるものである。スコットは，ジェンダー概念を「肉体的差異に意味を付与する知」と再定義し，歴史分析の主要な方法としてのジェンダー分析の方法を提起したことで知られる。ジェンダーは，さまざまな社会関係の構成要素として社会過程の中に織り込まれており，例えば男性間の階級闘争——いわば従来の歴史学の牙城である公的領域での男性間の歴史——にもジェンダーが関与している［スコット 1992］。そのことにより，ジェンダーとは公的領域や「男性」を理解するために必要な分析的概念であり，「男性」もジェンダー化された存在であることを示したのである。

　ただし，フェミニストにとって男性分析が必要な理由は，別のところにもある。それは，この探究がそもそも「家父長制」，すなわち性差別的な社会構造とその動態を把握するために不可欠な作業だからである。木本喜美子は，労働研究の文脈において，男性労働をジェンダーの視角から検討すべきだとし，その意義を「男性優位主義的に組み立てられた日本社会の中枢部でありかつ公的権力の心臓部に，言葉の正しい意味で分析のメスを入れることになる」［木本 2000：14］からだと指摘している。「男性」と一言でいってもその内部構造は一枚岩的なものではなく，差異があることをふまえて分析する必要がある。

　ロバート・コンネルは男性支配の内部構造を分析する際にとるべき視座を提起し，英語圏の男性研究において大きな影響を与えている。コンネルによれば，

一つの社会のなかには複数の男性性が存在するが、それらはヘゲモニー闘争を繰り返している。制度的権力を手中におさめ、支配的地位を掌握した男性性は、それ以外の男性性を従属させ、共謀的な関係を結んだり、周辺化させたりしつつ、総じて女性をその下位に置く形で、多数の合意をとりつける［コンネル 1993 ; Connell 1995］。重要なことは、単に男性間の多様性を認識することではなく、それらの闘争によっていかなる帰結が生み出され、また展開していくかという点にある。

例えば、高度成長期前の活版工の男性文化は、高度成長期に制度設計に関与した社会的諸勢力により、「正しくない」ものとみなされ、次世代に継承するための基盤を奪われていった。政府が唱道する新しい時代の男性の労働・生活像は、高い生産性と性別役割分業を基調としていた[8]。また、中小印刷業の経営者団体は、労務管理の近代化を進めることにより、結果的に旧来の男性文化を支えた労働慣行を崩すことになった。労働組合も、一企業に定着し、労働組合による団体交渉を通じて労働条件の向上を図り、生活設計を立てて規則正しい生活を営むのが正しい男性労働者であると定義した［宮下 2003 ; 宮下 2005］。その結果、男性稼ぎ手規範はその受容層を広げ、「女性の本来の居場所は家庭である」という論理が女性労働者を周辺化することになったのである［宮下 2005］。

4 まとめにかえて

最後に、日本のジェンダー研究において、人々が営んできた日常的な生活文化とそこで培われる価値観、およびそれに付随する社会内部の多様性に対する問題関心が十分に醸成されてこなかった理由について考察し、まとめにかえたい。端的にいえば、ジェンダー分析が階級分析と十分に接合されてこなかったことに主因があると考える。

その理由としては、ジェンダー研究が本格的に立ち上がっていった時期の時代状況が、大きく作用したことが挙げられる。ジェンダー研究の創始期である1980年代は、社会科学の全般的な動向としても、日本社会内部の差異に対する

問題関心を落としてきた時期であった。社会学者の橋本健二が指摘するように，日本の1980年代，特に前半までは，階級差に関する問題がきわめて軽視されていた。戦後日本の社会は均質化が進んだという認識があり，それが，戦後社会イメージを作り上げていた［橋本 2001］。1980年代のフェミニズムには，それを批判的に検討できなかったのではないか。

同時期の欧米フェミニズムの動向を考えてみると，日本の特殊性は際だっている。1980年代の英米フェミニズム運動は，「女性」内部の多様性や，「標準」からの差異化が支配と抑圧に結びつく過程を問わなければならないという問題意識を強くもつに至っていた。階級による女性の差異についてはすでにあらためて述べるまでもなく認識され，それ以上に黒人らのエスニック・マイノリティやセクシュアル・マイノリティ，障害者などからの異議申し立てを受け，「女性」というカテゴリーが容易に括ることができないものであることに直面していた。そのような現実の動きへの対応として，例えば性別分業の問題を研究するフェミニストたちは，よりミクロなレベルの事例研究にシフトし，さまざまな種類の不平等が複雑に交差する様相に着目するようになった［Barrett and Phillips 1992］。それに呼応して，理論面においても家父長制やジェンダーに関するさまざまな再定義が試みられ，多様性と可変性を説明できるような分析的概念が作り出されたのである[9]。

日本においても，1990年代半ばからは再び階級・階層差への関心が高まりをみせており，社会内部の差異をふまえたジェンダー分析を要請している。今日において必要なことは，これまでの弱点を反省的にとらえかえし，日本社会のジェンダー分析において，階級・階層や地域などによる差異，それらと相互作用したジェンダー差を抱えた主体の経験を徹底して掘り起こすことである。それを基盤として性差別的な社会構造の全体像を描き出さなければならない。

男性主体への着目は，そのような反省をふまえることによって，ジェンダー分析を発展させていくための強力な一助となる。それは家父長制の中枢部を分析することであり，ジェンダーという視角が社会分析に必要であるという認識を広げることにもなる。

Ⅱ　テーマ別分科会

［付記］　本稿脱稿後，日本の歴史学者および社会学者らによって，3巻にわたる男性史の研究書（阿部恒久・大日方純夫・天野正子編『男性史1　男たちの近代』『男性史2　モダニズムから総力戦へ』『男性史3　「男らしさ」の現代史』日本経済評論社，2006年）が出版された。本稿ではこれらの書による提起と成果を扱うことはできなかった。その検討は他日を期すが，男性研究を志すものにとっては，看過できない重要な著作である。

1) アメリカの女性解放運動に際して発生した男性たちの反応は，フェミニズムに親和的なものだけでは決してなかったものの，フェミニストの問題意識を引き継ぐ動きが生まれた。このリアクションに関しては，伊藤［1996］第三章および中村［1996］を参照されたい。
2) 2000年までの社会学における男性学・男性研究の主要著書・論文とメンズリブ・男性学の展開については，渋谷知美による男性学批判論文および多賀太によるレビューがある［渋谷 2001；多賀 2002］。また，渋谷によってとりあげられることのなかった父性・父親研究の領域については，海妻径子が広範囲にわたってレビューを行っている［海妻 2004a］。
3) 西川・荻野［1999］に続き，セクシュアリティに特に焦点を置いた浅井・伊藤・村瀬［2001］，同じくセクシュアリティに関する近・現代日本の言説分析を試みた渋谷［2003］，近代日本男性史研究会による共同研究の成果として細谷［2004］および小玉［2004］，近代日本の父性論に着目した海妻［2004a］がある。また，多賀［2001］および多賀［2006］は，近年の日本における男性学の成果として注目される。
4) 日本社会学会では1998年の大会において初めて事実上の男性学部会が開催され，2003年には日本教育社会学会が『業績主義と男らしさのゆらぎ：マスキュリニティ研究の最前線』と題した課題研究報告を組織している。
5) 近代ドイツの男性性に関する研究論文集であるキューネ［1996＝1997］，同じく近代ドイツにおける男性性の表象研究であるモッセ［1996＝2005］のほか，アメリカ男性史の動向紹介については兼子［2003］，兼子［2006］がある。
6) 先に挙げたレビューのほか，歴史学においては加藤［2004］がある。
7) この点については，海妻径子の指摘に依拠した［海妻 2004b］。
8) 所得倍増計画の実施にあたって経済企画庁の官僚たちが描き出した『10年後の国民生活』は，当時の政府の考えを示すものとして重要な資料である。大卒ホワイトカラー男性は，家電製品を使いこなしてゆとりある生活を送る専業主婦の妻とともに，週末は家族単位でのレジャーを楽しみ，マイホームでくつろいでいる。大企業現業職で働く青年高卒男子労働者は，明文化された処遇のもと，安心して妻を専業主婦とする生涯設計を構想し，そのかわりに高い生産性をあげるための高密度労働に耐え，「健全」な余暇生活を楽しんでいる［国民生活研究会 1961］。
9) 先述したスコットによるジェンダー概念の再定義は，そのようなフェミニズム運動に

おける問題意識と研究蓄積のもとに生み出された試みの一つであった。他の例を挙げれば、コンネルはジェンダーをめぐる社会的闘争の様相（「ジェンダー秩序」）を検討すると同時に、国家・家族・学校といった個別の制度におけるジェンダー・パターン（「ジェンダー体制」）を分析する方法を提示した［コンネル 1993］。シルヴィア・ウォルビーは、家父長制とは、世帯内生産諸関係、賃労働における諸関係、国家における諸関係、男性の暴力、セクシュアリティにおける諸関係、文化制度という分析的に区分された全ての領域によって支えられるものであるとした［Walby 1990］。

【引用文献】
浅井春夫・伊藤悟・村瀬幸浩編『日本の男はどこから来て、どこへ行くのか』十月舎、2001年。
居神浩「戦後日本における性別役割分業の形成過程」神戸国際大学『経済経営論集』17(1)号、1997年。
──「家計構造からみた性別役割分業」玉井金吾・久本憲夫編著『高度成長のなかの社会政策──日本における労働家族システムの誕生』ミネルヴァ書房、2004年。
伊藤公雄『男性学入門』作品社、1996年。
──「ジェンダー学入門」『ジェンダー学を学ぶ人のために』世界思想社、2000年。
──『「男らしさ」という神話──現代男性の危機を読み解く』日本放送出版協会、2003年。
荻野美穂「身体史の射程──あるいは、何のために身体を語るのか」『日本史研究』366号、1993年。
落合恵美子『近代家族とフェミニズム』勁草書房、1989年。
──『21世紀家族へ──家族の戦後体制の見かた・超えかた』有斐閣、1994年。
──「世界のなかの戦後日本家族」『日本史講座第10巻　戦後日本論』東京大学出版会、2005年。
海妻径子『近代日本の父性論とジェンダー・ポリティクス』作品社、2004a年。
──「〈運動〉と〈男性史〉のあいだ──メンズリブ、フェミニズム、そしてニューライト」小玉亮子編『現代のエスプリ　マスキュリニティ／男性性の歴史』446号、2004b年。
加藤千香子「〈男性性の歴史〉研究の可能性」小玉亮子編『現代のエスプリ　マスキュリニティ／男性性の歴史』446号、2004年。
兼子歩「アメリカ『男性史』研究の課題と展望──新たな『ジェンダーの歴史学』に向けて」『西洋史学』209号、2003年、60-73ページ。
──「男性性の歴史学」『歴史評論』672号、2006年。
木本喜美子「日本型企業社会と家族の現在」基礎経済科学研究所編『日本型企業社会

と家族』青木書店，1995a年。
―――『家族・ジェンダー・企業社会――ジェンダー・アプローチの模索』ミネルヴァ書房，1995b年。
―――「労働とジェンダー」『大原社会問題研究所雑誌』500号，2000年。
T. キューネ編（星乃治彦訳）『男の歴史――市民社会と〈男らしさ〉の神話』柏書房，1997年。
国民生活研究会『10年後の国民生活』東洋経済新報社，1961年。
小玉亮子編『現代のエスプリ　マスキュリニティ／男性性の歴史』446号，2004年。
R.W. コンネル（森重雄他訳）『ジェンダーと権力――セクシュアリティの社会学』三交社，1993年。
渋谷知美「『フェミニスト男性研究』の視点と構想」『社会学評論』51(4)号，2001年。
―――『日本の童貞』文藝春秋，2003年。
J. スコット（荻野美穂訳）『ジェンダーと歴史学』平凡社，1992年。
瀬地山角『東アジアの家父長制――ジェンダーの比較社会学』勁草書房，1996年。
多賀太『男性のジェンダー形成――〈男らしさ〉の揺らぎのなかで』東洋館出版社，2001年。
―――「男性学・男性研究の諸潮流」『日本ジェンダー研究』5号，2002年。
―――『男らしさの社会学：揺らぐ男のライフコース』世界思想社，2006年。
千本暁子「日本における性別役割分業の形成――家計調査をとおして」荻野美穂他著『制度としての〈女〉――性・産・家族の比較社会史』平凡社，1990年。
長野ひろ子『日本近世ジェンダー論』吉川弘文館，2003年。
中村正『「男らしさ」からの自由――模索する男たちのアメリカ』かもがわ出版，1996年。
西川祐子・荻野美穂編『共同研究　男性論』人文書院，1999年。
橋本健二『階級社会日本』青木書店，2001年。
細谷実編『モダン・マスキュリニティーズ2003年』（科学研究費補助金基盤研究C『近現代日本における男性性（マスキュリニティーズ）の構築過程についての学際的研究』年次報告書），2004年。
宮下さおり『「職人」マスキュリニティの歴史的変化の研究』（2000年度(財)東京女性財団民間活動支援事業対象事業報告書），2000年。
―――「戦後日本の男性熟練労働者像とその評価――活版工の職業・生活史調査から」『社会政策学会誌』第9号，2003年。
―――『戦後日本における男性単独稼得規範の普及に関する一考察』（一橋大学大学院社会学研究科博士課程学位請求論文），2005年。
三宅義子「歴史の中のジェンダー」原ひろ子他編『ライブラリ相関社会科学2　ジェ

ンダー』新世社，1994年。
G. モッセ（細谷実・小玉亮子・海妻径子訳）『男のイメージ──男性性の創造と近代社会』作品社，2005年。
山田和代「電産型賃金体系における「年齢」と「家族」──ジェンダー視点からの分析」『大原社会問題研究所雑誌』461号，1997年。
──「戦後日本の労働組合における家族賃金の形成と展開」竹中恵美子編『叢書　現代の経済・社会とジェンダー第二巻　労働とジェンダー』明石書店，2001年。
山田昌弘『近代家族のゆくえ──家族と愛情のパラドックス』新曜社，1994年。
Barrett and Phillips, *Destabilizing Theory: Contemporary Feminist Debates*, Polity Press, 1992.
Connell, Robert W., *Masculinities*, Polity Press, 1995.
Gordon, Andrew, 'Managing the Japanese Household: The New Life Movement in Postwar Japan', *Social Politics*, 4 (2), 1997.
Walby, Sylvia, *Theorizing Patriarchy*, Blackwell, 1990.

●第1分科会（国際交流委員会Ⅰ）
労働市場の構造変化と労働法・労働政策の課題──日本とアメリカ

座長　関口定一　Sekiguchi Teiichi

1　分科会の主旨

112回大会において，本分科会を企画した主旨は，以下の通りである。

1980年代半ばから現在にかけて，日米両国において，その様相は異なるとはいえ，長期雇用慣行の動揺，非正規雇用の拡大と雇用形態の多様化，個別的労働紛争の増加，労働組合を前提にした集団的労働紛争処理システムの機能低下など，労働市場の構造変化と雇用関係の変容，そして伝統的な「労使関係システム」の弱体化が急速に進行し，従来の労働政策・労働法の枠組みでは解決できない新たな性質の様々な問題が生起している。

本分科会は，こうした大きな変化に対応して日米両国において進行している労働政策・労働法制の見直しに注目して，その現状を把握するとともに，両国の変化を比較制度的な観点から検討することを通じて，新たな労働条件決定システム，労使紛争の解決システムを構築するための方向性を模索してゆくことを課題としている。

本分科会においては，この課題の解明に向けて，日米両国の研究者からの2つの報告と日本の労働組合の側からのコメントを準備し，これらに基づき，討論を行った。

報告1
　　キャサリーン・ストーン Katharine Stone (UCLA Law School)
　　「雇用関係の変容と法規制 From Widgets to Digits : Legal Regulation of the Changing Contract of Employment」

報告2
　　仁田道夫（東京大学）
　　「労働市場の構造変化と労働法制 The Employment Systems and Labor Law Reform」

コメント
　　逢見直人（日本労働組合総連合会）

2 各報告ならびにコメントの概要

　ストーン教授ならびに仁田会員の報告はそれぞれ，本誌に掲載予定なので，ここでは，簡単にその概要を示すにとどめたい。

　ストーン教授の報告は，近年のアメリカにおける労働市場と雇用関係の大きな変化を，「産業の時代（industrial era）」から「ディジタルの時代（digital era）」への移行という，産業構造の歴史的な変化の中で捉え，産業の時代を支えた労働システムである内部労働市場が縮小し，新しい雇用関係が拡大しつつあると指摘している。「産業の時代」に一般的であった企業と従業員の固定的で，長期的な関係が崩れ，「常用労働者」と企業の紐帯が弱くなるだけでなく，非典型的な雇用が拡大して，雇用関係は，総体としてより外部市場に依存した，より流動的なものになると予測している。こうした変化の中で，新しく形成されつつある雇用関係においては，これまで大きな意味を持っていた，雇用保障・企業特殊的熟練・昇進機会・団体交渉などに代わって，エンプロイアビリティ・一般的熟練・ネットワーク機会・個別紛争に対応した代替的紛争解決手段などのウェイトが拡大する。これは，同時に，個々の労働者にとっては，何らかの法的・制度的な保護がなければ，雇用と賃金の不安定化，所得格差，技能の陳腐化，退職後の不安の深刻化などのリスクの拡大を意味する。また，人的資本の所有権の所在，流動的な労働市場の中で，差別による不利益をどう回復するか，不安定化した交渉単位（bargaining unit）の下での交渉代表選出などの，これまでになかった問題が労使の重要な争点となってくる。しかし，固定的で長期的な雇用関係を前提にして組み立てられている現行のアメリカ雇用・労働法制では，雇用の流動化に伴う新しいタイプのリスクや問題にうまく対応することができない。団体交渉権の拡張，独立契約労働者の保護，福利厚生のポータブル化，労働移動支援などを可能にする，雇用・労働法制の再構築が必要となる。

　これに対して，仁田会員の報告は，日本の労働市場も，ストーン教授の指摘するのと同様のグローバリゼーションなどの圧力を受けてはいるが，雇用関係の当事者の反応は，アメリカにおけるものとは，相当に異なっている，という見解を示している。すなわち，日本経済は，1990年代以後国際競争の強まりによって大きく変化し，雇用・労働関係の分野でも「規制緩和」論者の影響力が拡大し，労働法制の面でも大きな改革を求める圧力が増大した。また，90年代後半には会社都合による退職が急増するなど，雇用関係に実質的な変化が生じた。この期間には国内でグローバリゼーションと労働法改革がリンクしていたかに見える。果たして「解雇しないために経営者が懸命に働き，解雇されないために従業員も懸命に働く」という，

II テーマ別分科会・座長報告

　「生産性三原則」に集約されるような労使の相互コミットメントによって成り立つ「終身雇用」は，90年代以後の厳しい経営環境の中で崩れ去ったのであろうか。結論的にいえば，解雇規制の法制化を中心とした2003年の労働基準法改正が，実質的に現状維持で決着したことは，日本の企業経営者のメインストリームが，アメリカ的な「境界のない職場（Boundary-less Workplace）」アプローチではなく，「雇用ポートフォリオ」に示されるような，コアと周辺の「二層化（Dualist）」アプローチを維持していたことを示している。しかし，90年代末からの大規模な雇用調整は，「終身雇用」への労使の信頼関係に深刻なダメージを与えていること，また，「二層化」アプローチがもたらす労働市場の分断を架橋する「中間層」の育成が不可欠なことを認識すべきであるとの認識が示された。

　逢見直人氏からのコメントは，日本の労働組合の実務家の立場から以下のような点を指摘している。

　この間急速に進行した国民生活の変化，とりわけ，経済的・社会的格差の拡大が，マクロ的な配分のあり方に起因するものであり，その背景には，経営姿勢の変化（株主重視・短期利益追求）によるパート，派遣労働，請負労働などの拡大と，個別的な市場動機に訴える人事政策の採用があり，それらを可能にした労働市場分野の規制緩和がある。ストーン教授の指摘するような長期雇用への攻撃が日本でも生じたのである。しかし，こうした変化は，人材の育成と職場での協力を重視した日本の職場の総合力を弱めるという大きな問題を引き起こし，行き過ぎた市場化への経営サイドからの反省の機運も生じている。仁田報告で示された日本の労使関係における「生産性三原則」の重要性を再確認し，現在の社会・経済状況にふさわしいものに深化させる必要がある。また，この間進められた労働法制の見直しの中で，労働市場の規制緩和と新たな働き方のルール形成が目指されたが，その結果，パートなど非正規雇用の拡大，長時間労働や労働時間の二極化，確定拠出型年金の広がりなどが進んだ。わが国でも，ストーン報告の指摘する賃金格差の拡大とリスクの従業員への転嫁が生じているのである。パートと正社員の均等待遇，ホワイトカラーエグゼンプションの導入，労働契約法の制定などを含む懸案の労働法制改革問題については，格差の拡大や固定化をいかにして防ぐかという視点からの政策提起が極めて重要になる。最後に，現在システムの整備が進みつつある個別労働紛争解決手段については，それを適切に運用することによって，司法が，市場化による労働者個人のリスク負担や不利益を軽減するために活用される状況を作り出すことが求められているのである。

　以上の報告とコメントに対して，フロアからは，以下のような質疑が行われた。

ストーン報告の指摘する雇用の不安定化はそれが一方的に進行するのではなく、アメリカ雇用関係の特徴である任意雇用（employment at will）の考え方に基づく雇い主による解雇の自由が、各州レベルの裁判所の判例などを通じて制約を受けるなど、雇用の安定化という側面も存在しているのではないか。日本でも、雇用の不安定化や流動化のみが進行しているわけではなく、他方で、依然として長期雇用の枠組みの中に留まっている部分も多い。もし変化している面にだけ焦点をあわせた法改革や制度改革を性急に進めると、旧来の枠組みの中で雇用や賃金を保証されている人々に不利な結果をもたらさないか。変化した、新しい雇用や労働に対応した制度や運動を作り上げる際に、その主たる担い手としてはどのような主体を想定することができるか。また、報告の中で指摘された、人的資本の保護やエンプロイアビリティの強化には、公的支援を含めどのようなアプローチが適当なのか。
　さらに、日米比較という観点から、この間進行している雇用関係の変容に日米間でどのような違いが見られるのか。戦後の日本の労使関係史において極めて重要な意味を持った生産性向上運動は、そもそもアメリカを起源としていながら、アメリカにおけるものとは大幅に性格の異なるものとなったが、これをどのように評価したらよいのか、という両国の雇用・労使関係の相違と共通性にかかわる問題が提起された。また、この間起きている変化を長期的な歴史的な流れのなかにどのように位置づけることができるのか、という論点も提示された。
　時間的な制約から、当日これらの論点を十分に議論し尽くすことはできなかったが、例えば、同じ内部労働市場、同じ長期雇用といっても、対立的で、相互の信頼関係が弱く、形式的な性格が強いアメリカの労使関係の下で成り立ってきた雇用慣行と、はるかに協調的で、相互に一定の信頼関係があり、柔軟性のある日本の労使関係の下でのそれとでは、雇用関係の変容の行方について、相当に異なる将来を展望できるかもしれない、という異質性の指摘が、ストーン教授からなされるなど、今後の比較的な手法による、雇用・労使関係の研究に示唆するところの多いセッションであった。

● 第 2 分科会
東アジア発の比較福祉国家論

座長　埋橋孝文　Uzuhashi Takafumi

1　分科会設定の趣旨

　この分科会では，1990年代から社会保障の整備・再編が急速に進展している韓国と台湾を取り上げて，次の2名の新進気鋭の研究者による報告がおこなわれた（コーディネーターは上村泰裕［法政大学］であった）。
1　李蓮花（早稲田大学大学院生）「韓国と台湾の医療保険制度発展の比較——内側からみた『東アジア福祉国家論』」
2　金成垣（東京大学社会科学研究所客員研究員）「比較論的視点からみた韓国福祉国家の形成と発展——『遅れた福祉国家化』と『遅れた民主化』の結合局面」
　コメンテータは上村泰裕が兼ねた。
　分科会設定の趣旨を大会プログラムから一部訂正のうえ再掲しておけば，以下の通りである。

> 　近年，中国や韓国，台湾の社会保障制度の発展に関する研究が盛んになってきており，東アジアの福祉国家を比較の視点から位置づけようとする試みもなされている。しかしこれまでのところ，そうした試みの多くは，西欧の福祉国家研究のなかで開発された分析概念のあてはめに終始してきた。東アジアの福祉国家論を真の意味で比較研究に格上げしようとするなら，研究者は分析概念を手づくりしながら実証に取り組まなければならない。
> 　この分科会では，中国と韓国出身の若手研究者が，既存の福祉国家研究の成果を活かしながらも，それを乗り越えていくためのアプローチを競い合う。直接に論じられるのは韓国と台湾の医療保険，韓国の福祉国家であるが，そこから「東アジア発」の比較福祉国家論を打ち出すための視座を探りたいと考えている。報告者同士だけでなく，フロアも交えた創造的な討論を期待したい。

2　報告要旨とコメント

　今回の二人の報告は「……外側からの視線ではなく，内側の視線で制度発展の経緯を歴史的に比較分析する」（李），「近年の多くの議論は，そのような韓国的経験の特殊性を問題視せず，従来の福祉国家論を機械的に適用しているがゆえに，韓国

の福祉国家の特徴を究明し，それを比較分析のなかに位置づけることに成功していないように思われる」(金)というように(「報告要旨」からの引用)，これまでの類型論・比較研究への鋭い批判を共通の問題意識としている。その研究スタンスは当該国の内発的な，また，構造的，歴史的な検討を重視するものといえよう。と同時に，それを踏まえた上で比較論の充実化を探ろうとする意欲的なものであった。

このように問題意識は共通するものの，方法論はいろいろな意味で対照的であった。つまり，李報告は，両国の医療保険制度に絞り，しかも，「制度の導入から皆保険化(韓国は1989年，台湾は1995年)」までをとりあげ，両国での顕著な違いのみならず微妙なずれまでを丁寧に拾い上げ，その原因と背景を探っていく。一方，金報告は，福祉国家施策のほぼ全域を射程に入れつつ，韓国の経験を例外視しないとともに従来の福祉国家論の機械的な適用を排し，「韓国のパラドクス」を首尾一貫した論理で説明する理論の構築を志向している。

以下，それぞれの報告の要旨を当日配布のフルペーパーをも参考にして簡単に紹介し，コメントしておきたい。

(1)李報告

まず，「権威主義，開発主義と医療保険制度の導入(1950～70年代)」期には，台湾で1950年に労工保険が施行されたのに対して，韓国では1960年代には「大企業を含め労働者の医療保障は基本的に存在しなかった」。70年代，台湾では新たな制度的展開はなかったが，外来診療の給付対象化や加入者数の増加がみられた。韓国では，1977年に500人以上の企業に強制適用になった。比較検討すれば，政府の役割の違いがみられ，台湾では大陸時代からの伝統と国内のエスニック問題から「事前的」な対応がみられたのに対して，韓国では工業化で発生する問題への対応策として「事後対応的」に導入された。そのことはまた，保険の性格(保険管理者や政府補助の多寡)にも影響をおよぼした。

「民主化のなかの皆保険化(1980～1990年代初め)」期には，韓国は，社会保障史上初めての社会運動—「医療保険是正運動」をも呼び起こし，導入から12年で皆保険化を達成したこと(1989年)が特筆される。台湾では，混乱を極めた制度の乱立を経て，1995年「全民健康保険」が実施された。報告では，両国の医療保険制度の違い(韓国：分権的組合方式，台湾：新設の中央健康保険局の一元的管理)をもたらした要因についても言及された。

さて，前にも述べた通り，上のような相似性や異なる点をめぐる実証的検討を踏まえて，そこから東アジアの福祉についての比較論的議論が展開された。それは，共通性に関しては第1に，東アジアの地域的特殊性によるものではないこと，「縦」

の分析の重要性を指摘しつつ，工業化や民主化の「後発性」に由来すると考えられること（この点で次の金報告との近似性と接点が生まれる）。第2に，東南アジアやラテン・アメリカと区別されるのは，インフォーマル・セクターに対して国の積極的な財政介入の下に皆保険を追求したことである。

次に両国で異なる点をめぐって（たとえば台湾の政府は「介入的」で，韓国の政府は「放任的」であった）は，それぞれの政権の歴史的な経緯（台湾の場合「三民主義」と大陸時代の経験，外来政権としての特殊性，韓国の場合そうした過去の経緯がなく開発主義的側面を前面に出した）から説明された。

以前この「アジアの社会保障」分科会で，韓国の医療保険制度の統合問題と台湾の「全民健康保険制度」の成立をテーマにした報告をもったが（2000年春と2001年春）[1]，今回，2つの国を比較して多くの新しいファクトファインディングと知見が付け加えられた。共通性と相違点を探るというのは2国間国際比較の定石であるが，単にそれらを指摘するのにとどまらず，それぞれを形成する背景と原因にも踏み込んでいることが分析に厚みをもたらしていた。注文をつけるとすれば，フロアからも質問があったように，医療保険対象者の統計的比較の厳密化に努めていただきたいということぐらいであろうか（韓国での扶養家族の扱いをめぐって）。

(2)金報告

最初に，「福祉国家」の条件として，通説ではあるがやや形式的な意味合いをもつ「普遍性」，「権利性」，「体系性」といった要因に注目するだけでなく，とくにこれまでの福祉レジーム論と比較可能な形で「脱商品化」と「社会運動の圧力」に留意する必要があることが強調された。かなり方法論的に厳密なアプローチを採用しているといえるし，実際，その後の分析もその2つを軸にしておこなわれている。こうした視点は，最近の非歴史的な開発主義的もしくは生産主義的福祉レジーム論への批判を意識しているのであるが，それは李報告とも共通する視点である。

さて，本報告の中心は，先に述べたように，1990年代後半以降の韓国の経験を説明する一般理論を展開していることにある。その際の分析装置は，西欧の「福祉国家発展期」に対応する韓国の「遅れた福祉国家化の局面Ⅰ＝遅滞の状況」と「遅れた民主化の局面Ⅰ＝遅滞の状況」，西欧の福祉国家再編期に対応する「遅れた福祉国家化の局面Ⅱ＝後発の状況」と「遅れた民主化の局面Ⅱ＝後発の状況」という2行2列のマトリクスである（報告では表の形でまとめられていた）。

上のいくつかを補足すれば，「遅れた福祉国家化Ⅰ＝遅滞の状況」とは，「これまでの成長優先政策によって福祉国家化が遅れるなか，社会保障制度未整備のまま韓国が直面したグローバル化は福祉国家形成を促す契機となった」ことを示している。

また,「遅れた福祉国家化Ⅱ＝後発の状況」とは「経済グローバル化が急速に進行している90年代後半に福祉国家化を経験している韓国は,様々な制約のなかで,その長期的あるいは持続的な成長を期待しにくい状況に直面している」ことを示している(「遅れた民主化Ⅰ,Ⅱ」については紙数の関係から説明を割愛した)。
　こうした分析装置の特徴は,私見によれば次の点にある。第1に,「民主化」の進展に注目することで韓国の社会保障の歩みだけでなく福祉政治を含む政治全般の変化をも射程に収めることができること,第2に,西欧との対比を理論化のなかに取り込み,比較論的広がりを保持できること,第3に,韓国福祉国家の1990年代から現在までの「動態」を跡づけ,また,たとえば「生産的福祉」論のもつ"多義性"が,単にレトリックとしてではなく,現実を反映したものであることを明らかにできることである。スケールの大きい分析フレームワークであるといえよう。なお,「動態」を明らかにできる点に関して,言葉の問題ではあるが,「遅滞」というのは,"遅れたまま滞る"という,現在まで継続するようなイメージが付きまとう(強い)きらいがある。もちろん,そうした状況が次のエネルギーを生み,急速な変革が可能になったわけであるが,そうした点を考えると,何か別のネーミングのほうが論旨に合っているような気がする。「後発」概念については次の質疑応答で言及する。
　それ以外にも,「韓国において福祉国家の『拡大』と『危機』が存在しないことが,日本との決定的な違いである」など,示唆に富む指摘が随所にみられる。

3　質疑応答から[2]

　密度の濃い2つの報告に対してコメンテータおよびフロアから多くの質問が寄せられた。紙幅の関係上,質問内容だけを箇条書きにまとめておきたい。
1. 「後発性」の要素は何であり,それが制度にどのような刻印を与えたのか,他の後発国や日本にも当てはまるのかどうか(コメンテータから)。
2. 民主化以前にも制度整備が進んでいたがその際の政府の動機は何であったのか(フロアから,以下同じ)。
3. 韓国では1988年の地域医療保険実施前から一部の住民が被扶養者という形で被用者医療保険によってカバーされていたのではないか。
4. 政策形成過程における医師会の影響について。
5. 財政的視点からの韓国年金改革(2003年)が国民のコンセンサスを得られたのはなぜか。

　最後に,コメンテータの指摘が示すように,両報告でふれられていた「後発性」

Ⅱ テーマ別分科会・座長報告

の概念の精緻化と操作化が重要であることを確認しておきたい。後発性は"時間差"に関係する有力な説明変数なのであるが，比喩的にいえば，この説明変数のもう少し詳しい「説明」が必要ということである。座長は最近にも「社会的な意味での後発性利益」について言及したことがあるが[3]，李報告におけるインフォーマル・セクターの存在，金報告におけるグローバル化の国際環境の状況などは福祉国家発展にとっての"困難性"を代表する。それ以外の要因をも視野に入れての，いわば正・負双方の面から後発性概念の統合・整理・豊富化が必要であると考えられるが，これはテーマ別分科会「アジアの社会保障」に集う私たち全員の課題であろう。

1) 2000年春（100回大会）：張炳元（日本社会事業大学社会事業研究所客員研究員・韓国保健福祉部保健政策課長）「医療保険制度の日・韓比較―その特質と改革の動向を中心に―」）
   2001年春（102回大会）：曽妙慧（台湾・銘傳大学）「台湾における『全民健康保険』の成立と展開」（肩書きは当時のもの）
2) これは当日の座長のメモにもとづいている。いくつかの遺漏や不正確なものがあるかもしれないが，その場合はご容赦願いたい。
3) 埋橋孝文「東アジア社会政策の新時代」社会政策学会編『東アジアにおける社会政策学の展開』法律文化社，2006年。

●第3分科会（保健医療福祉部会）
健康格差と社会政策——不健康と貧困・社会排除に対する欧州の政策展開

座長　藤澤由和　Fujisawa Yoshikazu

1　分科会の趣旨

　近年，格差に関する関心が学術領域のみならず，社会的，政治的にも高まりをみせている。健康分野における格差への関心は，戦後の福祉国家体制の中で先進国において，全体的な健康水準の向上がみられる一方で，所得階層別にみた人口集団間や地域間の健康状態においては，その格差が必ずしも減少せず，むしろ拡大しているのではないかという点にあるといえる。こうした状況の中で，英国をはじめとした欧州の複数の国々においては，健康格差への政策的な取組みがみられる。こうした動きは，たんに公衆衛生分野における問題に留まるものではなく，より広く社会政策分野においても密接に関連する問題であるといえる。なぜならば古くから指摘されているように，不健康と貧困の間には強い関連性がみられ，様々な社会的背景をもとに生み出されている不健康への対応には社会政策が重要な役割を占めると考えられるからである。こうした点を踏まえ，保健医療福祉部会においては，貧困や社会排除に関わる諸政策に対しても注意を払いつつ，欧州における健康格差への対応についての政策の展開を検討し，今後の日本における健康格差に関わる政策的議論の方向性を検討するために分科会を企画し，実施した。

　なお，本分科会のコーディネーターは松田亮三会員（立命館大学）であり，第一発表者は松田会員「欧州における健康の不平等に関する取組み（Tackling Inequalities in Health : European Experiences）」，第二発表者は青木郁夫会員（阪南大学）「イングランドにおける健康の不平等に関する取組み（Tackling Inequality in Health under the New Labour Government）」，コメンテーターは山本隆会員（立命館大学），近藤克則会員（日本福祉大学）であり，座長を藤澤（新潟医療福祉大学）が務めた。

2　報告の概要

　「欧州における健康の不平等に関する取組み（Tackling Inequalities in Health : European Experiences）」における松田会員の発表は，これまでの研究成果を踏まえ，欧州各国における健康格差縮小への対応における方向性を示し，かつ主としてEUおよびWHOなどにおけるイニシアティブおよび各国の対応を概観するもので

あった。さらにこうした分析を踏まえ，今後日本における健康格差縮小への政策的対応の方向性を示唆するものであったといえる。

　具体的には，健康格差に対する欧州での取組みには様々な動きがみられるが，たとえば WHO 欧州委員会においては80年代中盤以来，健康格差の縮小を政策目標として掲げ，90年代に入るとその動きは本格化していくとされる。とくに98年においてアテネで開催された，健康都市会議は健康格差問題における一つの契機となりうるものであった。EU においては，93年のマーストリヒト条約発効において健康保護に関する協力体制の整備が盛り込まれ，97年には健康に対する社会・経済的差異の状況把握のための研究の組織化，さらに99年発行のアムステルダム条約におけるより広範囲な公衆衛生への対応などがみられるとされる。

　国別では，かなり対応に差がみられるとされるが，青木会員の報告にみられるようにイングランドにおける包括的で調整された政策をとる国から，問題意識のレベルで留まっており，未だ国民の健康状態に対する客観的な把握が試みられていない国もあるとされる。ただ国ごとの対応には差が存在するにせよ，基本的に欧州諸国においては，健康格差にかかわる問題は，重要な政策課題として捉えられている。さらに2005年には健康格差に関する報告者や関連会議の開催が多くなされ，それらの中で，健康格差の問題を社会排除対策との関連から検討する必要が提示されつつあり，今後の展開が注目されるとする。

　さてこうした欧州における対応の日本への示唆であるが，Judge らの議論にみられる健康格差政策形成の3つの区分（法的根拠の存在，目標や原則の確立，客観的な目標値の設定）を踏まえて，日本独自の状況に適合的な健康格差政策が必要であるとするが，基本的にはそもそも健康格差の客観的な把握がなされていない現状が指摘されている。

　「イングランドにおける健康の不平等に関する取組み（Tackling Inequality in Health under the New Labour Government）」における青木会員の発表は，イングランドにおける健康格差の問題を，その社会的，政治的背景を含め検討を行い，さらにこうした問題に対するブレア労働党政権の政策的対応そして，より具体的な政策的展開を検討したものである。

　具体的には，ブラック・リポートに示された通り医療への公平なアクセスや利用保障を理念とする NHS 創設後においても，社会階層間における健康格差が依然として存在しており，さらに疾病や健康の社会階層間，地域間格差が学術的な調査によって繰り返し明らかにされるという状況の中，ブレア労働党政権は，アチソン報告以降，健康の不平等の縮小への政策的取組みを展開してきているとされる。

こうしたブレア政権による健康格差への対応は，一面ではWHOヨーロッパ事務局が展開してきた健康都市プロジェクトなどの動きに棹さすものでもあったともいえるが，社会階層，地域，年齢・世代間の健康の格差を是正するために，保健・医療分野を越え，健康の社会経済的決定因子の全般にわたって政策対応を行うという試みである点で，前保守党政権とは根本的に異なる健康問題への政策的対応であった。

こうしたブレア労働党政権の対応においては，より具体的な形で，政策展開のための資源配分と政策実施枠組みが構築されており，そこにおいては「ナショナル―リージョナル―ローカル」という三層的枠組みと分権化，「公―協―私」のパートナーシップによるガバナンスが重視されるとともに，個人・家族・コミュニティの健康行動を含む，健康管理能力の発達ということも重要な政策テーマとなっているとされる。

イングランドにおけるこうした健康格差への政策的対応は，先の松田会員の発表でも触れられているとおり，他の欧州諸国においてもかなり先進的なものであるといえる。だがこうした政策的対応における幾つかの問題点があるとされる。中でもPowellらの指摘するように，こうした健康格差への対応がいわゆる「象徴政治」に留まるものでないながらも，現実政治というものの中で，健康格差への対応政策をどのように評価するかという問題である。

3　まとめにかえて

本分科会においては，健康格差への対応を欧州およびイングランドという2つを中心に検討を行ったわけであるが，この課題に関連する論点を提示することにより，まとめとしたい。

イングランドを中心とする，欧州における健康格差への対応が，いわば国レベルの対応に先行する形で，社会疫学などを中心とする学術分野やヘルシー・シティーにみられるようなWHOなどの国際機関に支援されるものであった一方で，アメリカやオーストラリア，ニュージーランドなどのアングロサクソン系諸国においては，こうした問題への国の関わり方は幾分色彩が異なるもののように思われる。だがそうした差異にもかかわらず，共通する点として，政策自体の展開のあり方，具体的には政策のアカウンタビリティを高める必要性が存在していたことを指摘しうる。いわゆる健康分野における目標管理型の政策の導入は，明らかにたんなる理念やスローガンを越えて，実質的かつ具体的に健康に関わる政策課題に対してどのように対応していくかという点を明示したものである。イングランドにおけるOur

Healthier Nation は明らかにイングランドにおける健康分野を対象とした目標管理型の政策であり，これらアメリカにおける Healthy People やオーストラリアにおける Health For All Australian においても共通する政策展開の枠組みである。これらの背景には，健康・保健行政における New Public Management などの政策展開そのもののあり方における変化と，健康における格差という問題の政策課題化という2つの変化が存在していたと考えられる。

また健康に関わる格差の問題は，青木会員の発表において指摘されているように，最終的な成果を求める限りはある種「象徴政治」とならざるをえない面があることを否定できない。だがたとえ象徴政治であるにせよ，健康に関わる格差の存在とその不公正さの是正を認識することはなによりも，象徴政治を現実政治に変えていくための前提条件であると考えられる。

最後に，上記2点と密接に関わるのであるが，いわゆるガバナンスの問題として国レベルでの目標設定と地域での実践というあり方が，ともすると中央による新たな管理型のガバナンスを生み出す危険性があることを指摘できよう。この新たな管理型ガバナンスにおいては，いわゆるこれまで中央によるコントロールのある種の源泉であった，財源と権限とは異なる，情報とテクノロジーを中心に据えたものであり，それに基づくコントロールの出現可能性を指摘しうる。したがって健康格差という政策的課題は，その重要性が高まれば高まるほど，中央における新たなガバナンスの出現を生み出す契機ともなりうるのであり，健康格差に関わる政策が，こうした中央による新たな管理型ガバナンスに陥ることなく，実質的意味での地域における自立的なガバナンスのあり方をどのように目指すことができるのかという点は先進国における新たな課題であると考えられる。

●第4分科会
同一価値労働同一賃金原則と賃金制度改革の動向
―― 日本におけるペイ・エクイティ実現の課題を探る

座長　遠藤公嗣　Endo Koshi

1　分科会設立の趣旨

本分科会のコーディネーターである森ます美会員は，つぎのように記した。

日本で同一価値労働同一賃金原則（ペイ・エクイティ）が男女間賃金格差を是正する戦略として提起されたのは，1992年である。その後の10数年間に，ペイ・エクイティ実践は京ガス男女賃金差別事件（京都地裁判決）における「同一価値労働」の認定など，一定の前進を果たしてきた。同時にこの間，経済のグローバル化と雇用の流動化は非正規労働者を急増させ，企業では「職務・役割」等に基づく成果主義賃金制度への改革が急速に押し進められてきた。今日，ペイ・エクイティ原則は，正規・パート間賃金格差の是正策として希求され，労働組合の賃金政策においても「仕事基準」の賃金制度への模索が始まり，その実現に向けた職務評価手法の検討が行われている。この分科会では，ジェンダー平等と公正な賃金制度を構築する視点から，同一価値労働同一賃金原則実現への課題を探る。

2　報告の要旨

最初の報告は，森ます美会員による「日本における同一価値労働同一賃金原則の実現への論点――今日の賃金制度改革とかかわって」であった。森は，現在の到達点を，京ガス事件判決における「同一価値労働」の認定や，森ます美著『日本の性差別賃金』の刊行などを指標として確認した。ついで森は，民間企業の賃金制度改革を，役割・職務等級制度への転換，役割給・職務給の導入，個人評価制度の変化とまとめ，民間企業5社の賃金改革の事例を紹介しコメントした。職務分析・職務評価をおこなう企業もあれば，これをおこなわず，職務の成果責任を明確にできない役割等級制度を導入した企業もあり，多様であった。さらに森は，労働組合の取り組みを紹介した。自治労と電機連合の賃金政策に本原則が確認されていること，連合男女平等政策・労働小委員会による「同一価値労働・同一賃金の実現に向けた職務評価手法の検討　中間とりまとめ」が発表されたこと（2005年9月），非正規労働者の低賃金是正を目的として，生協労連や女性グループが職務分析・職務評価を

Ⅱ テーマ別分科会・座長報告

試行していること,などである。最後に森は,5つの論点を指摘して報告を終えた。ⓐ賃金の決定基準が仕事・職務に移行しつつあること,ⓑ何を指標に仕事・職務を評価すべきかの議論を労働者サイドからもっとおこなうべきこと,ⓒ公正な職務評価の実施にとって,評価対象となる職種・職務の的確な把握と分類が重要なこと,ⓓ非正規労働者の低い時間給を引き上げる観点から本原則が実行されるべきこと,ⓔこれらの点を実践していくために,労働組合の活動と運動が不可欠であるが,その不十分な現実をみると,何らかの本原則の法制化が必要なこと,である。

　第2の報告は,八谷真智子氏(非会員　全国生協労働組合連合会前副委員長)による「同一価値労働同一賃金原則からみた生協労働者の職務と賃金——ある生協の正規・パートの聞き取り調査をもとに賃金制度の方向性を考える」であった。まず八谷は,生協労連が2004年に正規職員とパート職員の職務別賃金額をラフに試算し比較したが,それは不十分な試算だったことを指摘した。ついで八谷は,自分自身による聞き取り調査によって,仕事内容と責任度などを考慮に入れて,より正確な職務と賃金の比較を試みた実践を述べた。調査は,小型店舗の正規店長とパート店長,中型店舗の農産担当の正規とパートリーダー,インストア総菜担当の正規チーフとパートリーダー,これら3職務の正規とパートでおこなった。3職務ごとに職務アイテムを拾い出して職務分類表を作成し,それをもとに,その職務につく正規1人とパート2人に,職務アイテムの有無を聞き取り調査した。この手法は,森らのペイ・エクイティ研究会報告書(1997)が実施した手法にならったものである。その結果をまとめて述べると,正規職員とパート職員の職務の違いは,予算策定,部下の人事考課,稼動計画・採用計画の最終的な責任,これらが正規にあってパートにないことであった。この違いを職務評価ポイントでみると5%程度の差であったから,それを賃金差に反映させると,賃金差は5%程度が妥当と八谷は考えた。しかし,現実の賃金では,パートは正規を年収で3割から5割も下回っていた。

　第3の報告は,菅家功氏(非会員　自治労中央執行委員)による「公務部門における同一価値労働・同一賃金原則の展望——自治体での職務評価の試み及び『任期付短時間勤務職員制度』の可能性について」であった。菅家は,報告の前半で,「JOES」手法によって,ある自治体の職員組合が職員の職務評価を試行した経験を紹介した。JOES(ジョーズ)とは,日本で開発された職務分析・職務評価の簡素な手法であり,アンケートの使用を特徴とし,1つの職務を3~5名が評価する手法である。評価結果の特徴としては,第1,同一の職位(職務段階)であっても評点に相当のばらつきがあること,第2,下位の職位が上位の職位を評点において上回るケースもあること,第3,賃金格付けでは,本庁より出先機関の職務の賃金が

低いが，今回の職務評価点数では，これが逆転する現象がみられたこと，第4，同一の部署内では職務評価点数における職位の逆転はなかったこと，などであった。菅家は，報告の後半で，自治体における非正規職員の低い賃金・労働条件と，その改善の方策について述べた。たとえば非常勤職員の期末手当と退職手当は，これを支給しない自治体が多いが，A市の労使と議会は支払うための条例・規則を整備した。ところが，2005年1月に返還請求の住民訴訟が起こされたという状況にある。また菅家は，2006年6月にできた「任期付短時間勤務職員制度」を，非正規職員の低い賃金・労働条件を改善するために活用できる可能性を指摘した。

3 コメントおよびフロアからの質問

　木下武男会員は，八谷氏の報告についてつぎのように指摘した。パート店長の職務の価値が予想外に高かったことが注目される。パート店長の職務は，部下の訓練や成績査定にまでも及んでいて，パート職員の基幹化活用という視点からも興味ぶかい。生協店舗における職員の均等待遇の問題は，スーパーマーケットなど大型小売り業でも共通する問題であり，典型事例としての意味をもつ。また木下は，菅家氏の報告についてつぎのように指摘した。ある自治体の職員組合が，その自治体職員の職務分析を試行した事例は，おそらく日本初であり，貴重な経験である。とりわけ，自治体の賃金制度が国家公務員の賃金制度に準拠してきた従来の仕組みを改革できる条件が強まり，新しい賃金制度の模索が予想される現在，労働組合側からの模索の試みとして注目されよう。

　コメントをえたのち，フロア参加者から出た質問とコメントはつぎのとおりであった。「経験年数による横断賃率や，木下が著書に引用したドイツの編集者にみられる職歴による賃金決定・協約賃金について，同一価値労働同一賃金原則では，これら横断賃金・協約賃金はどのように理論づけられるのか。理論上の関係はどうか」「職能等級制から同一価値労働同一賃金原則にどう移行できるかが課題だ」「内在的に考えると，役割給の『役割』と職務給の『職務』は一緒なのではないか」「職務評価には，成果が要素として入らないのではないか」「木下は『成果』『役割』『職種』『能力』の概念について明確にすべきだ」「労働者が納得する賃金格差とは何か。職場では，40万と35万を比べて5万の格差は納得しているのか」「生協の現場労働者は同一価値労働同一賃金原則に賛同しているのか」「同一価値労働同一賃金原則は賃金改善のわかりやすい武器になるが，同一価値労働同一賃金原則の実現を阻んでいる要因は何か。職務給になれば問題はなくなるのか。A市の住民訴訟にあらわれたところの，労使交渉で獲得した非常勤職員への賞与支払いを，不

当な支出とみなす社会一般の意識を考慮すると，賃金論の中では考え切れない問題がある」「同一価値労働同一賃金だけ格差が解消できるというのは危険ではないか。同一価値労働同一賃金は均等処遇の一部にしかならない。社会保障の基盤整備を同時に進行する必要がある」「公務員における均等待遇を阻む要因の一つとして公務員試験の存在があると思う。インターネット上での国際公務労連のHPが参考になる」「同一価値労働同一賃金原則で，非正規雇用の賃金水準があがるのはいい方向である。しかし実際には，職務評価がおこなわれず，賃金全体が引き下げられるのではないか。仕事の中身だけでなく，労働時間や仕事の環境についてはどのような考えなのか」「正規職員に比較して，パートの昇給・昇進はどうであったか」「同一価値労働同一賃金原則は，正規職員とパートという身分差が存在することを前提としているが，運動として，身分を解消する方向にはならないのか。正規職員への登用制度をもっと取り入れる方がよい。同一価値労働同一賃金では，パートが正規なみの賃金にあげられるのではなく，正規がパートなみへ下がる可能性が高いと危惧する」「生計費・生活費の問題はまったくふれられていないが，どうなるのか」報告者各自は短くリプライを述べたが，私のメモが正確でなく，その紹介は省略させていただきたい。

4　座長の短い感想

　報告3本はいずれも，発表時間が短いにもかかわらず，その内容が豊富かつ濃密でありすぎ，そのため，口頭による発表が簡略にならざるをえなかったと感じた。その結果，報告内容がフロア参加者に十分に理解されたとはいえず，フロア参加者から出た質問とコメントが，報告内容にかみあった議論ばかりにはならなかったように思う。これは残念なことであり，再考の余地があったように思う。

　他方，フロア参加者の多くの議論について，同一価値労働同一賃金原則の実現可否の前提となる現状認識に，ある異和感をもった。その1つは，正社員の長期安定雇用とか年功賃金とかの世界（日本の内部労働市場といいかえてもよい）は，労働者の要求や使用者の意図はその形成の一要素とはなるけれども，それだけで形成されるのではなく，客観的「土台」があるために形成されることの看過である。「土台」とは，労働者の企業特殊的熟練のOJTによる養成が重要化するという，日本でいえば1920年代以来の事態のことである。ところが現在，この「土台」が揺らいでいる。それを顕著に表現する現代日本の現象は，非正社員の爆発的な増加である。これは「土台」の客観的な変化の反映である。この「土台」の客観的な変化の有無をどう認識するのかについて，再考の余地があろう。

●第5分科会（労働組合部会）
サービス産業の企業別組合の現状分析
――ホテル，流通産業の事例を通じて

コーディネーター　鈴木　玲　Suzuki Akira

　第112回大会において労働組合部会は，「サービス産業の企業別組合の現状分析」をテーマに秋山邦男氏（サービス連合副会長・帝国ホテル中央執行委員長）および紫桃満行氏（東武百貨店労働組合本部委員長）にゲスト・スピーカーとして参加していただいた。ゲスト・スピーカーによる発表に続き，高木郁朗座長のコメント，および会員とゲスト・スピーカー間の質疑応答が行われた。
　秋山邦男氏からは，「非典型雇用労働者への取り組み」というテーマで話をしていただいた。帝国ホテル労働組合の組織現状をみると，社員と契約社員はユニオンショップ，パートタイマーはオープンショップだが少数が組織化されている。組合員数は，約1200名，そのうち契約社員は約260名である。パートは15名程度である。
　1970年に「新本館」（新館）が建てられ，客室数が2倍半に増加して大型ホテルとなった。パートタイマーの採用は，これを機会に増加した。当時の労働組合は，パートタイマーに基本的に反対の立場をとり，採用を阻止する取り組みをした。74年に，70年代前半の企業業績悪化を背景に，経営側は200人の社員の削減を盛り込んだ経営改善および，要員が減った分をパートタイマーで補充することを提案した。それまでは社員が中心の職場であったが，この提案を契機に社員とパートタイマーの比率設定が労使交渉の課題となった。また，パートタイマーのレストランや客室での仕事内容の制限も課題となった。さらに，組合はパートタイマーの労働条件を団体交渉事項とすることも要求し，1981年に団交でなく事務折衝の場での交渉事項となった。労働組合は，パートタイマーの「代理交渉」を通じて，時給の引き上げや一時金の要求などを経営側と交渉した。
　1985年に組合は週休二日制の要求を行い，経営側は営業時間の縮小やサービス低下および人件費増を伴わないことを条件に87年に要求を受け入れた（1990年6月より実施）。組合は80年代後半，仕事内容，職場環境の改善，要員問題への取り組みを通じ，パートタイマーを認めないという基本方針を弱め，パートタイマーを「認めざるを得ない」「自分たちの運動に取り入れなくてはならない」という認識をもつようになり，パートタイマーへの取り組みを始めた。88年に経営側からパートタイマーの増員の提案がされた際，組合はパートタイマーを受け入れていく方針をと

り、そのなかでどのような雇用条件を作っていくのかという課題に取り組んだ。組合は、時間賃率を社員と同一にして、労働時間週30時間（社員の80％）を上限にする雇用制度を会社に逆提案し、その結果「契約社員」制度が導入されることになった。ただし、契約社員は新規採用者で充当されたのでなく、帝国ホテルが列車食堂事業から撤退した際に生じた余剰人員の受け皿となった。

組合は91年に、パートタイマーの組織化方針を決めた。労働協約での組合員の範囲の改訂交渉を行い、92年にパートタイマー組織化について経営側と協定を結んだ（ただしオープンショップ）。組合は客室清掃のパート労働者を中心に組織化に取り組み、最高40人ほど組織化したものの、それ以上組織化が進まなかった。その理由として、労働組合がパートタイマーの代理交渉をして一定の労働条件を確保していたため、パートタイマーが組合加入するメリットを感じなかったことがあった。

1992年にバブルが崩壊し、法人需要が大きく減り、ホテル業界は打撃を受けた。94年に経営側は経営改善計画を出し、客室清掃業務の半分の委託、パートタイマーの職域（業務）拡大（社員と同じような仕事をさせる）を提案し、組合は受け入れた。職域拡大の際には、「シニアパート制度」が導入された。また、96年の大阪の帝国ホテルのオープンを機に、経営側は新たな契約社員制度導入を提案した。フルタイム労働で賃金は30歳社員の9割と設定された。経営側は契約社員の不満吸い上げのためにこれらの労働者が組織化されることを望んだため、組合は契約社員をユニオンショップで組織化することになった。他方、客室清掃業務の子会社化、委託化により、客室清掃パートタイマーがほとんどいなくなった。

2002年に組合は「共生への闘い」という方針を掲げ、社員とパートタイマーおよび契約社員がともに働く環境をどう作っていくのかという問題意識をもつに至った。そのなかで、パートタイマー組織化に再度取り組むことにした。しかし、パートタイマーの加入のインセンティブが弱いため（いわゆる「ただ乗り問題」）、なかなか組織化が進まないのが現状である。

紫桃満行氏からは「『TO：U における組合組織の再構築』について」というテーマで話をしていただいた。「TO：U」とは東武百貨店労働組合の愛称である。社員構成をみると、社員約1600名、有期雇用約940名であるが、後者で女性が占める割合は圧倒的に多い。

組合組織の再構築（パートタイマー、契約社員など有期雇用社員の組織化）の取り組みが2003年4月に形を結んだが、紫桃氏はその取り組みを時系列的に説明した。再構築の背景は、消費不況による企業の雇用政策の変化、働く側の価値観の多様化である。そのなかで、正社員中心の労働組合を続けることが困難になってきた。90年代

後半以降，従業員に占める組合員（正社員）の割合は，有期雇用社員の増加（02年には従業員の33％を占めるようになった）のため減少した。また，正社員の数の減少と営業時間の延長により，社員だけでは職場を運営できなくなった。

労働組合は，このような状況の変化への対応を模索するにあたり，「誰のために存在し，何をすべき組織なのか」ということを考え始めた。当初の組合役員の間の議論では，正社員の利益を守るだけでも精一杯で，パートタイマーなど有期雇用社員を組織化する意義を疑問視する意見もだされた。議論を整理した結果，「働く者（＝全従業員のレベル）の社会的・経済的地位の向上」，「職場の活性化と企業の健全な発展」，「民主的かつ主体的な組織活動」などが組合の意義・目的として認識されるようになった。

94年の大会でパートタイマーの組織化に向けた研究・検討の開始を，活動方針に掲げた。その後活動はなかなか前進しなかったが，2001年の大会で「パートタイマー・契約社員の組織化に向けた具体的な検討を行う」という方針を確認した。他の百貨店のパートタイマーの組織化事例の調査を行ったうえで，自社の有期雇用社員の実態の把握を始めた。有期雇用社員には，契約社員（1年間の契約更新で，職場・職種を限定して働いている人），パートタイマー（週28時間以上の社会保障適用者，28時間未満の非適用者）に区分されているが，それらの人びとの人数，配置，労働条件を調査した。

そのうえで，執行部は有期雇用社員の組織化によりどのような影響（メリット・デメリット）があるのかを，組織化対象者（有期雇用社員），既存の組合員（正社員），会社，労働組合，それぞれの角度から分析した。有期雇用労働者の組織化の課題（デメリット）としては，組合費納入による経済的負担の増加，勤務時間外での職場会議，大会等への参加による時間的負担などが指摘され，課題に対する対応策を検討した。既存の組合員（正社員）にとっては，既存の活動の停滞，組合費の持ち出し増などの「不安感」が指摘され，それらへの対策も検討された。これらの整理・検討に基づき，3つの組織化の理念を会社，既存の組合員，組織化対象者に提示した。

2002年の9月から，具体的な取り組みに着手した。02年の大会で組織化の目的，範囲の概ねの基準，形態および加入方式等の考え方を機関決定した。決定に基づき，労使協議を開始し，組織化の必要性について労使の共通認識化を図った。それと並行して人事当局との事務折衝を行うとともに，部門長や現場マネージャーに組織化の説明を行い全社的なコンセンサスを形成していった。また，組合の広報物を，既存組合員だけでなく，有期雇用社員にも配布して，組合に対する理解を広めること

に努めた。さらに，有期雇用社員の雇用・意識に関する実態調査を実施した。この調査を通じて，パートタイマーが日常の職場で感じている不満（差別感やコミュニケーションの欠如など）が明らかになった。

組合は03年1月の臨時大会で組合規約の改定し，労働協約改訂のための労使協議に入った。同年の2～3月に，パートタイマー，契約社員対象の組合説明会を実施し，加入申込書を配布し，4月までに100％回収した。そのうえで，会社との間でユニオンショップ協定が結ばれた。ただし，すべてのパートタイマーを組織化したわけでなく，現時点では社会保険適用のパートタイマーに限られている。権利と義務は，正社員と同一とした。

その後，正社員の組合員の範囲の見直しも行い，会社との交渉により労働協約の改訂を行い，部長職より下の人（課長職相当の人）を組合員とすることにした。

最後に組合再構築後の課題に触れ，職場集会・各種会議の開催方法の工夫，有期雇用社員の組合役員登用などを挙げた。

秋山氏，紫桃氏の報告を受けて，高木座長から概要以下のコメント・問題提起が出された。企業別組合の現代的機能を分析するためには第3次産業の実態をみる必要があると認識しており，今回の報告は大変有益であった。非典型労働者を企業別組合の機能である「従業員としての民主主義」に加えないと，企業別組合は少数派になってしまう。企業別組合の「従業員としての民主主義」の範囲の拡大が第3次産業で大きな課題となっていることを改めて認識した。報告から2つの企業別組合の間で3つの点の違いがあることに気づいた。第1に，「非典型労働者のために」あるいは，「非典型労働者による」を先行させるのかの違いがある。帝国ホテル労組の場合は代理交渉により内容（「……ために」）が先行したのに対し，東武百貨店労組の場合，組織化（「……による」）が先行した。第2に，帝国ホテルはオープンショップでパートタイマー組織化に取り組んでいるが，組織化対象労働者が組織化努力をあまり積極的に受け止めていない現状がある。他方，東武百貨店の場合，受け止め方が積極的であった。その違いはどこから出てきているのか。年齢，職種，制度的な要因などが考えられる。第3に（第2と関連するが），非典型労働者の組織化方法において，オープンショップなのかユニオンショップなのかという選択肢があり，2つの事例はそれぞれの選択を行った。どちらの方法もメリット，デメリットがあり，その問題について議論を深めることに価値があると感じた。

報告およびコメント・問題提起を受けて，報告者からリスポンスがあり，その後フロアーと報告者との間で質疑応答に入った（紙数の制限から，この部分は省略させていただく）。

●第6・9分科会(国際交流委員会Ⅱ)
東アジアにおける社会政策学の可能性

座長 武川正吾 Takegawa Shogo

社会政策学会では,第106回大会以降,国際交流(小)委員会が中心となって,国際交流分科会を断続的に開催してきた。2004-2006年期の国際交流委員会は,第110回大会のときに,マイケル・ヒル氏を招いて,「第三の道の到達点——ブレア政権下のイギリス社会政策」と題する国際交流分科会を開催し,第111回大会では韓国の鄭武權氏と中国の熊跃根氏を招いて,「東アジアの福祉レジーム」と題する国際交流分科会を開催した。また,2002-2004年期の国際交流小委員会による国際交流分科会は,主として東アジアの社会政策の現状をテーマとした分科会を組織してきた。そこで今回は,社会政策の研究の現状を探ることを目的として,国際交流分科会を開催した。

今回の分科会では,日中韓三国の社会政策学会の代表者あるいはそれに準じる立場にある方をゲストとして招きながら,東アジアにおける社会政策学の可能性について探った。このときのプログラムは以下の通りである。

1 日本における社会政策の展開と特質　　　　　　　玉井金五
2 韓国における社会政策学の可能性　　　　　　　　尹　朝德
3 中国社会の発展の現状と社会政策,近隣諸国の協力　楊　団
　　座長　武川正吾　　コメンテーター　埋橋孝文

報告者3人のうち,玉井金五会員は,2004-2006年期の代表幹事であり,韓国労働研究院の尹朝徳氏は,韓国社会政策学会の会長である。楊団氏は中国社会科学院の社会政策研究センターの研究員であり,社会政策学会が未組織の中国のなかでは,同センターが中国の社会政策学界における学会的役割を果たしている。

玉井会員は,東アジアの比較軸のなかでみた日本の社会政策の展開と特質を明らかにすることを試みた報告を行った。同氏は,日本の社会政策の歴史を,①20世紀前半期における展開,②高度成長期の様相,③低成長期における再編という3つに区分して,その特質を論じた。

日本の社会政策学会の結成は19世紀末であるが,その活動が本格化したのは20世紀に入ってからのことである。工場法の制定や健康保険法をはじめとする社会保険の成立が20世紀前半の社会政策の重要部分であった。しかし,この時期の社会政策

Ⅱ テーマ別分科会・座長報告

は，「社会政策＝国家といった視点だけでは決して解明できないもの」であり，「地方公共団体をはじめ，企業，地域，家族が何らかの形で関与していた」というのが同会員の主張である。

戦前の日本社会では社会政策にとって「失業」と「貧困」の存在が大きかったが，高度成長期になると「初期福祉国家建設の方向が芽生えた」。皆保険皆年金が実現されて，社会保障が拡大した。そして高度成長期になると，日本では，「貧困」と「失業」に代わって「完全雇用」と「社会保障」を「国民が直接肌で感じることができる」ようになった。

高度成長は1973年に終わるが，それ以後今日に至るまでの間がひとつの時期を形成している。低成長期には，雇用にかかわる社会政策の領域でみると，「非成年男性労働者を対象にして重要な社会政策が次々と打ち出され」，さらに派遣労働法が制定されて，今日のような派遣労働拡大の出発点となった。社会保障にかかわる社会政策の領域では，老人保健制度の導入にみられるように，従来の日本の特徴であった職域保険と地域保険の棲み分けが揺らぎ始めた。

玉井会員はこのように3つの時期の特徴を述べたあと，今日，社会政策学会でも東アジア間比較が盛んとなっており，これは「欧米を中心に構築されてきた福祉国家論の再考を促す」ことになるのではないかとの展望を示した。

尹朝徳氏によると，韓国では，社会政策学への関心が，独立後の1940年代と1970年代に一時芽生えたが，その後，この関心は途絶えた。しかし，近年，復活した。それは今日の韓国社会が，「出生率の低下，高齢化，貧困層の拡大，国民医療費の急増，労働市場における非正規職の拡散，経済社会的二極化などの社会問題」を抱えており，これに「効果的に対応するために，福祉政策，医療政策，社会保険政策，労働市場政策，住宅政策，教育政策，租税政策など」を総合的に考慮して，社会政策として実施していかなければならなくなっているからである。

尹氏は，韓国における福祉制度の歴史の概括を述べたあと，政府，労働組合，学界の社会政策に関する動きを取り上げ，大学における社会政策学の扱いを紹介した。

尹氏によると，韓国の社会政策の発展は，経済的繁栄のときに転換を迎えており，1960年代初めと1980年代後半に大きな変化があった。1960年代は軽工業中心の経済発展があり，生活保護制度や各種社会保険制度が導入された。1980年代の後半には，1人あたりGNPが2000-3000ドルに達し，「全国民医療保険化，国民年金の導入，老人・障害者福祉サービス強化，住宅政策の強化」などが行われた。また1990年代に入ると，1人あたりGNPが1万ドルを超え，IMF危機以後には，「生産的福

祉」「参与福祉」のスローガンの下に社会政策の拡充が行われた。

　政府の社会政策は，韓国では，保健福祉部や労働部を中心に実施されてきたが，労働組合の方も政府に対して政策建議活動を行ってきた。これらに対して，韓国社会政策学会もその時々に応じて意見表明をしてきた。同学会が学術セミナーなどをつうじて取り上げたテーマは，「福祉政策，社会保険政策，社会保護政策，脆弱階層保護政策，労使関係政策，雇用政策，労災予防・労災労働者保護政策，住宅政策，南北政策等」と広範囲にわたっている。

　韓国の大学のなかには社会政策学科を設置しているところはないが，西江大学には社会政策大学院が設置されている。その他，公共政策大学院などの形で，専門職大学院を設置している大学があり，そこで社会政策学が講じられている。

　このような状況のなかで，韓国においても「『社会政策学』の学問単位の設定が必要な時点にきている」というのが尹氏の結論であった。

　楊団氏は，中国における社会政策形成の客観的環境，中国社会政策が直面している構造的社会問題，中国社会政策の基本内容，中国社会問題の論争焦点，中国社会政策の当面の急務といった5つの項目を体系的に述べた。

　楊氏によると，「中国における社会政策体系はまだ形成途上にあり，完成していない」が，社会政策が必然化せざるをえない客観的環境が存在する。その1つは「中国の基本国勢」に由来するものであり，農業人口と耕地面積の不均衡，人口の高齢化，地域格差である。とくに人口の高齢化は急速で，先進諸国が経済的に豊かになってから高齢化したのに対して，中国は開発途上国のまま高齢化に突入していると同氏は指摘する。中国の場合いわゆる「人口ボーナス」は存在しないのである。また，地域格差の存在については日本でもよく知られているところだが，こうした事態を指して，中国では「1つの中国，4つの世界」（胡鞍鋼）——上海のような先進国水準の地域から，最貧国水準の中西部地域にいたるまでの「4つの世界」——という言い方がされているとのことである。

　もう1つの客観的環境は社会発展に由来する新しい現象であり，NGOの発展や社区建設の推進がこれに当たる。また，政府の役割が従来の「経済建設型政府」から「公共サービス型政府」へと変わりつつあることも現在の中国で社会政策の重要性を浮かび上がらせている。

　このような客観的環境のなかで，中国社会政策が直面している社会問題は，楊氏によれば，就業構造の都市と農村における構造的不均衡，貧富の格差の拡大，社会公共資源配分の不均衡の3つである。このうち3番目は耳慣れないが，改革開放以

後に「公共サービス，とくに教育，衛生，社会福祉事業が必要以上に市場化したことで，国民，なかでも窮乏者の利益が損なわれている」ことを指している。

中国社会政策の基本内容については，①社会保障と就業，②公衆衛生と医療サービス，③住宅，④教育，⑤社会福祉と高齢者サービス，⑥貧困対策についての概要を示した。

楊氏によれば「2005年は論争の１年」であり，各種メディアをつうじて，「国有企業の所有権改革は国有資産の流失をもたらしたのか，医療体制改革は失敗したのか，教育市場化は進むべきか，住宅価格はなぜ高いままで下げられないのか，鉱山事故はなぜ多発するのか，土地を徴用された農民と家屋から追い立てられる都市部住民の利益を侵害する事件はなぜ禁じられないのか，国有銀行の株上場は安売りになるのか，経済学者は社会転換のなかでどのような役割を果たしたのか」などが論じられた。これらの論争は，楊氏によればすべて「社会政策の欠如」に由来する。そして，このような欠如は，国民の間に「市場や政府に対する盲信」があるためにもたらされたものであり，これを解決するためには，「国民による社会政策の構築」がなされる必要がある。

最後に，楊氏は，社会政策を構築するために，次の４つの急務を指摘した。すなわち，①社会政策における政府の主導的役割，②社会政策の根本政策の構築，③政府自身の政策能力の強化，④社会による創造的研究である。

今回の国際交流分科会のなかでは，東アジアの社会政策学にとって，1990年代末が重要な転換点であることが明らかとなった。1997年，日本の社会政策学会の第94回大会で，「アジアの労働と生活」が共通論題として取り上げられた。その直後にアジアの通貨危機があり，韓国が IMF 危機に陥った。しかしこれを条条に1998年以降，韓国の社会政策が急速に発展し，韓国では社会政策の視点が求められるようなった。日本でも，94回大会以降，東アジアの社会政策に対する研究が発展した。中国では，楊団氏が述べたような事情から社会政策の研究が求められるようになり，1999年には，中国社会科学院のなかに社会政策研究センターが設置され，その後，その影響が他研究機関に及んでいる。

これら日中韓三国の90年代末における社会政策をめぐる動きは，それぞれの国内事情によって生じたものであり，相互に関連なく無関係のうちに出現したものである。日本の研究者の関心が東アジアに向かった理由と，韓国で社会政策の考え方が注目されるようになった理由と，中国で社会政策とその研究が求められるようになった理由とは，まったく別々である。ところが，これらの３つが奇しくも同じ時

期に生じたということは，東アジアにおける社会政策学の今後の行方を占ううえで興味深い。今回の分科会は，これらの3つの動きを収斂させるための触媒になったものと思われる。

　なお，今回の分科会に寄せられたフルペーパーは，これまで学会誌に掲載されてきた東アジア関係の論文，中韓両国の社会政策学の現状について新たに寄稿された論文，新旧の国際交流委員長による序章（「東アジアにおける社会政策学の可能性」）と終章（「東アジア社会政策の新時代」）と並んで，本学会編の『東アジアにおける社会政策学の展開』（法律文化社，2006年）のなかに収録されている。併せて参照していただければ幸いである。

●第7分科会（産業労働部会）
アジア諸国の人的資源管理——現状と課題

座長　黒田兼一　Kuroda Ken'ichi

1　課　題

　世界の経済のなかでアジア諸国のプレゼンスが高まっている。アジアと一口にいっても多様である。経済力，技術水準，成長率，国民生活のレベル，どれをとっても国によって大きな違いがあるが，先進諸国からの影響という面においても一様ではない。

　とはいえ，地理的な面から考えても，また日本企業の進出が相次いだことを考えても，どの国も日本からの影響を無視することはできないだろう。かつて日本企業がアメリカの人的資源管理（以下ではこの分科会のテーマ名の人的資源管理という用語をそのまま用いる）を参考にして「日本的」なそれを形成してきたように，アジアの国々は日本の人的資源管理から強く影響を受けているに違いない。同時に，ここ数年，そのアジア諸国の人的資源管理は，日系企業の不振もあって，大いに変化を遂げつつあるともいわれている。これらについて実態はどうなっているのだろうか。きわめて興味深く重要な課題ではあるのだが，しかし残念なことに，アジア各国の人的資源管理について私たちの国では研究の蓄積が決して十分に進んでいるとはいえない。

　今回の産業労働部会では，このような問題意識を念頭に，近年，労働問題や不況に呻吟している韓国，ならびに日系企業が一国の経済に多大な影響を与えているマレーシア，この2つの国に注目する。前者については佐藤静香会員に，後者に関しては国際経済労働研究所の国分圭介氏に報告をお願いした。同じアジアでも経済発展水準の違うこの2つの国を同時に取り上げることで，それぞれの国が抱えている課題，ならびに「日本的」人的資源管理の影響力の質的・量的な相違を明らかにすることができると考えたからである。

2　「四五停」「五六盗」——韓国ホワイトカラーの場合

　韓国では中高年層の早期退職が社会問題化している。「45歳が定年」（「四五停」）で「56歳まで勤務すれば泥棒」（「五六盗」）という言葉が中高年ホワイトカラー層でやや自嘲気味に使われているという。佐藤の報告「韓国財閥企業における大卒ホワ

イトカラーのキャリア管理の動向」は，財閥系企業S化学について自らがおこなった詳細な調査に基づいて，こうした事態の原因を解明しようというものであった。

佐藤によれば，中高年層の早期退職の原因として，年功的な賃金制度による人件費負担増が上げられることが多いが，S化学の早期退職の実態からはそれによっては説明できないという。

S化学は1997年に「新人力管理制度」を導入し，それまでの年功中心から能力・業績に基づく人事管理に変わった。しかしそれは，あたかも日本の職能資格制度のごとく，職位（資格）と職責（ポスト）を分離し，ポストへの配属に無関係に昇級させることになったという。この制度下でのキャリア管理の実態について，佐藤は，2000年の緻密な調査によって，「同期入社の間では昇進にほとんど差がつかない原則同期横並び昇進」の事実を発見し，さらに2005年の再調査でもこのルールが維持されているという。さらに同社は02年に職級の廃止と職位の簡素化を内容とする人事制度の再改編をおこなったが，これは昇進スピードを速めることになった。

こうして「早い昇進と同期横並び昇進」というキャリア管理が定着したが，それが合理的に機能するのは企業成長＝組織拡大があってのことであり，組織拡大が停止するとたちまち混乱する。この混乱を避けるためには日本のような「早期希望退職」「役職定年」「出向・転籍」などで中高年層のリストラをおこなう諸制度が考えられるが，そしてS化学でもそれがないわけではないが，実際は，50歳前後で役員への選任から脱落するや退職を決意するケースがほとんどであるという。佐藤によれば，こうして「早い昇進と同期横並び昇進」というキャリア管理が早期退職を呼び起こすことになったのである。そしてこのような傾向はS社だけではない。少なくとも20％近くの企業にみられるという調査を紹介している。

ここに私たちは，日本のホワイトカラーの人事管理システムに酷似するものが韓国の大企業にも一般化していること，そしてそれが韓国独特の社会慣行（早い昇進）と結びついて機能不全に陥っていること，さらには日本と同様に中高年層のリストラが課題となっているが，その解決は日本のような出向や転籍，配置転換などではなく，早期退職の社会的風潮となって現れていることを知る。

3 帰属意識と労働意欲――マレーシアの場合

同じアジアでもマレーシアは，韓国とは違って，経済水準においても，また文化的・社会的背景においても，日本とは大きく異なる国である。しかも日本企業のプレゼンスは高い。国分圭介はそのマレーシアにある日系企業の人的資源管理の実情

を報告した。

自身が手がけた職務意識調査（日系企業14社，ローカル企業1社，8千人，2005年9月〜2006年3月実施）から得られたデータを分析して，国分は在マレーシア日系企業の労働意欲向上のための人的資源管理の実態について次のように主張する。

帰属意識を引き出すための対策を講じている企業ほど従業員の労働意欲は高かったが，在マレーシアの日系企業は，「帰属意識の高揚や社会的贈与の知覚（会社，上司，同僚等との信頼関係や能力向上の機会を従業員が認知すること——黒田）といった領域，それに昇進制度の運用などで比較的強みを見せ」ている。これは日系企業の多くが従業員の帰属意識を高める努力をしてきたことの表われであり，「正当に評価されるべき」だ。しかしその一方で，「従業員が手応えを感じられるような方法で仕事を与え，また従業員の評価を公正に行うといった点では，不十分のようである」。また調査は，多民族社会にあって「民族間で労働意欲に差がないという特質すべき結果」を示したが，民族間の違いを過度に意識しがちな点は「日系企業経営者の側にも，少なからず反省を促す」ものである。

このように主張した後に，彼は近年の日系企業の行動について次のような指摘をする。「近年，人件費上昇を理由にマレーシアから撤退する企業が後を絶た」ないが，この「撤退ブームの原因が，マレーシア人労働者の労働意欲の低さにあるのではなく，それを引き出すことができない多くの日系企業の労務管理にある」と。「仕事の与え方」や「公正な評価」などの不十分性を明らかにした国分の分析は，経済水準の違いだけでなく，文化や社会的な背景の大きく異なる国での「日本的」な人的資源管理の有効性について，つまり何が通用し，何が通用しないのか，そして今後何が必要なのか，この課題に多くの示唆を与えている。

4　インプリケーション

さて，この2つの報告を受けての分科会としての議論であるが，正直なところ，論点が噛み合い伯仲したものになったわけではなかった。座長としての私の責に帰する部分が多いが，同じアジアという枠組みであっても，分析対象を異にした国際比較の困難さを示した。すなわち，分析対象の産業，階層，調査方法が大きくかけ離れているのである。ここから異同のインプリケーションを引き出すことは簡単ではない。

しかし日本との違いの濃淡を異にする同じアジアの国を，日本の人的資源管理の影響力という点を基軸に，同時に考察することで，逆に，日本の人事労務管理の影響と課題を読み解く示唆を得ることができたのではないかと思う。

第1に，佐藤報告について，韓国ホワイトカラー管理においては，日本の職能資格制度に酷似するシステムを導入しながらも，それが機能不全に直面した現在，日本の場合とは違った形，すなわち従業員の退職（離職）という形で対応している。その違いはどこからくるのだろうか。退職した従業員は，その後，自営業に転身するケースが多いと聞くが，私にはこうした対応が長続きするようには到底思えない。その時，韓国の労使は日本から何を学び，どのような対応をするのであろうか。日本の成果主義人事管理の現状と課題を考究する上でもきわめて興味深い。

　第2に，マレーシアのケースからは，社会的・文化的な背景を日本と大きく異にするだけに，日本の人的資源管理のやり方の功罪がより鮮明にみえてくる。企業への帰属意識を高める施策によって高い労働意欲を喚起することに成功した日本的なやり方だが，仕事の与え方（成果・役割を明瞭にすること）や人事評価制度（成果・実績の公正な評価）などについては脆弱性をもっていた。その脆弱性が日系企業のマレーシアからの撤退ブームを引き起こしているとする国分の指摘は鋭い。同時にそれはまた，本国日本の人的資源管理が直面している重要で重い課題でもある。

　アジアの人的資源管理を日本との関わりでとりあげた今回の分科会，それぞれの国の現在進行形の課題であるだけに，また日本の影響力が大きい地域であるだけに，参加者それぞれの研究課題を明瞭にさせ，あわせて分科会として継続して追究すべき課題であることを確認できたように思われる。

●第8分科会(ジェンダー部会)
日本におけるジェンダーレジームの諸相
――ジェンダー部会の10年を経て

座長 居城舜子 Ishiro Shunko

1 分科会の趣旨

　社会政策学会においてジェンダーがメインテーマにとりあげられたのは，1992年に昭和女子大学で開催された第84回大会（共通論題：現代の女性労働と社会政策）においてであった。その後，ジェンダー部会の設置が1996年10月に認められ，第1回の部会が1996年6月に開催された。以後，10年目に入る今年（2006年）の112回大会を含めると部会は9回開催されている。過去の部会で取り上げたテーマは以下のとおりである。

　　第94回大会　（1997年6月）ポスト北京後の政策展開（座長：大沢真理）
　　第96回大会　（1998年5月）福祉国家とジェンダー（座長：木本喜美子）
　　第100回大会　（2000年5月）ジェンダー政策パッケージ：均等待遇原則と個人単位
　　　　　　　　　　　　　　　（座長：大沢真理）
　　第102回大会　（2001年5月）社会的・経済的格差とジェンダー（座長：竹内敬子）
　　第104回大会　（2002年5月）派遣労働の今日的課題（座長：永山利和，非定型部会と合同）
　　第106回大会　（2003年5月）ジェンダー・ケア労働・セクシュアリティ（座長：室住真麻子）
　　第108回大会　（2004年5月）ワークフェアとジェンダー（座長：三山雅子）
　　第110回大会　（2005年5月）ドメスティックバイオレンス防止法のインパクトと社会政策
　　　　　　　　　　　　　　　（座長：湯澤直美）
　　＊なお，大会当日は，報告者や報告タイトルまで含めた9回の部会の一覧表を配布した。

　ジェンダーに関するタイムリーで多様な，しかもジェンダー部会ならではと思われるテーマを取り上げてきたといえば自画自讃しすぎだろうか。幸いにして部会は毎回多くの会員の参加を得てきている。さらにこの間，社会政策学会では，共通論題，テーマ別および自由論題の部会などにおいて数えあげるとおよそ60本近くのジェンダー・パースペクティブな報告がされている。社会政策学会の研究レベルにおけるジェンダー主流化が確実に進展しているといえよう。
　一方，今日では部会設立時の社会経済状況と異なって市場主義や「バックラッシュ」が強まり，それらは社会政策学会が守備範囲とする労働，家族，社会保障等の領域に多大な影響を与えている。これまでに蓄積されてきた研究を基礎にこのよ

うな流れに対抗する新たな分析方法やジェンダー中立的システムを提起することが緊急課題として浮上している。そこで112回大会においては，今まで本格的に議論する機会が少なかった日本のジェンダー・レジームやその分析方法などを議論することを意図してテーマを設定した。

当日の報告は以下の2本であった。

第一報告：宮下さおり「男性研究の現在と日本のジェンダー分析——男性稼ぎ手役割として」

第二報告：北明美「日本における社会手当の位置とジェンダー」

2　報告の概要

宮下さおり報告は，近代家族の普及に関する既存の研究方法をジェンダー，階層・階級，地域差などから再構築すべきことを，都市中小企業の男性活版工が稼ぎ手規範を受容する過程の分析を通して提起している。そのポイントは以下の5つに要約される。①女性の主婦化をベースに近代家族の成立を分析する既存の研究には，男性の側の稼ぎ手規範を受容するプロセス分析がない。②他方，男性の側を分析する男性学研究には，社会構造において「性差別の生産・維持」に果たしてきた男性役割を分析するという視座（男性もジェンダー化された存在）が欠落している。③近代家族が普及する要因を主体の階層上昇志向や憧れに求める既存の研究には，近代家族に対する階層・階級差の視角が欠落している。その受容／抵抗のプロセスは階層・階級差によって異なっているのである。④近代家族を受容するプロセスにおいて重要なのは，職場集団において形成されている男性文化（職人間の強い絆と生計や家庭責任の一切を妻に負う）である。こうした男性文化が国家・企業・労働組合による近代家族の強制との「せめぎあい」のなかで変質することによって，近代家族の規範は受容される。⑤このような「せめぎあい」の分析には，ミクロ分析や主体の目線に即したオーラルヒストリーが不可欠である。報告は，近代家族が1960年代に大企業労働者家族に普及するのに対して，中小企業労働者（男性活版工）の場合，近代家族規範が旧来の男性文化と並存しながら1970年代に入って普及したことを明らかにしている。

北明美報告は，日本の「児童手当」と「児童扶養手当」の変質の諸要因を日本の社会保障制度のジェンダー・バイヤスやその基礎をなす性別役割分業との関連で明らかにしてその再生の道を示唆している。報告によると，日本の「児童扶養手当」と「児童手当」は，税金や企業の拠出金を財源としてニーズ（子供の養育という支出の増大を補償する）に対して定型的（普遍主義）に支給される社会手当に分類される

べきものである。しかし、日本における社会手当の発展基盤は脆弱である。①社会保険主義の発想が強い、②稼得能力をもつ者を生活保護などの防貧対象から排除するという考えが強い、③年功賃金や家族手当が扶養家族数の違いに対するニーズに対応しているかのように擬制されている、④労働運動の社会手当への無関心、⑤女性運動もそれに無関心、などがその理由である。「児童扶養手当」は、創設当初（1962年）、「児童手当」制度としての性格と稼得能力の喪失を補償する機能の2つの側面を有していたが、1980年代に行われた制度改正によって社会手当よりも性別母子家庭への公的扶助としての性格を強めた。一方、1972年に創設された「児童手当」は「児童扶養手当」と統合されることなく、創設直後から子供の年齢、数や所得の制限などが組み込まれた限定的な内容となって社会手当の性格を後退させていった。このような縮小と歪みは、80年代に母子家庭に対しては母親の就労による自立を奨励し、他方、二人親家庭に対しては家庭の養育機能を強化する対策（配偶者控除、国民年金第3号被保険者）をとるなど、母親の育児に対するダブルスタンダードが強化されたことと表裏一体の関係にある。その対策によって父・世帯主の家族扶養力の強化や性別分業の補強がされた。近年、税額控除方式の子育て支援策や育児保険構想が登場しているが、いずれも普遍主義とは別の基準で子育て支援対策を行い、社会手当の展開と競合・矛盾するものである。北報告によると、めざすべきは「児童手当」制度の所得税制限の撤廃と水準の引き上げや「児童扶養手当」との統合である。

3 コメント

宮下報告は、近代家族の成立に関する既存の研究をジェンダーや階層・階級差等の視点から批判的に研究した内容である。近代家族の成立に関するジェンダー分析は、日本においてはそれほど多くないように思われるが、宮下報告はこれに果敢に挑戦して、稼ぎ手規範を男性側が受容する分析の重要性や受容プロセスの階層・階級差の問題、男性文化の重要性などいくつか示唆的な問題提起を行っている。今後もこうした方法論研究の発展がジェンダー部会において期待される。

北報告は、「児童扶養手当」や「児童手当」の後退と変質の過程を仔細に検討して、日本社会の性別役割分業やアンペイド・ワーク等のジェンダー・レジームが矛盾を孕みながらも補強される状況と関連させた視野の広がりのある内容であった。今日、最低賃金額と生活保護費の「逆転」現象が社会的に問題になり、諸制度を横断的に検討することが課題になっているが、注目すべきは、社会手当の未確立（後退・変質）もこの「逆転」現象の一因になっているという北報告の指摘である。最

低賃金を生活保護費水準にまで単に引き上げるのではなく、最低賃金と社会手当でカバーする部分を峻別し、両者を適正な水準に引き上げることが検討されねばならない。最低賃金制度のジェンダー・バイヤスを除去するにはこのような視角が不可欠である。

　横断的な検討は、労働、家族、社会保障の関係についても必要であろう。急速に市場化が進行している労働や社会保障と家族との関係に歪みが生じている。そしてこのような検討にはジェンダー視点が不可欠である。ジェンダー部会は、今後、こうした切り口のテーマも取り上げなければならないであろう。

　なお、例年、ジェンダー部会は大会初日の午前に開催されるが、今回は2日目の午後に設定されたせいか、部会参加者は多くおよそ80名であった。

　当日、フロアから5人の質問があったが、ここでは宮下報告で紹介されたオーラルヒストリーに関する質疑応答に限定して紹介する。質問は、①オーラルヒストリーを使用できない時代はどのような資料を使用するのか、②言外の部分や話が場当たり的な場合、それをどのように判断するのか、③記憶にもとづいた話をどのように判断するか、④聞き手とのインターラクティブな関係の構築の仕方、などであった。宮下会員は、オーラルヒストリーを使えない場合は自伝などを使用する、断片的な発言や記憶は資料や何人もヒアリングしてそれを確認する、ヒアリングを重ねると多くのことを聞き出すことが可能である、などと答えていた。

● 第10分科会
労働紛争と労働者団結の新展開

座長　上原慎一　Uehara Shin'ichi

1　本分科会の趣旨

　従来型の労働組合運動の衰退，対する新しいタイプの"運動"の生成と展開，こうした事態が世間，あるいは私達研究者の注目を集めるようになってから久しい。しかし，注目される割には一部のものを除いて本格的な研究は未だ少ない。とりわけ国際比較の観点から見るとことさらにその感は深い。本分科会は，労働紛争の国際比較の観点から近年積極的に発言されているコーディネーター（兼報告者）の遠藤会員の提起を受け組織されたものである。その趣旨は，労働紛争および労働者団結それぞれの現時点における展開，すなわち個別労働紛争の増加と個人加盟ユニオンの増加の現代的な意味，さらに両者相互の関係，これらを考察することにあった。
　なお，当日は遠藤会員から主として労働紛争の現局面に重点を置いた報告，ウラノ会員から個人加盟ユニオンの事例に関する報告を受け，木下会員から主として個人加盟ユニオンの歴史的な位置づけに関するコメントをいただいた。

2　報告の概要

(1)「個別労働紛争の考察」（遠藤公嗣）
　遠藤報告はまず，個別労働紛争の増加は日本のみに起きていることではなく，イギリス，アメリカでも急増していること，またドイツやフランスでも高い水準にあることに注目する。具体的に日本における都立労政事務所，イギリスにおける雇用審判所，ACAS（Advisory, Conciliation and Arbitration Service），ドイツやフランスにおける労働裁判所・労働審判所のデータを示しながら，日本の特徴について次のように描き出す。すなわち，日本以外の諸国では労使関係と労働裁判がそれぞれ独自の機能を果たしながら両立していること，それに対し日本では"ボランタリズム"に関する過度の信頼ゆえか，組合自体が法的手段を用いることについて好ましいと思っていないという現実である。こうした特徴はユニオンショップ条項や大企業に偏った労働組合の組織状況などが，日本の労使関係をして"Gift Exchange"的な性格をもたらしていることに由来する，と氏は分析する。遠藤会員は，現在の個人加盟ユニオンの意義を考察するにはその枠組みと無縁な，あるいは関係の薄い労働

者の組織について，歴史的な文脈を含めて理解する必要性を強調された。50年代後半以降の合同労組運動，あるいは氏の造語になる「労働運動 NPO」が過労死問題や女性労働者による裁判の支援を行うなどという形で受け継がれてきており，90年代以降の個人加盟ユニオンについてもその系譜で理解する必要があるとする。しかし，個人加盟ユニオンも労働運動 NPO もその規模から見ると大きな限界を持っており，それを打開する方策についてさらに検討する必要があると結んだ。

(2)「コミュニティユニオンの構造と機能」(Edson I. Urano)

　ウラノ報告はラテンアメリカ出身の労働者の組織化で知られる KUC（Kanagawa City Union）を事例に，マイノリティを含みこんだ労働運動の可能性について考察することを課題とした。ウラノ報告の第一の特徴は，長期（1999～2006年）にわたるインタビューと参与観察的手法に裏打ちされた実践への理解・まなざしにある。

　報告ではまず，入管法改正によるラテンアメリカ出身の労働者の増大によって，1999年以降当該地域出身の労働者による相談が急激なペースで増加し，その結果現在 KUC の組合員の約60％がペルー人によって占められていること，ペルー人来日者のかなりの部分は神奈川県に集中しているが，それは"ethnic network"が彼／彼女らをひきつけるためであることなどが紹介された。また，労働相談を事案別に見ていくと，主として「賃金不払い」，「労働災害」，「解雇」，「その他労働条件」，「暴行」などがあるが，90年代は前2者の比率が高く，2000年以降「解雇」，「暴行」の比率が高くなっている（なお，報告では労働災害の事例が紹介された）。ウラノ氏は以上のような労働者の置かれた状況だけではなく，組織化に力を尽くしているスタッフ，とりわけペルー人スタッフの果たす役割（文化的な相違についての理解に果たす役割）の大きさをも指摘した。また，私達に強く印象付けたのは，映像資料で紹介された KUC による「一日行動」の様子であろう。

　KUC の書記によれば，現時点での KUC の課題は次のとおりである。基本的な権利侵害（事前通告なしの解雇に対する賃金不払い請求等）に関しては解決が容易となったが，当事者をいかにして同じ仕事に戻すかが難しい。総じて，当事者からの相談をいかに迅速に解決するか，これが外国人労働者にとって特に求められる秘密保持のうえであいかわらず重要な課題なのであると。

　ウラノ氏は最後に「労働組合が移民政策に関心をもつことは理解できるが，労働組合の一番重要な役割は労働者の組織化であることを忘れてはいけない。すでに日本で生活している外国人労働者をどのように労働運動に取り込むかが最重要課題である」と結んだ。

3 コメント・質問・討論

　以上の報告に対し，木下会員より次の2点に関わってコメントがなされた。第一はその組織形態についてである。青年ユニオンや下町ユニオンで派遣分会やビルメン分会，介護ユニオンなどが組織されており，またこれまでの居住区による結集にかわって職場の所在地による結集が試みられるなど，地域を限定した業種・職種別分会の持つ可能性である。第二は，それと関わって，合同労組と現在の個人加盟ユニオンではこうした「分会」の持つ意味をめぐって大きく質的に変化しており，両者の存在意義は歴史段階を異にしているという指摘である。

　これらの報告，コメントを受けて，フロアから活発な質問が相次いだ。紙幅の関係もあり，そのすべてをここで紹介することができないのは残念であるが，若干の内容を紹介し，私が受けた印象を記すこととしたい。遠藤会員の問題提起に関わる部分では，大きく言えば個別相談増加の背景に関するもの，労使自治に関するものに質疑が集中した。ウラノ会員の報告に関しては，女性や青年との対比で外国人を組織することの特殊性に関して質問がなされた。個別相談に関しては労働条件の個人処遇化が大きな影響を与えていることは明確で，問題はそれに労働組合がどのように「寄り添う」のか，各国の状況も踏まえてみていく必要が確認されたように思う。最も議論が集中したのは遠藤会員のやや大胆な「日本では"ボランタリズム"に関する過度の信頼ゆえか，組合自体が法的手段を用いることについて好ましいと思っていない」という問題提起に関するものであった。この点に関しては分科会終了後も活発に議論がなされたようでもあり，これ以上コメントするのも私の力量を超えているので差し控えることとしたい。

　やや残念だったのは，外国人組織化の特殊性，敷衍すれば KUC の特殊性に関する議論がやや抽象的に過ぎたのではないかという点である。ウラノ会員，木下会員の他にも，KUC の実践に関して詳しい会員は多くいたはずである。どのように問題が持ち込まれ，誰がどのように対応しながら解決されていくのか／いかないのかを詳細に検討していく中で，趣旨にもあるような「個別労働紛争の増加と個人加盟ユニオンの増加という現状が持つ意味，さらに両者の相互の関係」について深めることが可能となったのではなかろうか。この点はさらに言えば，木下会員の問題提起にもある合同労組型の運動と個人加盟ユニオンによる運動の相違，後者の可能性の検討にもつながっていくように思われた。座長の力量不足ゆえ，この論点を深めることなく分科会は終了してしまった。悔やまれてならない。

●第11分科会(非定型労働部会)
地域における非正規労働の存在形態と諸問題

座長　小越洋之助　Ogoshi Yohnosuke

　今回の大会において,非定型労働部会では「地域」をキーワードに部会報告を行った。非正規雇用は現実には地域,産業,職種,企業規模などによってその存在形態にはさまざまな特徴があることに注目した。地域ではサービス経済化,ITという技術変化による産業構造の変化,高齢化・少子化などの経済・社会変動のなかで地域格差などの諸問題が発生している。他方でとくに大都市部の大企業では,非正規雇用の組織化が現実の課題となってきている。

　今回の部会報告では,さまざまな非正規労働の存在形態とそこでの諸問題の現状把握を,東京・下町,岩手県中部という特定地域における産業構造の変化や少子化の影響のなかでの雇用・就業実態を,非定型労働,非正規雇用との関係で検討した。同時に,大都市地域におけるパートタイマー組織化の特徴も具体的に取り上げた。

　報告者とテーマは
　第1報告　東京・下町地域における雇用・就業――中小企業技術労働者の不安定
　　　　　　就業実態　　　笹本良行(日本大学大学院経済学研究科博士後期課程)
　第2報告　地域における少子化と雇用形態――岩手県中部の事例
　　　　　　　　　　　　　　　　　　　　　渡邊幸良(富士大学経済学部)
　第3報告　大都市パートタイマーの労働組合組織化の再検討
　　　　　　　　　　　　　　　　　　　　　本田一成(国学院大学経済学部)
である。

　第1報告では東京の下町における雇用実態を,大田区,墨田区を事例として,東京都の事業所・企業統計や厚生労働省「賃金センサス」などを活用し論証しようと試みた。派遣・下請従業者数と派遣の「受け入れ」や「他社への派遣」を指摘した。大田区,墨田区の企業では自社内部で高い技術力があるため,外部から派遣を受け入れる必要がないが,高い技術力から他社からの派遣需要がある,とした。また,墨田区などでは「非鉄金属製造業」や「金属製品製造業」のほか,「なめし革・同製品・毛皮製造業」などの伝統的職種があるが,1事業所当たり現金給与総額は低いことや,両区の求人実態を新聞の折込み広告の資料で指摘した。最後に,新しい工業振興地区として大田区を事例にその特徴を述べた。

　この報告に対して,会場からは使用した統計の基準についての質問,「なめし革

II テーマ別分科会・座長報告

等の製造」は大阪など「同和地区」との関係ではどのような現状なのか，「他社への派遣」とした派遣労働者の具体像が明確でない，等，多くの質問が提起された。

報告者の当初の意図としては，町工場が集積している大田区，墨田区を報告の対象とし，国・東京都による中小企業振興政策の史的展開，不安定な就業状態にある技術労働者についての聞き取り調査をもとに，賃金その他の労働実態を検証し鮮明にさせることにあったが，聞き取り調査は現実には行われず，統計分析が中心となったため，報告の説得性は十分ではなかった。

第2報告では岩手県中部地区で実施された少子化に関するアンケート調査の結果を取り上げて，これと雇用形態の関係を統計的手法で解析した。

1994（平成6）年のエンゼルプラン以降の保育・育児政策にもかかわらず，日本の少子化は進行し続けて，2004（平成16）年には合計特殊出生率が1.29にまで落ち込んでいる。岩手県はすでに1997（平成9）年から人口減少に突入している。報告者が直接の対象とした岩手県中部地区とは，企業誘致で成功している北上市と，過疎化の進展している周辺市町村とから成立し，人口動態に著しい地域内格差がある。そのなかで地域における少子化と雇用形態の関連について考察し，雇用と生活保障を重視した少子化対策を検討することが趣旨であった。少子化の直接的原因（未婚率の上昇と夫婦の出生力の低下）として，岩手中部地区で実施された少子化に関するアンケート調査結果を用いて，少子化と雇用形態との関連について計量的分析を行った。具体的には女性（妻）の学歴のクロス集計より，女性の高学歴化→就業意欲の向上→未婚化・晩婚化の促進，男女の雇用形態に関するパス解析により，工業化・サービス化→希望する子ども数の減少，他面で，男性（夫）が安定的な雇用形態→結婚と希望する子ども数の上昇，妻が安定的な雇用形態→希望する子ども数の増加→男女共同参画により希望する子ども数の増加，という因果関係の計量的論証である。

これに対して，会場からは数量的解析のデータに関連した質問（説明変数やサンプル数，統計的解析の妥当性など）などが出された。あるいは，報告者の結論は政府報告にも類似の指摘があり，仕事を持つ女性の立場としては満足できるものとはいえないという意見もあった。

第3報告の目的は，大都市における雇用形態多様化の下で，正社員以外の最大多数を占めるパートタイマーを取り上げて，労働組合組織化（組織化）を再検討することであった。報告者はパワーポイントを使用して，これまでの文献調査，インタビュー調査，アンケート調査に基づき，パート組織化問題の重要性を展開した。

報告者によれば，これまでもパート組織化問題に関する議論が継続されてきたも

のの，実態面では組織化の進展は決して芳しくないこと，また，組織化自体の研究についても十分に蓄積されてこなかった。しかし，もはやパート組織化は組合にとって長期的な検討課題というわけにはいかず，急速に職場のパート基幹化が進んだ結果，組合はさらに強くパート組織化を迫られていることを強調した。また，企業が同様に基幹化から要請される事項に十分に反応しているかを監視したり，経営の反応を促したり，場合によっては企業の代わりに反応することで，適正な基幹化を形成するという重要な役割を担う立場に近づいているとも指摘した。このように積極的に組合の機能を評価する視点を強める必要がある，とのことである。

　この報告要旨は簡明でわかりよいとの発言があった。他方で，報告者が対象としたパートとは大企業の労働者が主体ではないか，中小企業・零細企業ではパートを組織化しただけで，その労働者が解雇の危機にさらされたりする現状，あるいは「雇いどめ」の横行もあるが，このような状況を報告者はどう位置づけているのか，また，これらについてはどう対処するのか，などが出され，活発な質問応答が行われた。

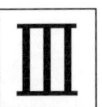

Ⅲ 投稿論文

近年における精神障害者労働政策の
　動向とその課題　　　　　　　　　江本　純子

パートのユニオンリーダーと組合参加　金井　郁

アメリカ・イギリスのコミュニティ
　開発金融機関（CDFI）による
　マイクロファイナンス　　　　　　小関　隆志

中国における最低生活保障制度の
　問題と改善の方向性　　　　　　　朱　　珉

近年における精神障害者労働政策の動向とその課題

江本純子　Emoto Junko

1　はじめに

　産業構造変革を起因とするグローバリゼーションと少子高齢化を伴う長期的な経済停滞に対して，国際的に社会政策の転換が図られている。そんななか，アメリカ，イギリスでは workfare[1] により，福祉手当受給者に対し，受給資格の厳密化や給付と引き換えの就労等を促す政策を採っている。また OECD は，能動的な社会政策（active social policy）の優先課題として，低所得者に対する公的所得移転中心の受動的・補償的アプローチから労働市場参加促進アプローチへ移行推進しており，「福祉から労働へ」と「労働における福祉」の同時進行を政策優先事項としている［OECD 2005］。
　日本も同様に，1990年代後半から経済財政構造を見直し，社会政策全体が転換期にあり，福祉政策は，所得保障等による補償中心から自立支援による社会的統合中心へと大きく方向転換を図ってきた。この傾向は，近年施策が急増している領域である精神障害者の労働政策に顕著にあらわれている。
　精神障害者は，疾病と障害を併せもつために，1990年代半ばまで従来の障害を固定状態でとらえる障害観に依拠した障害者福祉の対象外とされ，労働施策も主として精神保健関係費から支出し，細々と行ってきた。しかし，1990年代後半から労働施策も増え始め，2000年代以降は，政府の構造改革の影響で急増している。労働は，憲法でも保障されている権利であり，単に所得保障で代替できるものではない。この意味では，所得保障や福祉施設での訓練的な労働を中心とする政策から，労働市場参加に力点を置く方向への政策転換は，労働権

獲得という重要な意義をもつ反面，社会保障削減目的の経済財政優先施策は，重大な問題を抱えている。政策理念を十分構築しないまま施策化を急いでいるために，各施策は概念規定から曖昧であり，障害者個人がその時々のニーズに応じて選択可能な制度となっていない。特に精神障害者の障害は，環境条件によって変化するため，従来の障害を固定状態でとらえる障害観ではうまく説明できず，新しい障害観が求められている。

国際的な障害モデルは，障害を個人の特性ととらえるメディカルモデルに代わって，障害を個人と社会，物理的環境との間の相互作用の結果生じる属性ととらえるソーシャルモデルを導入しており，障害関連政策は，ソーシャルモデルを基軸に展開している [OECD 2003]。しかし日本の政策は，メディカルモデルを基軸に，形だけ自立支援による統合政策を採っているため，各所で問題を生じている。

そこで精神障害者の労働政策を問うことは，以下のきわめて現代的な意義をもっている。それは，「精神障害」が他の障害と異なり，労働との関連で生じることも多く [OECD 2003]，また障害状態は，その時々の個人的な条件や置かれている環境，選択によって変化するため，旧来のメディカルモデルでは対応できず，ソーシャルモデルによる政策の再構築が必須であること，逆に精神障害者が障害を抱えつつ一般就業するシステムを構築することは，精神障害者や他の障害者のみならず，すべての労働者にとって安心して労働するシステム構築にもつながることである[2]。

本稿は，まず，障害者労働政策が一般労働政策同様に経済財政状況に影響をうけており，精神障害者労働施策も同様の展開をしてきたこと，また施策急増要因の1つに社会保障費削減目的があることを確認する。その上で，精神障害者の労働施策は国際的動向やその到達点，理論とも合致していないこと，さらに施策が実態と乖離しており，この原因は，不十分な政策理念形成が根本にあること，このため理念の構築が急務であることを提示する。

なお，本稿の対象は『障害者の雇用促進等に関する法律（以下，障害者雇用促進法とする）』に基づいて，「精神障害者であって，職業に従事するものとしての自覚を持ち，自ら進んで，またその能力の開発及び向上を図り，有為な職業

人として自立するよう努める人」とし,「一般就業」は,就業形態や金銭の多寡にかかわらず一般の労働者と同じ場で労働収入を得ることを,その施策のあり方については「就労」,こうした施策にかかわらずに働くことは「労働」,あるいは「働く」としている。筆者は,以下の点で一般就業を重視している。それは,障害者が社会において統合・再統合するためには,障害者である労働者と他の労働者との機会均等の原則に従う（ILO 条約159号）必要があり,かつ障害者の雇用機会促進のために,労働者一般に適用されるサービスや基準に従うべきであること（ILO 168号勧告），特に精神障害者については,病気によって低下しがちな自尊感情や自己効力感,現実検討力を高めるためにも,また様々な人や現実と交わりつつ人として成長する意味でも,社会全体の幸福という意義からも,一般の労働者と隔離された場ではなく,同じ場,同等の条件で働くことが重要と考えるからである［江本 2005］。

2 精神障害者労働政策の展開

一般労働政策は,その時々の産業構造と経済社会要因の影響を受けて変遷している。対して日本の障害者政策は,所得保障や生活援助に重点を置いた歴史が長かったため,障害者労働政策史においては,労働権獲得の側面を強調するあまりに,経済社会要因への視点が弱まりがちである。しかし実際には,障害者労働政策も,また精神障害者の労働政策も,一般労働政策同様にその時々の経済社会要因を受けて変遷している。そこで,以下では精神障害者の労働施策の変遷と1990年代前半まで労働施策が少なかった要因を論じる。

（1）一般労働政策及び障害者労働政策の経緯

戦後の労働政策は,3期に分けて考えることができる。それは,①敗戦後から経済成長期（1945〜80年代前半），②ポスト工業化とバブル隆盛・崩壊期（1980年代後半〜90年代前半），③経済低迷と構造改革期（1990年代後半〜現在）である。

図表1のように,障害者労働政策は一般の労働政策同様に,その時々の社

図表1 戦後の労働政策と障害者労働政策の変遷

時期	一般労働政策の特徴	障害者労働政策
1 敗戦〜経済成長期 (1945〜80年代前半)	社会民主化に向けた労働法整備 　職業安定法（1947）・失業保険法（1947）・緊急失業対策法（1949） 積極的労働市場政策への萌芽 　雇用促進事業団法（1961）・雇用対策法（1966） 雇用構造自体を改善・職業能力の開発・労働者福祉 　雇用保険法（1974）・事業転換等雇用調整事業（1977）・雇用調整助成金（1981）	身体障害者福祉法・職業安定法一体で職業指導体制 　身体障害者職業更生援護対策要綱（1952） 能力の有効活用・経済発展寄与目的 　身体障害者雇用促進法（1960） 障害者雇用を国・社会全体の責務として捉える 　身体障害者雇用促進法改正（1976）（割当雇用制度・義務雇用制度導入）
2 ポスト工業化とバブルの隆盛・崩壊期 (1980年代後半〜90年代前半)	多様な雇用形態で働く就業環境整備 　男女雇用均等法（1986）・育児休業法（1991）・労働者派遣法（1991）・介護休業法（1992）・時短促進法（1992）・パートタイム労働法（1992）	すべての障害者を法対象とする 　「障害者雇用促進法」（1987）（全障害者が法律の対象・知的障害者は雇用率対象）・ILO 159号条約批准（1992） ＊精神障害者回復者の職場適応訓練事業（1986）開始 ＊精神障害回復者に雇用納付金制度に基づく助成金適用（1992）
3 消費低迷と構造改革期 (1990年代後半〜現在)	雇用創出と労働市場の構造変化，働き方の個別化・自律性重視 　労働者派遣法改正（1995, 1999, 2003）・裁量労働制対象拡大（1997, 2000）	障害者政策全般進展に伴う変革（雇用継続・地域ネットワークによる支援等） 「障害者雇用促進法律」法改正（1997, 2002, 2005） ＊精神障害者を規定 ＊ジョブコーチ事業（2002）・障害者雇用継続援助者助成金支給制度導入（2002） ＊在職精神障害者職場復帰支援プログラム開始（2004） ＊精神障害者雇用率特例適用（2006）

会・経済情勢の影響で変遷している。これに対して精神障害者は長らく障害者労働政策の対象外だったために別枠で考えられがちだが，実は同様の歴史をたどっている。

　障害者労働施策は，図表2のように分類できる。このうち雇用就労とは，産業活動や公務が主流の事業所での就労をいう。雇用就労は，一般就業以外に特

図表2　就業区分

雇 用 就 労	一般就業
	特例子会社・重度障害者多数雇用事業所
福祉的就労*	精神障害者福祉工場
	精神障害者授産施設・精神障害者小規模作業所
在 宅 就 労	自営・家事手伝い（本稿では扱わず）

注：▨ 労働法適用　＊2006年10月以降　障害者自立支援法による就労継続支援（雇用型・非雇用型）

例子会社や重度障害者多数雇用事業所があるが，いずれも障害者を1ヶ所に集めた就労形態で，新たな障害者隔離と考えられ，また障害者は一般労働者と同等の仕事は困難との偏見につながりやすい。そこで構造的な障害者差別とも考えられる。

　福祉的就労は一般雇用が困難な障害者に対して社会復帰施設等で必要な訓練・指導とともに提供される就労をいうが，精神保健福祉法で規定された福祉工場と，授産施設，規定されない小規模作業所があり，この中で労働法の適用があるのは，福祉工場のみである。またいずれも就業構造が隔離的である点で，新たな障害者差別構造ともいえ，さらに，福祉工場以外は障害者を労働者として位置づけず，労働権を保証していないなど，問題がある[3]。これらの福祉的就労は障害者自立支援法により，2006年以降5年間で新体系へ移行し，自立訓練事業，就労移行支援事業，就労継続支援事業（雇用型・非雇用型）へ統合される。このうち，就労継続支援事業（雇用型）では，最低賃金を保証し，労働契約を結ぶ点では評価できるが，利用は期限付きであり，特に3事業ともに，働くための事業でありながら利用料を支払うシステムになっているため，働き方によっては，工賃よりも施設利用料が高くなることもあり，重大な問題がある。

（2）精神障害者労働施策の経緯と一般就業を阻んだ要因

　図表3のように，精神障害者働施策は，1990年代後半から増えはじめ，2000年代に入って急増しているものの，在職精神障害者や就業継続に関する支援は少なく『障害を抱えつつ働く』想定とはいい難い。ところが，冒頭でも述べた

図表3　精神障害者に対する雇用支援施策の経緯

項　　目	支　援　策	開始
1 法定雇用率制度の適用	特例適用	2006
2 求職活動への準備段階における支援	障害者職業センターによる支援事業（職業評価・職業指導）	1988
	精神障害者ジョブガイダンス事業	1996
	精神障害者職業自立支援事業	1999
3 公共職業安定書における職業相談，職業紹介	公共職業安定所における職業紹介，雇用情報提供，職業指導	1988
	精神障害者職業相談員の配置	1993
	精神障害者ジョブカウンセラーの配置	1997
	求人開拓	1998
4 基本的な労働習慣の体得や仕事への適性を見極めるための支援	職場適応訓練へのあっせん	1986
	障害者職業センターによる支援事業（職業準備支援事業）	1988
	障害者試行雇用事業	1999
	職場適応援助者（ジョブコーチ）事業	2002
5 雇い入れやその後の雇用継続促進のための助成	給付金制度に基づく助成金の支給	1992
	特定求職者雇用開発助成金の支給	1992
	給付金制度に基づく助成金支給（20～30時間労働者）	1998
	障害者雇用継続助成金の支給	2002
	特定求職者雇用開発助成金支給（助成期間等重度並扱い）	2002
	納付金制度に基づく助成金支給（採用後障害者へ適用）	2003
	納付金制度に基づく助成金支給（15～20時間労働者）	2003
	職場適応援助者（ジョブコーチ）助成金の支給	2005
	グループ就労訓練助成金の支給	2005
6 就職後の職場定着・復職のための支援	公共職業安定所による職場定着指導	1988
	職場適用者（ジョブコーチ）事業（再掲）	2002
	障害者就業・生活支援センターによる支援事業	2002
	在職精神障害者に対する職場復職支援プログラム	2002
	精神障害者職場復帰支援事業（リワーク支援事業）	2004
	職業能力開発校による能力開発（各都道府県に拠点校設定）	1992
	中央障害者職業能力開発校に精神障害者対象職域開発科設定	2002

7 能力開発のための支援	民間能力開発施設における能力開発（ハートピアきつれ川設置）	1996
	民間能力開発施設における能力開発（なごや職業開拓校設置）	2000
	県立能力開発校（一般校）による障害者職業訓練実施	2004
	障害者の態様に応じた多様な委託訓練の実施	2004
8 その他	在宅就業障害者への発注奨励	2006
	就労移行支援事業（障害者自立支援法による）	2006

注：☐ 精神障害者を含む障害者一般を対象とした事業
　　▨ 精神障害者向けに特化した事業
出所：舘 [2006] を改変して引用

ように精神疾患は労働との関連で発症しているケースも多く，在職精神障害者の就業継続は，必須の課題である。さらに2006年度から精神障害者も雇用率適用の対象となったが，雇用義務がないなど，障害者間格差を残している。そこで次に，精神障害者の一般就業がこれまで阻まれてきた要因を検討する。

　国際的な精神障害者政策は，ノーマライゼーション思想の普及とともに，入院医療中心から地域中心へと方向転換をしている。これに対し日本は，岡村が『パラダイムシフトのねじれ』と指摘するように［岡村 1999］，入院医療を増大し続けたまま地域生活の導入をしており，国際的動向からの立ち遅れが今日まで及んでいる。2004年においてもなお，精神保健福祉関係予算の多くは医療対策に注がれ，かつ精神医療費総額の75.6％は入院医療費である［精神保健福祉研究会 2005］。

　この帰結として，精神保健福祉施策の多くは，メディカルモデルで設計されており，労働施策においても，1990年代前半まで精神保健福祉関係予算によるものがほとんどであった。しかも，1980年代においては，精神障害者の雇用対策について，医学的管理の必要性や，社会復帰体制の不十分さ，社会生活指導に関する特別な配慮の必要性を根拠に慎重な対応を求めている［身体障害者雇用審議会意見書 1982］。そこで職業リハビリテーションの機会をもつ障害者自体が少なく，またリハビリテーション後，労働施策不備のため一般就業につながらない場合も多かった。こうしたなか，身近に『働く精神障害者』と出会う機会はきわめて限られており，このモデル不在が，障害者自身のみならず，援助

者や，事業所も就業に回避的になるといった連鎖を生じていた。

このように，精神障害者の一般就業は，上記の要因によって長らく阻まれていたが，2000年以降は，一転して労働施策が急増している。次に労働施策の急増要因を検討する。

3 精神障害者労働施策急増の経済財政要因

先述のように，精神障害者の労働施策は，近年漸増している。この要因は，一方に運動体による人権活動，他方に，特にアメリカ・イギリスを中心とする国際的動向の影響を受けた，社会保障経費の大幅削減目的がある。しかし，2000年以降の施策急増は，人権運動の成果を十分醸成しないまま経済財政要因が先行しており，このことから重大な問題を生じている。

人権運動の成果としては，障害者，障害者雇用対策体系の中でも職業リハビリテーションに関して，医療・福祉等関係機関との連携強化を図るようになったこと，また障害者自立支援法の中で，施設体系が機能別になったことがある。しかし，いずれも施策化を急ぐあまりに，十分機能できるほどに検討できていない。また，精神障害者施策の運動体としては，全国精神障害者家族会連合会（以下「全家連」とする）が1960年代後半から中心的な役割を担い，一貫して厚生省（現厚生労働省）と協調体制で活動してきたが，1990年代後半以降，政府が経済優先の施策急展開を採るなかで，全家連は運動体としての機能が弱体化している[4]。そこで以下では後者の要因について論じる。

国際的に障害者政策を所得保障等の補償政策中心か，自立支援による統合政策を採るかは，従来から重要な争点となっていた。たとえば，OECD加盟諸国の障害関連プログラム支出は失業手当支出の2倍以上であり，特に精神・心理的問題は障害給付受給者の3分の1から4分の1を占める。しかも，労働が複雑化し，家庭基盤が脆弱になるほど，精神疾患患者や長期失業者が急増するといわれている [OECD 2003]。そこでドイツやスウェーデンなどは，社会保障給付よりも就業支援サービスを優先し，アメリカ，イギリスでは workfare 政策を採用している。

日本でも1990年代後半から社会政策全体を見直しつつあり，特に『経済財政運営と構造改革に関する基本方針2004』では，精神障害者の雇用促進を「人間力」強化戦略として明記した。この理由は，精神障害者関連の社会保障費が増大する一方で，精神障害者の多くは一般就業を希望しながら，実際には就業に結びつきにくい状況であることも大きい。そこでまず，社会保障費の現状について検討する。

（1）生活保護における精神障害者の現状

　生活保護の被保護世帯数は増加の一途をたどり，社会保障関係国家予算のうち生活保護費は2005年度で9.4％を占めている（厚生労働省大臣官房会計）。そして，生活保護世帯を類型別にすると，障害者世帯・傷病者世帯は，高齢者世帯の次に増加し（図表4），種類別では，生活扶助に次いで医療扶助が多く（図表5），精神障害に係る入院医療費は医療費全体と比較しても，大きなウエイトを占めている（図表6）。

　政府は従来，リストラされた人や，過酷労働によって心身不調となった人，退職した人に対し，生活保護を中心に対応してきたが，近年になって社会保障費削減の観点から問題視されている。

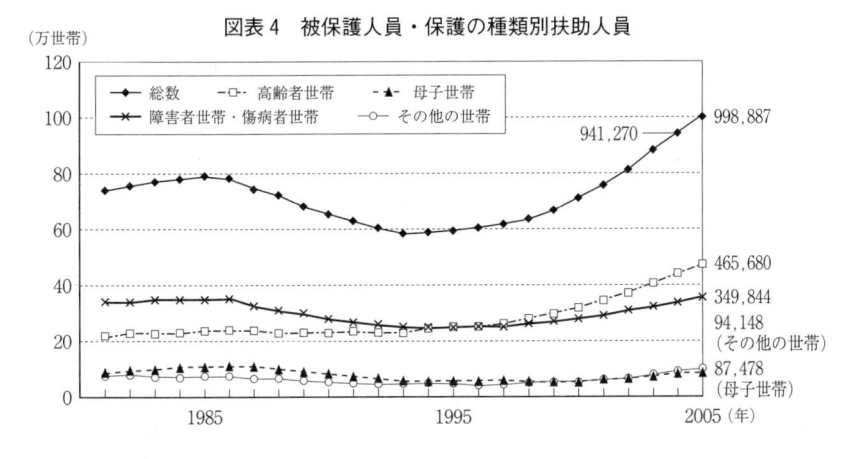

図表4　被保護人員・保護の種類別扶助人員

（万世帯）

凡例：総数／高齢者世帯／母子世帯／障害者世帯・傷病者世帯／その他の世帯

998,887
941,270
465,680
349,844
94,148（その他の世帯）
87,478（母子世帯）

1985　　1995　　2005（年）

Ⅲ 投稿論文

図表 5　世帯類型別被保護者世帯数の年次推移

（凡例：生活扶助　医療扶助　被保護実人員　住宅扶助　介護扶助　その他の扶助）

1,423,388
1,273,502
1,154,521
1,143,310
（住宅扶助）
147,239
（介護扶助）
135,272
（その他の扶助
：教育扶助・出
産扶助・生業扶
助・葬祭扶助）

出所：図表4．5とも厚生労働省（2005）『平成16年度社会福祉行政業務報告結果の概況（福祉行政報告例）』より転載

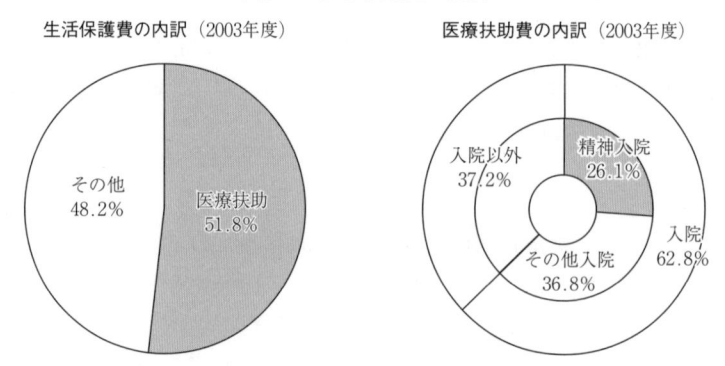

図表 6　医療扶助費の現状

生活保護費の内訳（2003年度）

その他 48.2%
医療扶助 51.8%

医療扶助費の内訳（2003年度）

入院以外 37.2%
精神入院 26.1%
その他入院 36.8%
入院 62.8%

出所：第4回生活保護費及び児童扶養手当に関する関係者協議会（2005）資料3より転載

（2）精神医療費の増大

1980年代以降は先進諸国の産業構造は第3次産業中心になった。Sauter は，第3次産業人口と精神疾患有病率の相関関係を指摘しているが［Sauter 1990］，日本でも，精神疾患患者の増加や過労自殺が後を絶たない。高齢化による医療費増加が見込まれるため，国民医療費全体の引き締めが検討されるなか，2004

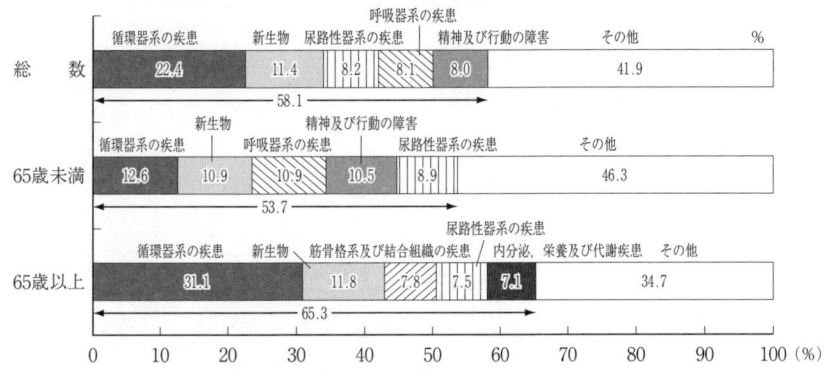

図表7 上位5傷病別一般診療医療費構成割合（2004年度）

	循環器系の疾患	新生物	尿路性器系の疾患	呼吸器系の疾患	精神及び行動の障害	その他	
総数	22.4	11.4	8.2	8.1	8.0	41.9	

58.1

	循環器系の疾患	新生物	呼吸器系の疾患	精神及び行動の障害	尿路性器系の疾患	その他
65歳未満	12.6	10.9	10.9	10.5	8.9	46.3

53.7

	循環器系の疾患	新生物	筋骨格系及び結合組織の疾患	尿路性器系の疾患	内分泌,栄養及び代謝疾患	その他
65歳以上	31.1	11.8	7.8	7.5	7.1	34.7

65.3

注1：傷病分類は，「第10回修正国際疾病，傷害及び死因分類」による．
　2：「その他」とは，上位5傷病以外の傷病である．
出所：厚生労働省（2006）「平成16年度国民医療費の概況」から転載

年度国民医療費の傷病別一般診療費では，「精神及び行動の障害」が3位と小差の第5位で，全体の8.0％を占めている（図表7）。さらに公費優先だった精神科通院医療費を1995年から保険優先にしたが，医療費減額はこの後2年のみで，3年目からは改革前よりも増額し，2004年までの10年間で，144％に増加している［精神保健福祉研究会 2005］。

以上のように，精神障害者に対する医療偏重の施策と社会的入院増大が社会保障費の多くを占め，問題視されてきた。

4　精神障害者労働施策の現状と課題

先述のように，精神障害者労働施策は様々な課題を残しており，その根本は理念構築が不十分なまま施策を急増したことに依拠する。特に旧来のメディカルモデルによる施策不備や，他の社会政策とのきしみが相まって精神障害者の一般就業は困難を生じている。そこで以下では，まず精神障害者の就業状況と近年の労働施策理念の展開を確認して，理念的問題を論証する。

図表8　就業形態別にみた就業状況（推計）　　（単位：万人）

	身体障害者	知的障害者	精神障害者
障　害　者　数	352	46	258
15～64歳の在宅障害者数（精神は20～64歳）	125	26	149
就　業　者　数	52	13	61
常用雇用	21	3	15
自営業・会社役員・家族従業者等	19	0.5	17
授産施設・作業所等	3	7	14
その他	9	2	16
不　就　業　者	71	13	88

注1：就業・不就業が不明な者（身体障害者2万人，知的障害者0.2万人）は除く。
　2：身体・知的障害者就業実態調査（2001年），精神障害者社会復帰サービスニーズ等調査（2003年）から推計
出所：社会保障審議会障害者部会（第8回）資料3より転載

（1）精神障害者の就業状況

　精神障害者関連の社会保障費増大の一方，精神障害者の多くは，一般就業を希望しながら[5]就業困難である。労働可能年齢期の精神障害者で常用雇用者は10.1％，自営業等と合算で21.5％に過ぎない[6]（図表8）。厚生労働省発表［厚生労働省 2006.5.16］の新規求職申込件数と就職件数から筆者が独自に換算すると，新規に求職申込みしながら就職できなかった比率（非就職率）は，障害者全体で60.2％，身体障害者が61.8％，知的障害者が50.0％，精神障害者が66.9％で，障害者の中でも，精神障害者の数値が高い。

　さらに授産施設利用者のうち企業で働きたい人は64.5％であるが，就職理由の退所は，入所2.2％，通所4.7％，福祉工場で1.4％に過ぎない[7]（図表9，10）。また労働法規対象である福祉工場の平均給料が7万4000円，対象外の授産施設平均工賃は入所9650円，通所2万4000円であり［社会福祉法人・全国社会福祉協議会・全国社会就労センター協議会 2001］，生活費として不十分である。このため障害者自立支援法では，施設体系を機能別に再編したが，支援の具体化，労働市場介入等の総合的なシステム構築がなく，工賃より施設利用料が高くなる可能性があるなど問題も多い。

　そこで次に，近年の施策急増は，労働政策理念構築が不十分なままに行われていることを論じる。

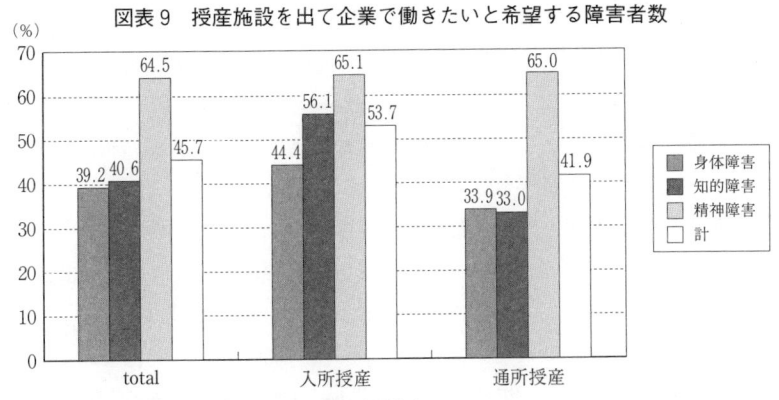

図表9　授産施設を出て企業で働きたいと希望する障害者数

	total	入所授産	通所授産
身体障害	39.2	44.4	33.9
知的障害	40.6	56.1	33.0
精神障害	64.5	65.1	65.0
計	45.7	53.7	41.9

出所：平成12年社会就労センター実態調査報告書

図表10　社会復帰施設利用者のうち就職を理由に退所する割合

施設名	現員数（A）	就職を理由とする退所者数（B）	割合（A/B）
精神障害者授産施設（入所）	465	10	2.2%
精神障害者授産施設（通所）	3,992	188	4.7%
精神障害者福祉工場	211	3	1.4%
精神障害者合計	4,668	201	4.3%

注：入所施設の通所部は，相当する通所施設に含めて計算。
出所：社会福祉施設等調査（平成12年）社会保障審議会障害者部会（第8回）資料4より一部改変して転載

（2）近年における精神障害者労働施策理念の展開

　障害者関連の計画として2002年に『障害者基本計画』と『重点施策実施5ヶ年計画』が出された。この中で，精神障害者施策の総合的な取り組みを重点項目としているが，社会的入院解消重視の保健・医療・福祉中心の内容で，雇用就業は扱っていない。また分野別には，「障害者雇用率制度を雇用促進策の根幹」と位置づけ，精神障害者の検討も明記しているが，国際的には雇用率制度は疑問視されている。このように，今後10年間の計画の中で国際的動向に比較しても明らかに方向性を逸している。

　また『精神保健医療の改革ビジョン』（2004）では，地域生活支援体系の中で，雇用促進と既存の社会復帰施設を就業移行支援，自立訓練，憩いの場への

再編を明記している。これはさらに『今後の障害者保健福祉施策について（改革のグランドデザイン案）』(2004)で具体化し，『障害者自立支援法』(2005)へと展開している。

　しかし雇用就業を自立・社会参加の重要な柱とするのが福祉的給付削減目的であれば，「じりつ」の意味を履き違えている。本来，障害者の自律（autonomous）とは，障害根拠の差別や，社会参加制限を受けることなく，自らのニーズに応じて社会的支援（social support）を受けつつ，非障害者同様の自己判断，自己選択，自己決定，実行ができることである。そこで自立支援は，上記を円滑に行うべく，障害者のエンパワメントと環境整備を同時進行してはじめて成立する。つまり社会的支援なく労働市場に押し出して福祉的給付から『自立（independence＝依存しない）』することとは根本的に異なる。

　このように一連の施策理念の中で，以下の課題を残している。1つは障害の概念規定自体が国際的動向と方向性を逸しており，国際的到達点であるソーシャルモデルでないこと，2つ目に，他の社会政策・システムと整合性がないこと，3つ目に国・地方自治体・事業所の役割・責任が不明瞭である。次に，これらの課題について詳細を検討する。

5　精神障害者の労働施策と実態との乖離

　ここではまず，日本の障害者労働政策が国際的動向と方向性を逸していることを確認し，次に，精神障害者労働施策が実態と乖離し，背景に理念的問題があることを検討する。

（1）国際的動向・理論との比較

　国際的動向については，まず国際的な障害モデルと比較し，従来以上に環境要因重視の「ソーシャルモデル」を基軸としていることを確認し，次に，障害者労働政策では雇用率と差別禁止法を併用傾向であるのに対し日本がいまだ差別禁止法の制定なく，雇用率を重視して障害者労働政策を進めことの理念の立ち遅れを指摘する。

はじめに国際的な障害概念モデルと比較する。国連「国際生活機能分類」による障害定義は，2つの方向性を示している。1つは，障害を個人に帰するのでなく，その社会的要因を重視する方向性，2つ目に，社会参加に制限を受ける状況は障害等の原因にかかわらず同等として改善を図る方向性である。

またILOは，Decent Workをキーワードに，男女に限らず，自由，平等，安全で人間としての尊厳をもった生産労働への機会均等を第一目標として政策展開している。そして障害者の労働政策の中でもDecent Workの実現を目指している [O'Reilly 2003]。

これに対して，日本では障害者労働政策と一般の労働政策との接点は乏しい。また，障害者労働政策によって一般労働市場参加を目指すものの，目的や一般労働市場のあり方についての理念構築が不十分であり，重大な欠陥といわざるを得ない。

第2に，国際的な障害者労働政策と比較する。国際的に障害者労働政策は，①雇用率によるアプローチ，②差別禁止法により就業機会均等を保障するアプローチ，③障害者関連制度を特別に設けず，一般法対応するアプローチがある[8]。このうち①のアプローチの効力は，その運用方法に影響を受け[障害者雇用促進協会・障害者職業センター 2001]，雇用率制度が目標値を達成した例は皆無という調査もある [O'Reilly 2003]。また特別枠による雇用推進は，構造的な障害者差別ともなりうるため差別禁止法を併用するなど，全体としての関心は②に傾きつつある[9]。

これに対し，日本では差別禁止法制定なく雇用率を総合的な施策の1つとして障害者雇用を進めている。特に日本の法定雇用率（民間で1.8%）はヨーロッパ諸国の5〜6%と比較しても，設定水準が低く [OECD 2003]，重度障害者のダブルカウントや短時間労働算入等の方式で見かけの実雇用率は上昇しているが，制度制定時（1977年）の方式で計算すると，当時の方が現在を上回るなど矛盾を抱えている［作業施設・福祉的就労共同研究グループ 2005］。また，福祉的就労を含む障害者就業率はアメリカよりも高いという推計もある［労働政策研究・研修機構 2005］が，筆者は福祉的就労に関しては，構造的にも労働者としての位置づけの意味でも，低額工賃という点でも，一般就業とは別枠で考え

る立場を取る。特に，精神障害者の場合，一般就業を希望するにもかかわらず，十分な施策等の条件整備がされないため，やむなく福祉的就労にとどまるケースが多い。これに対し，障害者支援法では，福祉施設から一般就労へ移行促進を重視しているが，施設利用料が工賃より高い場合も生じるなどの問題もあり実効性は疑問が残る。このように，国際的な方向性と比較すると「障害」や「労働」に関する理念構築が急務であると考えられる。

（2）労働施策の不備から生じる乖離

施策不備から生じる乖離には，(1)対象規定に合致しないために施策利用が困難な場合，(2)施策が実態にそぐわず，実際のニーズを反映できていない場合，(3)施策が障害者個人を中心に組み立てられたものでないために，施策と施策の谷間，空白が生じている場合，(4)地域間格差が生じている場合がある。上記について事例をもとに検討する。

(1) 対象規定が実態と合致しない場合

各制度利用は，主として精神保健福祉手帳取得者が対象だが，手帳制度自体が精神障害者の実態に見合っていない。厚生労働省は，精神障害者を精神医療利用者のうち福祉の必要な者と規定している。しかし，社会的ひきこもりの例のように，福祉の必要な人が必ずしも医療が必要とは限らない[10]。また，家庭と作業所等のみの生活で，安定して過ごしていても，仕事をはじめると病状不安定になったり，仕事で精一杯のため，逆に日常生活援助を必要とする場合もある。このように，特に精神障害者の社会活動・参加の制限状況は，個人の置かれた環境，個人の選択，その時々の条件によって異なるのに対して現行政策における精神障害者の対象規定は，メディカルモデルにより固定的にとらえており，現状と合致しない。

(2) 施策が実態にそぐわない場合

この例としては，在職精神障害者関連施策がある。職場復帰支援プログラムの参加は事業者協力が前提であるにもかかわらず財政的援助はないため，協力できる事業者は経済的，人員配置共に余裕がある場合に限られる。この問題は，在職精神障害者の問題を障害者個人の問題ととらえ，事業者やその経営といっ

た構造的観点が希薄であることから生じている。
　(3)　施策と施策の谷間・空白が生じている場合
　施策は，利用者中心でなく，既存施策を組み合わせる設計になっており，障害者が一定の訓練後に就職できなかった場合には支障が起こる。つまり課題検討後，本人の状況に合わせて次の施策を利用できるシステムではない。そこで，施策と施策の空白期間の過ごし方が難しく，モティベーションの維持が困難になりがちである。
　(4)　地域間格差が生じている場合
　各事業は一定の予算枠で行っており，利用はニーズ量に左右されるが，そのニーズは，当該地域における他の社会資源の質と量等の兼ね合いや情報量によって地域格差が生じている。たとえば社会適応訓練事業では，政令指定都市の大阪市と大阪市以外の大阪府で予算が異なり，労働障害の程度が同等な精神障害者でも，大阪市在住者は希望者多数で利用できず，市外の府在住者は利用可能という事態も生じている。

(3) 他の社会政策とのきしみ
　次に精神障害者の施策が他の社会政策との不整備や社会政策自体の不備のために，きしみを起こしている実態を一般労働政策，公的扶助制度，障害年金制度を例に検討する。
　(1)　一般労働政策との関連
　一定の訓練後労働可能な状態にある専門職の場合がある。専門性を生かす場が長時間勤務，超過勤務など過酷労働現場のみならば，就業断念か，再発リスク承知の就業かで苦渋の選択を迫られる。特に，専門職ほど，日常的な超過勤務などの過酷労働が多いし，仮に精神障害を理由に超過勤務を免除されれば，他の労働者との関係悪化や，精神障害への偏見に繋がりかねない。しかし，本来の問題は労働状況自体であり，精神疾患急増はこうした過酷労働現場から生じることも否めない。つまり，精神障害者の労働施策は，一般労働政策による労働状況改善と併行する必要がある。
　(2)　公的扶助制度との関連

現行障害者政策は，労働市場参加促進による経済的自立か，所得保障給付かの二者択一が主軸である。たとえば生活保護制度では，医師の診断書等を必要とするなど受給要件が厳しい。そこで，就業選択をすることで，福祉事務所に就業可能な状況と判断されて，保護受給の「権利剥奪」の事態を危惧する被保護者もある。また勤労控除はあるものの[11]，就業収入を差し引いた額を支給する仕組みの中では，「働けば働くほど損をする」と感じる状況であることも否めない。

(3) 障害年金制度との関連

障害年金との関連でも同様の矛盾が起こる。たとえば，ソーシャルワークの現場では，リハビリテーション訓練に集中する環境調整の一貫として年金申請をすすめることがある。ところが，一旦年金を受給してしまうと，今度は逆にそれが足かせになり，訓練後に足を踏み出せなくなることもある。あるいは年金が疾病利得となり，就業を考えるだけで症状が再燃する場合もある。これらの問題解決は，精神障害者の障害把握の仕方，施策化の方法と方向性，他の一般労働政策との関連，さらに労働保障と所得保障との関連，障害者政策全体の方向性といった政策理念の構築が必須である。

6 おわりに

精神障害者に関連の労働施策は，一方で人権獲得運動の成果として，他方で経済財政的要因によって，近年増加しはじめ，2000年代には後者の要因が突出して急増した。しかし，急速な施策化により，当事者の実態と乖離し，ニーズに合わないばかりか，概念規定も方向性も曖昧であり，他の社会政策との整合性もない。これらの根本問題は，障害者政策，労働政策において政策理念構築が不十分なことに依拠する。

冒頭でも述べたように，労働は「人として生きてゆく上で必須の権利」である。そして，障害者が非障害者と同じ現場，同等の条件で働くことは，障害者自身の人として成長する権利や労働権を保障することである。特に，精神障害は労働関連で生じることも多く，かつ環境条件により障害の程度も変化する。

そこで逆に精神障害者が障害を抱えつつ働くことを保障する労働システムは他のすべての労働者にとっても働きやすいシステムとなる。またこれが成立する社会は，労働政策のみならず，社会基盤整備が必要なため，すべての人にとって暮らしやすい社会である。上記の観点に立つとき，障害者労働政策は最終的には一般労働政策と発展的に統合することを目指し，その究極目標は，社会的正義の実現といえる。これを政策で実現するためには，ILO がキーワードとする Decent Work，つまり「人としての尊厳に根ざした価値ある労働」，換言すれば，「一般就業を希望するすべての人が，それぞれの能力・希望・ライフスタイルに応じて就業形態を選択し，心身共にすこやかに，安心して就業する」ことが，一般労働政策，障害者労働政策，またその他の政策の各領域で達成されなくてはならない。

本稿では，現行精神障害者労働政策の問題点を検討してきた。今後は，Decent Work を日本の労働政策理念として具体化する方法が課題となる。この際，ソーシャルモデルを基盤にして社会政策全体の中での精神障害者労働政策のあり方について再度光をあてたい。

1) 新井 [2005] は，workfare を勤労福祉政策と訳しているが，福祉手当受給資格を厳格化するのみで，受給対象外のグループに対する労働施策が不十分な場合は，単なる福祉切捨てであって福祉政策とはいえない。そこで，筆者は原語のままの workfare を使用する。
2) 厚生労働省職業安定局監修の『障害者雇用ガイドブック』では，障害者雇用理念を以下のように述べている。「障害者が，適当な職業に就き，その能力を十分に発揮することができるならば，それは，単に障害者自身の幸福にとどまるものでなく，障害者が能力を発揮することにより，障害者を雇用する企業，さらには社会全体が利益を享受することとなります。」
3) 本来，保護的な就労形態においても，「可能な限り非障害者とともに同一条件で訓練を受けるべきである」（ILO 99号勧告）ので，労働法を適用すべきである。この意味で福祉的就労のうち，労働法を適用する福祉工場と，適用のない授産施設等とは明確に区別すべきであるが［江本 2004］，2006年の障害者自立支援法により，施設は機能別に移行するため，紙面の関係上ここで詳細は扱わない。
4) こうした動向は，障害者自立支援法に関する活動に顕著である。全家連活動の重要な役割を担う雑誌『ぜんかれん』2006年1月号の巻頭言では，「（全国会員の意見に）時間的にも内容的にも十分な答えが出来なかったケースが多く，反省」，2月号では「自立

Ⅲ 投稿論文

　　支援法の具体的政省令は現時点で固まったものが少なく，見切り発車する可能性」と記述されているように，同法に関する記述は具体的内容の紹介にとどまり，障害者に不利な制度化への抑止力にも，具体的活動にもつながっていない。
5)　この背景には，精神科薬剤やリハビリテーション技術等の進歩により，従来以上に病状コントロールや労働がしやすくなっていること，労働形態等の多様化により，労働市場参入が容易になっていることがある。
6)　常用雇用者数については，調査によって大きな開きがあるが［厚生労働省 2003］，この相違は，精神障害者の概念規定と対象者特定の困難さに依拠している。
7)　先述のように，いずれも精神障害者社会復帰施設であったが，2006年以降障害者自立支援法によって改編される。
8)　現在も雇用率をとるドイツ・フランスは，従来から労働者勤続年数が長期であり，企業定着率が高い労働市場をもつ国である。これに対しアメリカ・イギリスの労働市場は，もともと労働者の勤続年数が短く，流動的な就業構造をもっている［樋口 2001］。そこで，各国は上記アプローチを取りやすい状況であったといえる。
9)　ただし差別禁止法は非障害者と同等の能力がある障害者の雇用保障にはなるが，活動制限がある障害者の就職を促進するわけではないので，こうした障害者が労働参加するための特別な政策や構造自体の改革も必要となる。
10)　社会的ひきこもり自体が「単一の疾患や障害の概念ではなく，一つの社会的状況を呈する状態を指すもの」［精神保健福祉研究会 2005］と定義され，医療対象とはいえない。しかし一方で，思春期前後に長期ひきこもりを続けた人は，社会性を十分に形成できていない場合が多く，社会参加のために一定の福祉の援助を要する。
11)　勤労控除の2004年度上限額は，1級地においても24万以上の収入に対して月額3万3190円に過ぎない。

【参考文献】

新井光吉『勤労福祉政策の国際展開――アメリカからイギリス，カナダへ』九州大学出版，2005年。
ILO 東京支局『ディーセント　ワーク――働く価値ある仕事の実現をめざして』2000年。
江本純子「精神障害者就業における根本問題」『佛教大学大学院研究紀要』第32号，2004年，307-318頁。
――「精神障害者就業の意義と課題――就業施策の動向及び国際比較を通して」『佛教大学大学院研究紀要』第33号，2005年，209-222頁。
岡村正幸『戦後精神保健行政と精神病者の生活――精神保健福祉序論』法律文化社，1999年。
経済財政諮問会議『経済財政運営と経済社会の構造改革に関する基本方針 2004』2004年。

厚生労働省『平成15年度雇用実態調査』2003年。
厚生労働省職業安定局監修・独立法人高齢・障害者雇用支援機構編『障害者雇用ガイドブック』2006年。
作業施設（福祉的就労）共同研究グループ『作業施設（福祉的就労）共同研究グループ2004年度研究報告書「日本版保護雇用（社会支援雇用）制度の創設にむけて」』2005年。
社会福祉法人　全国社会福祉協議会・全国社会就労センター協議会『はたらく・くらす──社会就労センターからの提言──障害者が授産施設を出て地域で自立生活できるように援助するための方策についての国際調査研究事業報告書』2001年。
障害者雇用促進協会・障害者職業総合センター『障害者の雇用率・納付金制度の国際比較』2002年。
世界保健機関（WHO）『ICF 国際生活機能分類──国際障害分類改訂版』中央法規出版，2002年。
精神保健福祉研究会監修『我が国の精神保健福祉（精神保健福祉ハンドブック）平成16年度版』2005年。
舘暁夫「精神障害者の就業促進の現状と課題」『月刊福祉』2006年12月号，22-25頁。
独立行政法人　労働政策研究・研修機構「CSR 経営と雇用──障害者雇用を例として」『労働政策研究報告書』No. 32，2005年。
樋口美雄『雇用と失業の経済学』日本経済新聞社，2001年。
Bell, C. G., "The Americans with Disability Act, Mental Disability, and Work," Bonnie, R. J. and Monahan, J. *Mental Disorder, Work Disability, and the Law*, The University of Chicago Press, 1997, pp. 203-219.
Hall, L. L., "Making the ADA Work for People with Psychiatric Disabilities," Bonnie, R. J. and Monahan, J., *Mental Disorder, Work Disability, and the Law*, The University of Chicago Press, 1997, pp. 221-239.
OECD, *Transforming Disability into Ability, police to promote work and income security for disabled people*, 2003.
OECD 編著・井原辰雄訳『世界の社会政策の動向』明石書店，2005年。
O'Reilly, *The Right to Decent Work of Persons with disabilities*, ILO, 2003.
Sauter, S. L., Murphy. L. R., and Hurell, J. J., "Prevention of Work-Related Psychological Disorders : A National Strategy Proposed by the National Institute for Occupational Safety and Health (NIOSH)," *American Psychologist*, 1990, Vol. 45.
Yelin, E. H. and Cisternas, M. G., "Employment Patterns among Persons with and without Mental Conditions," Bonnie, R. J. and Monahan, J., *Mental Disorder, Work Disability, and the Law* The University of Chicago Press., 1997, pp. 13-24.

パートのユニオンリーダーと組合参加
―― 小売企業におけるパート組織化の事例調査をもとにして ――

金井　郁　Kanai Kaoru

1　はじめに

　1990年代に入り，日本の労働市場全体をみると，正規労働者が減少して非正規労働者が増加し，その比率が急速に高まっている。この量的拡大とあわせて，質的な側面での変化も急速に進み，非正規労働者の基幹労働力化が指摘されている。パート労働者[1]が増加し，仕事の質的な側面も向上するなかで，その能力や意欲の多様性を認め，それを処遇に積極的に反映させようとする個別賃金管理の流れが加速している。企業側は雇用管理制度を再編成し，基幹労働力化したパート労働者は通常のパート労働者に比べて処遇が高水準になるケースが出てきている［本田 1998，武石 2003］。一方で，基幹労働力化したパート労働者は，より責任ある仕事や能力に応じた処遇，フルタイム正社員への登用等を望んでいるが，そうしたニーズと事業所の制度実施の間にはギャップがあるとも指摘されている［武石 2005］。パート労働者の基幹労働力化に見合う正規労働者との処遇のバランスをいかにして確保しうるか，さらにはパート労働者全体の処遇の底上げも含めた，パート労働者の処遇改善という課題は重要である。
　法的規制がパート労働者の労働条件の最低水準を決める一方，労働組合は個別企業における労働条件決定に大きな影響を持つと考えられる。しかし，労働組合へのパート労働者の加入は，全体としてみれば圧倒的に少ない。とはいうものの，2006年のパート労働者の組合員数は前年比32.4％増の51万5000人で，全体の組織率が減少するなかで大幅に増加している。パート労働者が組織化されることは，パート労働者の労使関係構築の第一歩と考えられるが，実際，組

織化されたパート組合員がどのような組合活動を行い，労働条件決定にどのように関与しているのか，といった組織化後に関する研究はほとんどない。つまり，パート労働者が組織化によって享受するメリットの実態が明らかにされていない。金井［2006］では，パート労働者を組織化した企業別組合における組合活動が正規組合員とパート組合員に分離しており，特に意思決定に関わる上方の活動を正規組合員が，意思決定には関わらない下方ないしは傍系の活動をパート組合員が占め，正規とパート組合員の活動が垂直的に分離している組合が多いことを事例分析から明らかにした。パート組合員比率が50％以上を占める組合が多数で，数の上では優勢であるにもかかわらず，パート組合員は意思決定に関わる上方の組合活動に参加していないか，組合員比率からみても少数の参加であった。

既存研究では，パート組合員の組合活動に対する無関心や参加率の低さが指摘され，詳細な検討をせずに「非正規労働者」や「女性」といった属性でそれを説明する傾向がある[2]。そこで，本稿では企業別組合に組織されたパートのユニオンリーダーのインタビューをもとに，その①組合活動と，②パート労働者の労働条件決定に関与することへの主体意識を考察する。その上で，パート組合員がパート労働者の処遇を改善していく推進力となり得ているのかを検討する。金井［2006］では，パート組織化後の組合活動の構造的な偏りが明らかになり，なぜ数の上では存在感を増しているパート組合員が意思決定には関わらない下方ないし傍系の活動に従事しているのかという新たな課題が浮上した。パート組合員の組合参加に対する意識の実態を明らかにすることが本稿の目的となる[3]。特にユニオンリーダーを分析対象とした理由は，第一に労働組合活動に平均よりも高い水準ですでに参加している人の実情を知ることで，その他のパート組合員の組合活動へのコミットメントを理解する助けとなると考えられることである。また第二に，ユニオンリーダーは形式上，パートの労働条件等について組合内で最も発言権が保証されており，パート労働者の利害を表明するのに一番近い立場にあると考えられることである。

Ⅲ 投稿論文

2 調査の概要

　2003年5月から同年11月にかけて，早くからパートの組織化が進んでいるスーパーストア業界の8つの単位組合で，正規・パート組合員それぞれの中央役員もしくはそれに準ずる役職者を対象に聞き取り調査を実施した（**図表1**）。本稿は，8組合の中で，該当者がいて，インタビューが可能であった6組合10人のパートのユニオンリーダーに対するインタビュー結果を主に分析する。

　8事例企業は，大都市圏に立地する食品スーパーが大半を占めるが，地域生協1と総合スーパー1が含まれる。従業員構成では非正規労働者比率が7～8割と非常に高い。事例組合の特徴は，8組合のうち連合傘下が7で全労連傘下

図表1　インタビュー対象者一覧

対象労組	正規組合中央役員	パートのユニオンリーダー	備　考
A労組	◎執行委員長 副執行委員長	執行委員（専従書記）	パートインタビューには，正規組合員の中央執行委員3名も同席
B労組	中央執行書記長	中央執行委員 中央執行委員 中央執行委員	パートの中央執行委員3名を同時にインタビュー
C労組	中央執行副書記長	特別中央執行委員	パートインタビューには，正規組合員の中央執行副書記長も同席
D労組	中央執行書記長	中央執行委員 中央執行委員	
E労組	中央執行委員長 ◎中央執行委員	―	
F労組	副中央執行委員長	―	
G労組	中央執行委員長 ◎中央執行副委員長	サンパート部会部会長 サンパート部会副部会長	部会長，副部会長を同時にインタビュー。正規組合員の中央執行委員長，中央執行副委員長も同席
H労組	中央執行委員長	パート部会書記長 （常任中央執行委員）	

注：インタビュー対象者が複数同席していた場合，主な回答者を◎とした。
　　正規組合中央役員は全て男性。
　　E・F労組には該当するパートのユニオンリーダーはいなかった。

図表2　事例概要（以下の図表はすべて2004年1月現在）

	A労組	B労組	C労組	D労組	E労組	F労組	G労組	H労組
企　業　概　要								
業　態	食品スーパー	食品スーパー	食品スーパー	食品スーパー	食品スーパー	食品スーパー	食品スーパー	地域生協
ストア数	65	65	127	205	87(2003年2月末現在)	65, 8関連事業所	85(2003年12月現在)	131*
正規労働者数（人）	1,340	988	1,969	3,500	2,416	919	2,518	1,437
パート労働者数（人）	4,223	3,030	6,225	7,400	6,421	4,829	8,499*	7,403
その他の非正規労働者数（人）	24(契約社員)	1,000(アルバイト)	1,767(アルバイトなど)	3,000(学生アルバイト派遣など)	3,404(アルバイト)	178(契約社員)	370(嘱託社員)	
全従業員数（人）	5,587	5,018	9,961	約13,900	12,241	5,926	11,387	8,840
パート労働者比率（％）	75.6	60.4	62.5	53.2	52.5	81.5	74.6	
非正規労働者比率（％）	76.0	80.3	80.2	78.0	80.3	84.5	77.1	83.7
労　働　組　合　概　要								
上部団体産別組織（カッコ内は当時の産別名）	JSD(商業労連)	UIゼンセン同盟(ゼンセン同盟)	UIゼンセン同盟(ゼンセン同盟)	UIゼンセン同盟(ゼンセン同盟)	JSD(商業労連)	JSD(チェーン労協)	JSD(チェーン労協)	全労連
パートを組織した年	1981年7月	1995年6月	1981年5月	1986年5月	1982年5月	1993年	1979年(パート連絡協議会)	1971年(パート懇談会)
組織化方式	同時結成	同時結成	同時結成	直加盟方式	直加盟方式	直加盟方式	協議会方式→同一労組	懇談会方式→別労組→同一
正規組合員数（人）	1,202	824	1,575	2,697(2003年7月)	2,066(2003年1月)	736(2003年10月)	2,050	1,243
パート組合員数（人）	3,957	1,090	6,225	4,546(2003年7月現在)	983(2003年1月現在)	720	513	5,228
組合員数計（人）	5,180	1,914(2003年10月現在)	7,800	7,243	3,049	1,456	2,793	6,471
企業内組織率（％）	92.7	38.1	78.3	52.0	24.9	29.1	24.5	73.2
パート組合員比率（％）	76.4	63.2	79.8	62.8	32.2	49.5	18.4*	80.8
パートの組織率（％）	93.7	36.0	100.0	61.4	18.0	17.0*	6.0*	70.6

注：F労組のパート労働者，パート組合員には，他企業ではアルバイトとして扱われている学生に関してもパートナーJとして含まれている。
　G労組のパート労働者数，パートの組織率の分母は，8時間換算人数となっている。パート組合員比率には嘱託社員は含まれない。
　H労組に関しては店舗のほか共同購入センター15，生産物流工場3，行政区事務所42，本部ビル2，福祉デイケアセンターがある。
　　組織化方式は以下のように定義した。同時結成は「正規労働者と非正規労働者が同時に同一の組合を結成する」こと。直加盟方式は「正社員組合員が加入する既存組合にパート労働者も加入する」こと。協議会方式と懇談会方式は「パート労働者のみの組織が正社員労組の指導と援助の下に結成され，運営される」こと。中でも協議会方式は，正社員労組から財政的・人事的支援を受け，密接な縦の関係を築き，懇談会方式は正社員労組から財政的支援はほとんど受けず，助言や勉強会等の支援にとどまり正社員労組とは対等で横の関係に近い。

Ⅲ 投稿論文

図表3　パートのユニオンリーダーの主な属性

労働組合名	B労組	B労組	B労組	C労組	D労組
対象者	O	P	Q	R	S
組合における地位	中央執行委員	中央執行委員	中央執行委員	特別中央執行委員	中央執行委員
年齢	52歳	48歳	54歳	51歳	58歳
学歴	高校卒業	高校卒業	高校卒業	専門学校卒業	高校卒業
当該企業のパート歴	17年	15年	6年	15年	26年
婚姻状況	既婚	既婚	既婚	既婚	既婚
子供年齢	28歳, 22歳, 19歳	22歳, 19歳	26歳, 22歳	22歳, 17歳	35歳, 32歳
介護状況	なし	—	なし	なし	なし
平均収入	約18万円	220万円(年収)	15万円	22万円	月約25万円
配偶者の収入	200万円	500万円	—	380万円	退職している
交通手段	オートバイ	自転車	自転車	自転車	車(配偶者の送迎)
通勤時間	7分	10分	5分	15分	20分
労働日数	週4日, 月21日	週5日, 月22日	週5日, 月22日	週5日, 月21日	月20日
1日当たり労働時間	7.5時間	7時間	7.5時間	8時間	8時間

労働組合名	D労組	G労組	G労組	A労組	H労組
対象者	T	U	V	W	X
組合における地位	中央執行委員	サンパート部会部会長	サンパート部会副部会長	パート専従, 執行委員	パート専従, 中央執行委員
年齢	44歳	51歳	59歳	46歳	48歳
学歴	高校卒業	高校卒業	高校卒業	短大卒業	大学卒業
当該企業のパート歴	16年	22年	20年	専従歴15年(正社員歴4年)	パート歴13年 専従歴3年
婚姻状況	既婚	既婚	既婚	既婚	既婚
子供年齢	16歳	29歳, 25歳	39歳	22歳, 20歳, 15歳	11歳
介護状況	なし	なし	なし	なし	なし
平均収入	—	手取り15万円	19万円	年収300万円弱	年収270万円
配偶者の収入	—	1000万円	自営業＋年金	1200万円	740万円
交通手段	自転車	電車	自転車	徒歩	電車
通勤時間	10分	30分	5分	20分	1時間
労働日数	月20日	週5日, 月22日	週5日, 月22日	月約21日	—
1日当たり労働時間	8時間	7時間	7時間	6時間	6時間の裁量労働

注：A労組Wさん，H労組Xさんは現在労組専従。
　　インタビュー協力者の回答をそのまま使用しているため，記載方法は統一していない。
　　表記はすべて回答時。

が1，連合傘下の組合の上部産別組織は日本サービス・流通労働組合連合（JSD）が4，UIゼンセン同盟が3となっている。最初にパート労働者が組織された年は，早い組合で1971年，一番遅い組合でも95年で，調査時においてパート労働者が組織されて少なくとも8年は経過している。パート労働者の中で組織化されている者の割合を示す「パートの組織率」は，G労組の6％からC労組の100％まで非常にばらつきがある。全組合員に占めるパート組合員の割合を示す「パート組合員比率」は，形式上は高いほど数の上でパート組合員の力が強まることを意味する。A・B・C・D・H労組では，パート組合員比率が半数を超え，パート組合員が組合内で多数となっている。事例組合におけるパートのユニオンリーダーは全員女性であった。図表2に事例概要を，図表3でパートのユニオンリーダーの個人属性を示す。

3　パートのユニオンリーダーの組合参加に対する主体意識

本節では，形式上組合の意思決定機関での発言権が保証されているパートのユニオンリーダーについて，組合加入時から中央役員となったインタビュー時までの組合とのかかわりの中で，組合活動をどのように捉えているのかを考察し，パートの労働条件決定に対する主体意識を検討する。

（1）組合活動に対する主体意識
(1)　組合加入

全ての事例組合でユニオンショップ協定を結んでいるため，組合員の資格要件を満たした時点で本人の意思とは関係なく組合に加入している（資格要件は図表4）。加入時点での組合に対する思いは，「特に何も感じなかった」という受容型が多いものの，「好意」もしくは「反発」を感じた者もいた。好意を寄せたC労組Rさんは，以下のように答える。

> 「働いたら必然的に組合員になるという感じですよね。うちの場合は。……組合があるとは，しっかりした会社だなと思いましたけどね，スーパーにしては」（C労組・Rさん）

Ⅲ 投稿論文

図表4　パート労働者の組合員資格要件

	パート労働者の組織範囲の設定基準	備　　考
A労組	1日4時間週20時間以上	
B労組	週契約労働時間25時間以上	
C労組	パート労働者全員	
D労組	職能資格「パートナー2級」以上で週労働契約20時間以上パートナー	4段階の職能資格制度を持っており，「パートナー2級」は熟練提携業務を行うことが期待される，下から2段階目の職能資格名称
E労組	1週25時間以上勤務で資格区分が「ファミリー社員」「キャリア・ファミリー社員」のパート	契約労働時間が週25時間未満の場合は全員資格区分は「パートナー社員」となり，25時間以上の場合「準ファミリー社員」「ファミリー社員」「キャリア・ファミリー社員」の順に昇格する
F労組	パートナーA，契約社員C	契約時間により雇用区分が分けられている。「パートナーA」は週所定労働時間が27時間以上35.5時間以内で，2ヶ月以上1年以内の期間を定めて雇い入れた者で最も契約時間数の長い層，「契約社員C」はパートの中のリーダー的役割を担う人とされるが，調査時点で該当者はいなかった
G労組	職能資格区分がサンパートであること，例外として人事制度が変更された98年10月以前に組合員資格のあったキャリアパートナーで現在サンパートでない人に関しては，特別組合員とする	同企業は「サンパート」「パートタイマーB」「パートタイマーC」の雇用区分があり，BとCは単に週契約労働時間によって区分される。「サンパート」は，週契約労働日数5日以上，週契約労働時間30時間以上で，「パートタイマーB」のときに評価が連続してAだった者
H労組	一般パート，管理職パート：ユニオンショップ 登録パート：オープンショップ	登録パートの要件は「週3日以内勤務のパート」となっており，ユニオンショップ対象であるかは週契約日数によって決まる

　C労組は，パート労働者全員が組織化されている。Rさんは，組合があることをしっかりした会社と評価し，組合加入を好意的に受け止めている。10人中7人が積極的でもなく反発もせず組合加入を受け入れた受容型であった。

　「何か知らない間に入っていたという感じでした。覚えてないんですよ。(嫌だとか拒否感は) その辺はなかったです。疑問とかは思わずにすっと入った感じです」(G労組・Uさん)

　一方，未組織だったB企業のOさんは，新たに結成されたB労組にパート労働者も正規労働者と一緒に加入することに強い反発を感じていた。

「組合ができたことを私達パートは知らなかったんです。ある日突然お給料から1500円という金額が引かれていたんですね。……社員は前もってそういう活動はしてたらしいですけど，パートさんは全然なかったですね。組合ができた経緯も何もわからずじまい。……私たちは別にパートでしたし困ったことも何もなかったんですよ。……ただ働いて時給をもらえばっていう頭しかないじゃないですか，普通のパートさんは。……（組合費を）引かれているのも全員じゃなくて時間で引かれていて，同じく働いている4時間のパートナーさんはゼロなんですよね。なんで私達，おかしいねって疑問符は持ってましたよね」（B労組・Oさん）

B労組中央執行書記長のインタビューでは，労働時間の長時間化・パート化が進み，従来なかった問題や不満が蓄積されたこと，社内人事の混乱等が組合結成のきっかけとされる[4]。しかし，Oさんは「パートとしては困ったことはなく」，「ただ働いて時給をもらえればいい」と考えるのが「普通のパート」の意識であるため，「組合費を取られる」組合加入に強い反発を感じていた。

組合加入は，好意も反発も感じない者が多かったが，B労組Oさんのように，新たに組合が結成されたり組織範囲が拡大されるときには「組合費」に対する反発が多いようだ。2003年6月に組織範囲を拡大したF労組の正規組合役員のインタビューからも同様のことが伺え，F労組ではパートの組織範囲拡大時に月例賃金の1.6％だったパートの組合費を0.8％と半分に引き下げた。しかし，その後Oさんが組合中央役員になっていくように，組合費への反発は労働組合が何かを知らないことや一方的に負担を押し付けられることへの感情的な反発の側面が強いと考えられる。

(2)　ユニオンリーダーになるまでの経緯

組合加入に肯定的であった1人を除いては，「特に何も感じない」もしくは「反発」していた組合で，各人が役員となる経緯を追い，組合に対する意識の変化やなぜユニオンリーダーとなったのかを明らかにする。この経緯は，組合の組織構造によって異なるため，組合内でより上層部の役割を引き受け，その役割を実行する際のパート組合員たちの意識に注目したい。

まず，店舗単位に置かれた支部組織の役員から専門部の委員，そして中央執行委員となったD労組Tさんの経緯を取り上げよう。役職を引き受ける時点では常に受身であるが，徐々に組合活動に積極的に参加するようになる。組合に

おける最初の役職であった支部の役員を引き受ける際は，以下のように答えている。

「そのときね，（他の）パートナーの人がいなかったのかな。組合員としてやっている人が。……組合がなんだか最初は知らなかったようなものですから。組合のパートナーさんの会議がありますよって言われても，たまたま仕事の休みが重なったら行きますねっていうそれだけの考え方だったんですよ。……組合があるからこの日はお休みくださいっても言えなかったの。……（休みであれば行ったのは）やっぱり行かなきゃいけないかなって。来ないの？って電話もきてたから。……だから組合の重要性だとか組合やんなきゃいけないとか何も」（D労組・Tさん）

組合が何であるかは「知らず」，組合活動も「店での仕事の休みが組合活動の日とあえば出席するもの」であった。活動参加に対する義務感はあるが，店舗での仕事が何よりも優先される。支部役員を担う中で，執行部から専門部の委員に誘われ引き受けるが，そのときの判断基準には，仕事との関係で組合活動ができるのかが挙げられる。

「（専門部の）委員のときもやってみない？って話が出たんですよ。……そのときもあんまり何も。その頃はなんとなくお店のほうもシフトの状態がうまくいくようになったし，じゃあその日休みにしちゃって行こうかなと。でもやっぱり最初のほうはなかなか行けなかったのかな。例えばセミナーといって年に1回の催しなんですけど，（専門部の）委員が何か催し物をやってたんですよ。コーラスだったんですよ。その練習が3ヶ月くらい続いていたかな。決まっちゃった以上しょうがないじゃないですか。行かないわけにはいかないし，嫌いだからって練習サボるわけにはいかないし，とりあえず練習には顔は出すんですけど」（D労組・Tさん）

専門部の委員としての組合活動で「催し物のコーラスの練習」を挙げ，嫌だった活動として振り返る。嫌だと思う集まりでも，「決まった以上は」出席しなければいけないという義務感はある。しかしその後，中央執行委員と専門部の委員を担うようになった今日の意識は大きく変わっている。

「行くの楽しい。楽しくなってきた。今女性が7人いるんですよ。正社員3名でパート4人なんですけど。中央執行委員会議行くのは，（専門部の）委員会に行くのも，最近は皆に会えるのが楽しみ。……行く度にやっぱりいろいろな話聞けるし，最初は話できなかったのがだんだん皆と仲良しになれるし，意外と自分のためになることが多いし，知らないこといっぱいあるから。最初の頃は嫌だ嫌だと思っていたけど，今は行くのが楽しい。だから今は優先的に休みを入れられるようになっている」（D労

組・Tさん）

　専門部の委員となって7年目，中央執行委員となって3年目の現在は，「嫌々出ていた」組合活動をとても「楽しむ」ようになっている。組合活動への参加意識が確実に高まっていることが認められる。

　次に，専門部の委員から中央執行委員になったB労組Qさんの例を取り上げよう。各店舗の職場組織にパート組合員の役員を配置していないB労組の組織構造の中で，Qさんがパート組合員のための専門部の委員となるには次のような経緯があった。

　「うちのお店から2人（専門部に）入っていたんですけど，その1人が辞めちゃったので，誘われたんですよね。……組合って聞いたときにすごくやっぱり，組合なんてって思ったんですけど，会社の中のことがわかるんじゃないか，それからなんかこうメリットがあるかなって感じで，すごく軽い感じで，じゃあ行ってみる？って。その時は2人で相手もいたので心強く行きました。……ホントに軽い気持ちで，単なるおしゃべりをしているような感じだと思っていました」（B労組・Qさん）

　「会社のことがわかるかもしれない」「なにかメリットがあるかもしれない」という期待もあったようだが，同じ店の知っている人と2人で参加することが，専門部の委員を引き受けた要因のひとつとなっている。専門部の会議を「単なるおしゃべりしている感じ」として，自由な雰囲気の中で活動していることがわかる。

　最後に，積極的に自ら組合活動に参加することで組合と関わりを持ったB労組Oさんの例を取り上げる。組合加入に反発していたB労組Oさんの経緯は，組合主催のセミナーへの参加がきっかけであった。その後，中央執行委員を引き受ける際は，正規組合員による内々の依頼と「好奇心」が強調される。

　「はっきり言って組合費だけ取られていて何もメリットがないっていうのがあったんですよ。それで，少しみんなでこのお金をなにかで取り戻そうじゃないって。セミナーがあって，これ出てみようって。食事と交通費がついて，ひとときいろんなお店の方達と過ごせる時間があったんで。……その後アンケートに何か手伝うことがあったらお手伝いをしますって書いたんですよ。そしたら，その後組合の方からパートの専門部をやってくれと言われまして。ちょっと違う世界ですから，今まであんまり経験したことのない世界で，なんか自分としては挑戦みたいな感じですよね。ひょっとしたらおもしろいかもしれないって思ったんですよ」（B労組・Oさん）

> 「専従の方がお店にきまして，女性パートナーさんも中央執行委員に参加してくれって要請があって。中央執行委員って何をするのか全然知らなかったんですよ。でも私の好奇心があって，それもおもしろいかもしれないって。……自分でできることであればいいですってことを言ったんですね。しかし，1人じゃ嫌ですって，誰かつけてくださいって」（B労組・Oさん）

インタビューした人の全てが，組合の中央役員を引き受ける前から組合と何らかの関わりを持って組合活動に参加していた。しかし，役員を引き受ける際も「中央執行委員会で何をするのか知らない」「単なるおしゃべりをしているような感じ」と話し，組合政策や労使間の労働条件等の決定に関与する場に参加するという認識はインタビューからはみられない。これは，金井［2006］で指摘しているように，パート組合員に提供されている組合活動の場がパート組合員同士の交流会やレクリエーションが主体で，組合の役割や機能についての知識が不足しているためではないだろうか[5]。

(3) 組合活動と職場での仕事

組合活動と職場での仕事の関係についての意識をみると，インタビュー協力者全員が，組合活動より仕事を優先していた。「本業には迷惑をかけたくない」「同僚に迷惑かけられない」との意識が強い。

> 「私の場合だけですけど，私は組合活動をやっているということで，お店の方に本業の方に迷惑をかけたくないというのがありまして，全部自分の公休で（組合活動に）来ています」（D労組・Sさん）

組合活動は本来，組合員全体の利益を追求する活動であるため，自己都合で休むこととは意味が異なり組合休暇を取得することが可能である。しかし，自分の公休以上に休むことは，周りの迷惑になり申し訳ないとの意識が強い。仕事を優先させるのは，勤続年数が長く各店舗で役職につくなど管理的立場にある者が多く，職場での代替要員が見つからないとも考えられる。また，パート組合員の仕事に対する責任感の強さを表していると捉えることもできよう。

(4) 組合活動と家庭責任

パート労働は圧倒的に中高年女性の働き方であり，家事や育児・介護などのジェンダー役割と密接に結びついた働き方であるという認識は共有されている。そこで，家庭責任との関係から組合活動をどのように捉えているかという視点

は重要である。組合活動を行う時間帯に制約があるという意識は，家庭責任との関係からかなり強いようである。

　「夜したら会議に参加できるかって言ったらできないので。パートさんを招集する会議で，やっぱ夜はかけられないですよね。絶対非難ゴーゴー」（H労組・Xさん）
　「他のパートナーさんは夜の集まりが好きじゃないみたいです。それはなくしてほしいみたいですよね」（C労組・Rさん）

　パート専従で会議を招集する側にいるH労組Xさんによれば，パート組合員は店舗での仕事を優先させるため，参加率を上げるには夜に会議を招集することが合理的であると考えながらも，それは不可能であると考えている。また，家庭責任に対して非常に強い責任感を持っていることは全員に共通していた。

　「やっぱりみんな主婦をやってますから，家のことがなかなか思うようにできないからそれが一番の悩み。何役もやらなければいけないから」（B労組・Qさん）
　「私達は1日働いていますから，正直言って家のこともできないわけですよ。休みの日くらいは掃除しようと思っても組合が入っちゃうと，やっぱり家族にしわ寄せが行きますよね。……私が組合を始めてからは家の中とかおろそかになりますよね」（B労組・Oさん）

　フルタイムパートとして働きながら組合活動をすることで，家事が「思うようにできない」と話しており，家庭責任は自分の責任において果たすものと考えている。組合活動に従事することが可能かどうかは，夫の理解や介護状況など家庭環境にも左右されている。(2)や(3)の項目とあわせると，家庭責任と組合活動，店舗での仕事，全てをこなさなければいけないという意識が強いことがわかる。それでは，負担となるにもかかわらず，彼女たちがユニオンリーダーの役職を引き受け，組合活動を行う理由は何であろうか？

　(5)　組合活動から得ているもの
　組合に入ってよかったことに対する回答は，主に①普通の主婦だったら得られない経験，②友達や仲間とのつながり，③仕事に対する意欲に分けられる。
①普通の主婦だったら得られない経験

　「負担感はない。ミーハーでそういうことが好き。得る部分が多い。……得る部分っていうのは，私だったらもし選挙があったら選挙なんていうのは普通の主婦だったらやったことないじゃないですか」（D労組・Sさん）

② 友達や仲間とのつながり

「組合活動ってあんまり負担に思うことはないです。楽しいですね。……精神面とかそういうのは，友達もたくさんできたし，仲間もできたし，感謝とか感激みたいなものをいっぱいもらったし。みんなのあったかい気持ちっていうのをね，すごくもらってね，そういうのは財産ですね」（G労組・Uさん）

③ 仕事に対する意欲

「私もともとニュースをみたりするのが好きですし，新聞でも特にこの流通業界の記事とかそういうものを特にテレビでも気をつけてみるというか，そういうのが役に立ちだして。……仕事に対する興味が前よりは上がったような気はします」（G労組・Vさん）

負担感より，組合活動から得るメリットを強調する発言が目立った。特に「家の中にいる主婦」や「1つのお店の中にいるパート」だったら得られなかった経験や人とのつながりを挙げる者が多かった。また，仕事への興味や会社へのコミットメントが高まっているのも注目される。中村・佐藤・神谷[1988]によれば，企業にとってパート組織化のメリットはないため「7割の企業が非正規労働者の組織化の必要性を感じていない」という。本稿の事例は少数に対するインタビューであるので一般化はできないものの，企業にとってのパート組織化のメリットを再検討する必要性を示唆しているかもしれない。

（2）労働条件決定に対する主体意識

(1) パートのユニオンリーダーが語る「賃金」

厚生労働省『平成13年パートタイム労働者総合実態調査』では，パート労働者で仕事や会社に対する不満・不安がある者のうち，「賃金が安い」が圧倒的に多いことが示されている。三山[1994]は，こうした不満感が直ちに表面化しない理由を「労働組合に入っているパートは少数であるし，何よりも正社員自身ではないというそのことが，会社にものを言うことに対して抑制的に機能するであろう」とみている。

そこで，パートのユニオンリーダーがパート労働者の労働条件，特に賃金についてどのように考えているのかを考察する。組合の意思決定プロセスへのパート組合員の関与は実質制限されていたが[金井 2006]，その中でもユニオ

ンリーダーはパート労働者の労働条件に対して組合内では最も発言権が保証されている。三山 [1994] の指摘を裏返せば，パート労働者の不満感を表面化するのに一番近い立場だといえる。しかしインタビューでは，正規労働者との格差を含めパート労働者の賃金に関して概ね納得・満足していると語られた。少なくとも，不満感を表明する者はいなかった。

「私は今は満足していますわ。あんまり少ないとも思ってないですよ。自分の給料。娘の給料とか，主人の給料に比べたらそれは全然違うからあれなんですけど，ただ私なんかと比べもんにならないほど仕事をなさってる方もいてるから，そういう人も極端にぎょうさんもらってるかといったらそうでもないんですよ」(G労組・Uさん)

「夫や娘とは比べものにならない」との認識はあるが，パートタイムで働くということはそういうものであると納得している。さらに，ただ納得・満足しているのではなく「パートである自分は正規より恵まれている」という意識を持っている人もいた。

「最初はね，やっぱり社員はいいなと思いましたけど，その資格[6]ができてからはパートナーさんの方がいいんじゃないかなと。社員は大変なんじゃないかと逆に思うようになりましたね。……（自分の賃金は）もっと欲しいですけど，でも納得していますよ。欲を言えばきりがないから。……他の会社のパートナーさんとかと比べてみたら，やっぱり一番すごくいいんですよ。いろいろな面でね。だからうちは本当にわがまま言っちゃいけないなと思いますけど」(C労組・Rさん)

C企業はパート労働者に対して，職能給や役割給など習熟度や業務遂行能力を賃金や昇格に反映させることを目的とした資格制度を導入している。Rさんは資格取得によって賃金が決定される仕組みを歓迎しそれに対する納得度が高く，正規労働者や他の企業のパート労働者と比べて自分の方がよいと認識している。また，正規との賃金格差は働き方の違いによるものとして納得している人もいた。

「要するに正社員というのが拘束されてますよね，全てが。パートナーというのは時間的な拘束じゃないですか。その時間的な拘束と全ての拘束っていうのは私はすごく自分たちのほうが恵まれていると思うんですよ。……だからいろいろな大会に行ったときは，格差がどうのこうのって話が出るんですけれども，私はやっぱり時間というのが大事だなっていうのがあるんですよね。……私個人的には（正規とパートの格差に）納得しています」(D労組・Sさん)

Ⅲ　投稿論文

　正規労働者は会社に対して「全て」を拘束されていると感じ，「時間」のみの拘束ですむパート労働という働き方を支持している。会社に従属するのではなく自由でいられること，その代償が正規労働者と比べた低賃金であっても，会社に拘束されない働き方ができることは，むしろ「恵まれている」こととなる。しかしＳさんの労働は，1日8時間月20日で残業もしていると答えており，決して短い労働時間ではない。

　このようにインタビューでは，自らの賃金に関して納得・満足しているという以上に，むしろ自分は「恵まれている」という意識も持っている。この結果は，『平成13年パートタイム労働者総合実態調査』と一見矛盾したものとなっている。その理由として，まず本稿のインタビュー対象者はフルタイムパートが多く，上位職に昇格しているなど基幹労働力化している層であることが挙げられる。この層に対して特に小売業では，雇用管理制度を再編成し通常のパート労働者に比べて処遇が高水準となっているため，Ｒさんのように本人の賃金に関する納得性が高まっているのであろう。

　また，佐藤［1998］によれば，非正規労働者は正規労働者と異なる「労働志向」を持ち，その結果働くことに期待する報酬内容が正規労働者と異なっており，特にパート労働者は仕事に比べて生活をより重視する「労働志向」を保有し，職業生活満足度が極めて高いという。この見解は，パート労働者の主観的満足度つまり効用概念に依拠している。この効用概念は望んでいた目的が達成されたか否かに依存する。したがって，ジェンダーのように固定化した問題を捉える際，効用概念を用いることは，現実社会を映し出すのに特に深刻な欠点を抱えるといえる。つまり，不平等な状態であっても効用はそれほど低くならない［A. セン 1999］。また熊沢［2000］は，ジェンダー意識は多様で変化するもので，女性は現実の動かしがたさに応じて欲求をコントロールした上で「納得」したり，その現実に「妥協」したり，あるいはジェンダーのしがらみを回避できるような個人的な立場を獲得する選択を行っていると指摘する。そこで，次項で発言の背景として，パートのユニオンリーダーがおかれた状況を確認しながら，再度インタビュー対象者が賃金に対する不満を表明せず納得・満足している意味を考察したい。

(2) パートのユニオンリーダーがおかれた状況

男性の就業コースはほとんどが就業継続型に限られているのに対して、女性の就業コースはより多様で、ジェンダー化された労働市場の構造や性別役割分業規範、家庭環境などが複雑に絡み合い決定されている。インタビュー協力者のうち、最も多かった就業コースは再就職型（7人）で、就業継続型は1人（Hさん）であった。再就職型、就業継続型の8人は全員、学卒後は正規労働者として就業し、就業継続型（1人）は結婚と同時に正規職を辞め、その後非正規労働者として転職を数回繰り返しながら就業を継続していた。学卒後の初職が事例企業のパート労働であった者（2人・Sさん、Vさん）は、結婚・出産後にパート労働者として現在の会社に入職しそのまま勤続している。

ライフコースの段階ごとに自分の力では動かしがたい現実に直面し、欲求をコントロールした上で受容・納得し、自分のおかれた状況を常に肯定的に捉えることは、生きていく上での「戦略」といえる。A労組Wさんのインタビューでは、ライフコースの段階に応じて意識の変容が表れている。

〈正社員から専業主婦へ〉

「出産して1年10ヶ月預けながら正社員で働いていたんですけど、配偶者の理解が得られなかったので。働いてもいいけど全部自分で育児も家事もやれと。……だからちょっとやっぱり疲れちゃったの。預けながらだったんで子供との関係がうまくいかないというか、どうしても夜自分でみにいくしかなかったので、このまま預けながら働くことで親子関係がうまくいくのかなって。……仕事が面白くて辞めたくはなかったな」

〈専業主婦時代〉

「専業主婦のときは専業主婦なりの楽しみ方を満喫していたので、いつかは働くことがあってもまだ早いかなって」

専業主婦となり3人目の子供を妊娠しているときに、正規労働者として勤めていた会社の労働組合の知り合いから、パートの労組専従として働くことを依頼され、引き受けることになる。

〈短時間パートから現在（月21日・6時間勤務）の勤務形態へ〉

「パートもその時期によって変わってくると思います。私4時間で働いていたときは終わったらカルチャーセンターに通ったりしていて、有効に使ってるかなって思って

いましたけど。自己啓発に使ってさ。……4時間働いてそのあと英会話教室行って子供を迎えに行って，家に帰って家事してって。そういう時期もあったけど，今は仕事が生きがい？働く目的もかなり大きいですね」

Wさんは「選択した」ライフコースのそれぞれの段階で，労働観や家庭観についての意識を変容させており，常におかれた状況の中で積極的な意味を見出している。

このように，ライフコースのあらゆる段階で様々なジェンダー化された慣習に直面し，受容していく過程で（もちろん積極的に受け入れることもある），ジェンダーによる役割分業規範を内面化し，それを自己の選択としている。残業等を考慮しなければ，通常の正規労働者の所定労働時間とほぼ同じ時間働きながら，正規よりも「自由」であると感じ，正規労働者との賃金格差については，企業に対する「拘束性」の違いから納得している。中野[2002]は，企業からの拘束性が低いゆえの低賃金であるとの見解は「同一義務労働同一賃金」原則に立つものであり，性役割を土台とする日本的な労働システムが強く投影されていると指摘し，その再検討を訴えている。こうした，「同一義務労働同一賃金原則」をパート労働者とりわけフルタイムパートが受け入れている理由としては，①それだけ正規労働が過酷であること，②仕事以外の何かを同時に担うことができるという意識があることが挙げられよう。②については，「補償所得と選択の自由」[7][大沢，1994]の問題がパート労働者とりわけフルタイムパート自身にも内面化されていると考えられる。しかし，インタビューで明らかにされたように，パート労働者を取り巻く慣行や制度という制約や実際の労働時間等に目を向ければ，「低賃金は賃金以外の要素によって補償されている」と簡単に判断することはできないであろう。①の正規労働者が受ける拘束がどれほど大きいものなのかは，今回の調査からは指摘できないため検討課題として残される。しかし，「パートタイム」労働者といえども業務命令に従うのは当然であり，インタビューからも週5日1日8時間勤務をしており，残業・配転の命令には応じている現状が浮かび上がった。これを「拘束されていない」と解釈するためには，正規労働者の「拘束」はどれほど強くなければならないだろうか。

(3) パートのユニオンリーダーによる利害表明

パートのユニオンリーダーがパートの賃金等の労働条件について組合要求の中でどのように考えているのかを考察し，パート労働者の労働条件決定にどのような主体意識を持っているのかを明らかにする。「パートの意見を経営側に伝えるときに，難しいと思うこと」に対して次のような発言がある。

「（経営側に）どんな風に言ったらいいかなっていうのが（難しい点です）。社員は社員で自分たちの生活のためっていうのがあるんですけど，パートナーの人って大体生活のためって言えるかどうかっていうのがありますよね。……確かに生活のためなんですけど，生活背負っているって言ったら語弊があるんじゃないかなっていう部分があるんですよ。もしかしたらたいていの人がご主人がいて，ここは絶対ほしいというように働いている人が多いと思います。それでなおかつ，賃上げを要求するっていうのは，やっぱりほしいなっていう思いと，やっぱり生活のためだけに使っているとは限らないじゃないですか。潤いのために使っている人もいれば，ね。だから，そういう人たちをもひっくるめた形でものを言わなければいけないと。男の人だったら完全に生活，自分と家族にとっていうのがあるんですけど，そこんところがちょっと言い表せない難しいところというのがあるんですよね」（D労組・Sさん）[8]

パート労働と正規労働について「社員は生活のために働いて」いるが，「パートナーは生活のために働いているとは言い切れない」と認識している。「言い切れない」とする発言には，パート労働者も確かに生活のためではあるけれども，「生活を背負っていると言うのは語弊がある」という思いがあるようだ。その理由として，「潤いのため」に働いている人がいることなどが挙げられ，パート労働者の多様性が指摘される。さらに，「社員」と「パートナー」という雇用区分の言葉が，途中で「男の人」のように性別による区分に変わっている。「男の人だったら完全に生活，自分と家族」のために働いていると語っており，その発言は「女」は自分と家族の生活のために働いているとは言えないことを示唆しており，正規・パートの雇用区分がジェンダーと同一視されている。仕事や能力に応じた処遇というより，正規労働者とパート労働者の稼得役割の違いが賃金水準の根拠として語られる。これは，男性（夫・父親）の稼得する賃金で家族を養うとする「家族賃金」規範[9]や「男性稼ぎ主」規範と一致する。さらに中央執行委員などを担うことで，次のような意識も生まれ

ていた。

「（1円ではなくて100円の賃上げについては）それだけ上げたらどうなるってこともわかりますから。だんだん委員会をやっていてわかってくると言えないというか，わからないから言える部分もあるじゃないですか」（D労組・Sさん）

「（専門部の委員会に出席したとき）私が一番感じたのはうちの店どうのこうの言っている割にはうちのみんなは恵まれてる方だよって。外に出てからはじめてわかった。……だからうちのお店の中で色々な意見を持っている人たちが，是非1回行ってもらって，いろいろなお店に行って聞いてほしいなっていうのがありますよね」（D労組・Tさん）

中央執行委員や専門部の委員になることで，組合や会社の中の種々の実情を知るようになり，むしろ「非現実的な」賃上げ要求はできなくなるというのである。また，自分の店以外の人と話すことで，店舗内で不満があったとしても「自分の店の方が恵まれている」と感じ，自分の店の状況に問題があるとは言えなくなっている。労働条件などに意見がある人には，「お店の外」の話を聞いて，今いる「恵まれた状況」に納得してほしいと考えていた。

パートのユニオンリーダーは，賃金水準の根拠に男女の稼得役割の違いを用いるなどジェンダーによる役割分業規範を内面化し，さらにパート労働者が多様であって，特に賃金に関する利害表明を一括りにすることの難しさを認識していた。パート労働者の処遇改善に積極的に取り組んでみたいという意向は語られない。逆に，ユニオンリーダーとなることで，企業側の実情を知り，より企業協調的になる姿勢もみられた。

（3）小　　括

本節では，パートのユニオンリーダーの①組合活動と，②パート労働者の労働条件決定に関与することへの主体意識をインタビュー調査から明らかにした。ところで，労働政策研究・研修機構の報告書『パートタイマーの組織化に関する労働組合の取り組み』[2006][10]（以下，機構調査）は，比較的本稿の調査と近い時期にアンケート調査を行っている。同報告書と比較しながら，考察結果をまとめたい[11]。

第一に，パートのユニオンリーダーの属性については，86名のパート役員か

らの回答のあった機構調査と比較しても，年齢は50歳代が多く，勤続年数も10年を超える人が半数以上を占め，女性であることなど，その特徴の多くは重なる[12]。ただし，機構調査の回答者の52.3％は生協の労組役員である。パートのユニオンリーダーは，職場でもリーダー的役割を果たし，子育て等を終えてある程度家庭責任が軽減した女性が担っているとみることもできよう。

　第二に，組織化された時点では労働組合への関心は高くないが，組合主催のセミナーへの出席や中央役員等からの組合活動参加への何らかの働きかけ，他店舗などに知り合いができるなどのきっかけで，組合活動に興味を持つようになっている。機構調査では，パート労働者を組織化した現在の課題を複数回答方式で尋ねており，「組合活動に対するパートタイマーの関心を高めること」が74.7％で最も多くなっているが，パート組合員に対してより積極的な働きかけを行うことが課題克服の糸口となることが示唆される。

　第三に，組合活動と仕事との関係では，組合活動には公休を充てるなど仕事への責任感が非常に強かった。ユニオンリーダー層は勤続年数も長く，職場でもリーダー的存在であることがうかがえる。そこで，パート組合員が組合活動をより行いやすくするために，組合として職場の同僚や上司に対しても労働組合活動への理解を高めるなどの取り組みが必要である。

　第四に，家庭との関係では，家庭責任に対する意識が非常に強く，特に組合活動を行う時間帯に強い制限を持っている。パート組合員の参加率を高めるためには，夜になることが多い組合活動時間帯を見直す必要がある。

　第五に，労働組合が労働条件決定の交渉主体であり，そこに参加しているとの意識が，パートのユニオンリーダーでは低いことが明らかになった。その一因には，パート組合員の参加率を高めようとする意図からか，パート組合員向けの活動ではレクリエーションなどパート組合員同士の交流が中心となっているという事情があろう。参加を高める努力とともに，労働条件の交渉主体であるという組合活動の意義をパート組合員も共有できるような機会を提供していくことが求められる。一方機構調査では，パート役員に対して組合活動に充実感を感じることを尋ねた結果，「パートタイマーの労働条件が向上すること」が73.3％と断然トップになっており，本稿の調査結果とは異なる。本稿では組

合に入ってよかったことやメリット，専門委員会や中央執行委員会に対する意識などを聞いているのに対して，機構調査では回答が選択式であることや，回答者の52.3％が生協のパート役員であることが挙げられよう。禿［2006］によれば，生協の労組における意思決定機関へのパート組合員の参画の度合いは，スーパーの労組に比べて高い。また，金井［2006］の8事例組合のうち7つのスーパーの労組では，意思決定に関わる上方の組合活動には正規組合員が占め，意思決定に関わらない傍系ないしは下方の活動にはパート組合員が占めるという「垂直的分離」があったのに対して，生協の労組では雇用区分によって活動の種類や開催時間が異なり活動が分かれるものの，組合の意思決定においてそれらの活動の取扱いに差がみられない「水平的分離」であった。そのため，生協のパートの組合活動自体が，スーパーの組合と比べてパート組合員主体的であり，パート役員比率なども圧倒的に高い。本稿の調査でも，生協のH労組Xさんだけが組合役員を担う中で意識が変化し，正規とパートの均等待遇に言及していた。インタビュー協力者が少なく推測の域を出ないのが本稿の限界であるが，金井［2006］で指摘したような，組合の組織構造と労組員教育の違いが認識の差を生み出した可能性がある。H労組では，パート部会主催でパート組合員に対して労組員教育を積極的に行っており，教育内容も「男女共同参画」をテーマに取り入れるなどしていた。このようなH労組での取り組みやそれを可能とする組合構造によって，パート組合員がパート労働者のおかれた状況や組合活動の意義を理解することが促されているのかもしれない。

4 結びに代えて

最後に本稿のインプリケーションを示したい。パート組合員の組合活動の参加率を高めるには，組合活動の時間帯を見直すことなどが必要であると指摘したが，それが女性であるパート組合員を一般の正規組合員とは区別した「特別扱い」につながるとすれば，以下のような懸念が生じる。パート労働者／組合員が「家庭責任」を負うというジェンダーによる役割分業から生じる「実際的ジェンダーニーズ」[13]に沿って活動や組織を設定すると，パートの「実際的

ジェンダーニーズ」への応答を通じてジェンダーが行為遂行［Don H. Zimmerman 1987］され，現在の男女の役割分担を改めジェンダー平等を追求する「戦略的ジェンダーニーズ」をみえにくくするのではないか[14]。ナショナルセンターの連合レベルでは，「均等待遇」実現の方針が立てられ，それがパート労働者の利益である以上に正規労働者の労働条件を引き上げることにつながることが認識されているが，肝心の企業別組合の役員レベルでは，そうした認識はまだ高まっていない。むしろ，本稿の調査からは，パートのユニオンリーダーは現状への満足度が高く，正規に対して格差のある処遇は，仕事そのものへの評価ではなく，ジェンダー区分と同一視された正規労働者とパート労働者の稼得役割の「違い」によって説明されていた。パート労働者組織化によって労働条件に若干の改善がみられたとしても，既存の企業別組合においてパートのユニオンリーダーが，ジェンダーによる役割分業規範にとらわれずに，パート労働者の処遇を積極的に改善していくための推進力となる道のりは遠いことが示唆される。

1) 本稿では，パートタイム労働者をパート労働者と表記する。また，組織化されたパート労働者をパート組合員と呼び，パート組合員の中で中央役員もしくはそれに準ずる役職に就いている者をパートのユニオンリーダーとする。
2) 例えば橘木［1993］は，異質な労働者は不満の種類や程度，経営者側への要求項目も異なり，常用労働者以外の労働者は組合活動に興味を示さない人も多く，企業への帰属意識がそれほど高くないと指摘し，このような労働者に組合参加を積極的に求めるのは難しいとの見解を示している。筒井・山岡［1985］はパート組織化の先駆をなすケーススタディから正規労働者が加入する労働組合とは別にできたパート協議会を「パートの大部分が主婦であるので，活動に参加しやすいように『ゆるやかな労組』を特徴として掲げている」と描写している。「ゆるやかな労組」が何を指しているのかについてこれ以上詳細な記述はないが，主婦を既存労組の組合活動には向かない主体として捉えていると言えよう。一方反対の見解を示す研究として，コリン・J・ボイルズ［1993］は，女性パートはこれまでの通俗的見解——労働組合への関心が低く，組合に加入するニーズも少ないという説——が全く当てはまらないことを明らかにしている。
3) 本稿が分析する事例は，金井［2006］で使用した事例組合と同一で表記方法も統一している。あわせて参照されたい。
4) 組合結成当時の加入活動について，正規組合役員の説明ではパート労働者に対するオルグも行ったとして説明はくい違うが，その事実よりもパート労働者の意識に注目した

Ⅲ 投稿論文

い。
5) 例えば，組合が提供する組合知識に関する教育サービスは，交渉当事者や職場代表となる正規組合員には実務に役立つより難易度の高い教育を，補佐役を担うことが想定されるパート組合員には基礎的レベルを中心とした教育を行っている［金井 2006］。
6) C企業では1993年に「パートナー資格制度」が導入され，資格を取得したパート労働者に資格給が支給され（1資格1時間15円〜30円），パート労働者の昇格制度が整えられた。
7) 賃金は仕事の非金銭的な属性を反映して調整されるとする「補償賃金仮説」は，パート労働者の低賃金を非金銭的な面での魅力があり満足度が高い仕事「やりがいがある」「労働時間が弾力的である」「通勤が楽である」を自ら選択することによって説明する。大沢［1994］は，パート労働市場への参入は様々な労働形態の中から賃金など低い待遇であるパート労働を自由に選択した結果であるから，正規との待遇の差は差別ではないとする見方を「補償所得と選択の自由」として問題視し，丁寧にその見方への反論を述べている。永瀬［1997］は，教育，職種，地域，年齢などの影響を取り除いても，呼称パートの賃金率は正社員より3割低いことを明らかにし，パートの低賃金は家事・育児のしやすさの代償としての補償賃金差のみであるとは言いがたいとしている。
8) D労組は，パートの中央執行委員も団体交渉の交渉主体となっている。
9) 日本においては山田［2001］が，戦後日本の労働組合が家族賃金を要求し，労使双方でその成立にいかに努めてきたのか，家族賃金イデオロギーが現実化されてきた過程を明らかにしている。
10) 同研究の目的は，第一にパート労働者の労働組合への組織化の現状を把握し，その組織化に取り組む労働組合の実態と課題を明らかにすること，第二に賃金をはじめとするパート労働者の労働条件に関する労働組合の取り組みを明らかにすること，第三にパート労働者の労働条件等に関する労働組合の取り組みに対し，労働組合の役員を務めるパート労働者はどのように評価しているのか，またパート役員はどのような意識を持っているのかを明らかにすることとしている。
11) 金井［2006］で明らかにされた組合の組織構造との関わりでパート組合員の意識を明らかにしたことは本稿のメリットといえるが，パートのユニオンリーダーのインタビュー対象者が少数であるため直ちに一般化するには限界があることは否めない。そこで，既存のアンケート調査の結果との比較によってその限界を補うとともに，さらに調査人数を増やして研究を進めていくことを今後の課題としたい。
12) 回答のあったパート組合役員86名のうち82名が女性（95.3％），産業は小売業が74名（86.0％）で，そのうち生協が45名を占めていた。また，年齢は50歳代前半が34.9％と最も多く，50歳代後半が23.3％と続き，50歳代が6割近くを占めている。会社での勤続年数は，10〜14年が34.9％と最も多く，ついで5〜9年が26.7％，15〜19年が19.8％となっている。
13) モーザ［1996］によると，戦略的ジェンダーニーズを満たすとは「女性が男性と平等の地位を得ると言うことであり，現在の男女の役割分担を改め，女性が置かれている従

属的地位を覆す」ことである。一方，実際的ジェンダーニーズは「女性が社会的に受け入れられている役割を通して気づくニーズで，女性の従属的な立場を変えようと挑戦するものではない」とされる。

14) 本稿ではパートのユニオンリーダーに焦点を当てたが，金井 [2006] では正規の組合中央役員もまた，ジェンダー役割に基づいてパート組合員を正規組合員とは異質な存在として認識し，その認識が正規・パート組合員の組合活動が分離されるのを当然視することにつながっていることを指摘している。

【引用文献】

アマルティア・セン（池本・野上・佐藤訳）『不平等の再検討――潜在能力と自由』岩波書店，1999年

大沢真理「日本の『パートタイム労働』とはなにか」『季刊労働法』170号，1994年

金井郁「企業別組合におけるパート組合員と意思決定過程への関与――正規組合員との比較から」『大原社会問題研究雑誌』568号，2006年

禿あや美「小売業におけるパート組織化と職場規制――生協協同組合とスーパーの比較」労働政策研究・研修機構『パートタイマーの組織化に関する労働組合の取り組み』労働政策研究報告書48号，2006年

キャロライン・モーザ（久保田賢一ほか訳）『ジェンダー・開発・NGO――私たち自身のエンパワーメント』新評社，1996年

熊沢誠『女性労働と企業社会』岩波新書，2000年

コリン・J・ボイルズ「女性の組合意識と加入行動」橘木俊詔・連合総合生活開発研究所編『労働組合の経済学――期待と現実』東洋経済新報社，1993年

佐藤博樹「非典型的労働の実態――柔軟な働き方の提供か？」『日本労働研究雑誌』462号，1998年

武石恵美子「非正規労働者の基幹労働力化と雇用管理」『日本労務学会誌』第5巻第1号，2003年

――「非正規労働者の基幹労働力化と雇用管理――非正規労働の拡大が女性のキャリアに及ぼす影響」橘木俊詔編『現代女性の労働・結婚・子育て――少子化時代の女性活用政策』ミネルヴァ書房，2005年

橘木俊詔「労働組合参加率低下の社会的背景」橘木俊詔・連合総合生活開発研究所編『労働組合の経済学――期待と現実』東洋経済新報社，1993年

筒井清子・山岡熙子「パートタイマー組織化問題の背景と課題――スーパーイズミヤのパートタイマー協議会発足の事例を中心として」『日本労働協会雑誌』315号，1985年

中野麻美「パートタイム労働研究会最終報告書を読む」『労働法律旬報』1538号，

Ⅲ　投稿論文

2002年

永瀬伸子「女性の就業選択」中馬宏之・駿河輝和編『雇用慣行の変化と女性労働』東京大学出版会，1997年

中村圭介・佐藤博樹・神谷拓平『労働組合は本当に役に立っているのか』総合労働研究所，1988年

本田一成「パートタイマーの個別的賃金管理の変容」『日本労働研究雑誌』460号，1998年

三山雅子「働き方とジェンダー――パートタイム労働を中心に」原ひろ子・大沢真理・丸山真人・山本泰編『ライブラリ相関社会科学　ジェンダー』新世社，1994年

山田和代「戦後日本の労働組合における家族賃金の形成と展開」竹中恵美子編『労働とジェンダー』明石書店，2001年

労働政策研究・研修機構『パートタイマーの組織化に関する労働組合の取り組み』労働政策研究報告書48号，2006年

Don H. Zimmerman "Doing Gender", *Gender & Society*, Vol. 1 No. 2, June, 1987.

アメリカ・イギリスのコミュニティ開発金融機関（CDFI）によるマイクロファイナンス

小関隆志　Koseki Takashi

1　問題の所在——先進国におけるマイクロファイナンス（MF）

（1）本論文の課題と対象

　マイクロファイナンス（microfinance；以下 MF）は，低所得者層を対象に貧困緩和を目的として行われる小規模金融サービスである。類似の概念にマイクロクレジット（microcredit；以下 MC）があるが，MC は融資に特化しているのに対し，MF は融資に加えて貯蓄，保険，送金といった各種の金融サービス全般を意味している。

　MF はバングラデシュのグラミン銀行に象徴されるように，途上国や旧社会主義経済諸国における開発論のアプローチとして注目され，その有効性が論じられてきた。他方で，先進諸国における MF はほとんど着目されてこなかった。

　だが，先進諸国においても貧困層・低所得層の問題は長く社会政策上の課題として大きな位置を占めてきた。1990年代後半以降欧米諸国は，「貧困の罠」を克服して社会的排除をなくすため，現金給付を中心とした社会保障制度に修正を加え，MF の手法を相次いで採用するようになった。なかでもアメリカやヨーロッパ諸国において MF の新たな担い手として急速に台頭してきたのがコミュニティ開発金融機関（Community Development Financial Institutions；以下 CDFI）である。後述のように，MF の手法がはじめて本格的に導入されたアメリカではすでに約20年の実績をもつ。これに対しヨーロッパ諸国では2000年以降に導入が進んだため歴史が浅いが，ヨーロッパ諸国のなかで MF が最も

盛んなのはイギリスである。アメリカやイギリスで MF が盛んなのは，自由主義レジームの要素を強くもっているためではないかと考えられる[1]。

MF に関する研究は，そのほとんどが途上国をフィールドとした開発論的アプローチによるものであった。近年では社会的排除の克服や地域経済再生を目的とした MF の活用が先進国でも注目され，実践も少しずつ増えてきたが，研究面ではまだほとんど手付かずの状態といえる。本論文は先進国の MF に焦点を当てて，アメリカ・イギリスの CDFI にみる MF の可能性と課題を明らかにしたい。

（2）途上国の MF

国連の UNCDF（United Nations Capital Development Fund；国連資本開発基金）は2005年を国際 MC 年に指定して啓発普及や資金調達のキャンペーンを行ったが，これはアジア・アフリカ・ラテンアメリカ・中東欧の途上国や旧社会主義経済諸国の貧困層の経済的自立を目的としていた。国連機関に限らず MF や MC に関するウェブサイトや書籍の多くは当然のごとく途上国を対象としている[2]。調査研究も同様に途上国の実践経験を踏まえて，金融機関（MFI）の行動原則や業績評価などの理論化を進めている。しかし，MF は途上国の専売特許ではない。先進国もその需要は存在し，実際に MF の活動もみられるが，国・地域によって歴史的・社会的背景や法制度などが大きく異なる以上，先進国に固有の課題も存在すると思われる。

（3）先進国の MF

1980年代後半以降，欧米の先進国でも途上国に倣って MF を導入・普及させる試みが相次いだ。1986年，当時アーカンソー州知事だったクリントン前大統領はグラミン銀行から手法を学んで，MF の普及に努めた。大統領就任後も「第三の道」の政策として CDFI ファンドの設立，地域再投資法（CRA）の改正など MF を積極的に進める政策をとった。1996年時点でアメリカの MC プロジェクトは51の組織が5万4000の企業の20万人に対して4400万ドルの融資を行うまでになった[3]。

アメリカ・イギリスのコミュニティ開発金融機関（CDFI）によるマイクロファイナンス

　だが，グラミン銀行の手法を取り入れた MF の活動は，必ずしも順調ではなかった。むしろ，その多くが失敗したともいわれている。順調でなかった理由として中嶋は，アメリカにおいては個人の起業が途上国に比べて容易ではないため，MF にふさわしい借り手を見つけるのに容易ではないこと，そのため MF の運営コストがかさみ補助金に依存してしまうこと（金融機関としての持続性の低さ），独占・寡占市場の存在，金融業界での厳しい競争環境，グループ連帯保証が機能しにくい人間関係の希薄さ，を指摘する[4]。要するにアメリカでは環境が異なるため，MF が充分に根づかなかったとしている。またPrescott は，グラミン銀行に代表されるグループ融資手法の有効性を先進国（アメリカ）と途上国（ボリビア・バングラデシュ）を比較検証した。彼は，グラミン方式がアメリカであまり普及していない理由として，先進国では銀行が多くあるので，相互貯蓄より融資のほうが有効であること，匿名性の高い社会のためグループの凝集力が小さいこと，自営業者の割合が圧倒的に少ないこと，毎週のように頻繁に返済する方式に合わない産業が多いことなどを挙げている[5]。

　ただし，アメリカで中心的に MF を進めている ACCION USA Network の業績は2000年以降，一転して急速に成長を遂げ，2003年には融資額が約2000万ドルにまで増加した。後述の CDFI や CRA などの制度的支援も含めて考えれば，アメリカの MF は大きな画期を迎えているとも推測される。

　他方，ヨーロッパにおいては，クレジット・ユニオン運動を除けば近年に至るまで MF はほとんどみられなかった。Copisarow は，故郷ポーランドのワルシャワで Fundusz Mikro という MF を1994年に設立し，その後ポーランドでの経験を踏まえてイギリスに移り，先進国の貧困対策として MF の導入・普及を図ってきた。Copisarow はバーミンガムで Street（UK）を2000年に設立し，現在 Chief Executive を務めているが，政府・銀行・チャリティ組織などが連携して制度を改善することによって，MF を発展させることが充分に可能であり，その社会的な効果は大きいと彼女は指摘している[6]。彼女はその後も Street（UK）の実践や種々の講演を通して，先進国に MF を導入して社会的企業への融資を促進することの重要性を訴えてきた。

　近年ではヨーロッパ諸国においても EU が2000年，金融の社会的排除や失

業問題（ヨーロッパ人口の約1割に影響を与えているといわれる）に取り組む手法として MF（特に零細企業の起業支援と融資事業 MC）に改めて着目し始め，中小企業振興5カ年計画（2001～2005年）の中に MC の項目を設けた。2003年にヨーロッパ委員会（the European Commission）が MC の促進をうたう報告書を発行，翌2004年に MC をテーマとした実務家レベルの国際会議を開催した。2003年には西欧で MF を推進するネットワーク型 NGO，EMN（The European Microfinance Network；以下 EMN）が設立され，2006年4月現在，会員組織は西欧だけでなくヨーロッパ全域に広がり，会員組織は16ヵ国の48組織にまで増えている。EMN の調査によれば1982～2003年の約20年間のうち，1990年代後半以降に MF の組織が多く設立されるようになったが，その多くは従業員数や融資額などがきわめて少ない組織である[7]。

2004年には EU が関係機関と共同で，イギリス・フランス・ドイツなどヨーロッパ8ヵ国における MF の現状を調査した。この調査は各国において零細企業（micro-enterprises）の起業・発展を支援育成する社会環境がどの程度整っているかを，法制度や資金調達，雇用福祉政策など6項目にわたって数値化して比較したものであり，零細企業に資金提供する MFI を通して資金の流通を促進するなどの政策を提言している。この調査によれば，国による違いが大きく，資金面では後述の CDFI を設けたイギリスや，フランスが比較的恵まれた条件となっている。

このうちイギリスに関しては，零細企業融資に対する政府の融資保証制度，CDFI に対する基金，減税制度など，MF を促進する環境が比較的整っていると評価している。

このように，社会的排除や失業問題などへの対策として欧米諸国では1990年代後半から2000年代にかけて MF や MC に対する期待が急速に高まり，各国間で程度の差はあるが，政策として実行に移されつつあるのが現在の趨勢といえる。その代表的な例がアメリカとイギリスであり，MF 促進の原動力となっている政策が CDFI の導入である。

次節ではアメリカ・イギリスにおける MF の主な担い手であるクレジット・ユニオンと CDFI に焦点を当て，その歴史的経過と現状を整理する。

2　クレジット・ユニオンと CDFI の導入

（1）クレジット・ユニオンの運動

　MF は「発展途上国で誕生・発展し，先進諸国に技術移転された極めてまれな金融手法」[8]としばしば紹介されるが，グラミン銀行の手法が先進国に"輸出"されるはるか以前，20世紀初頭から，欧米諸国ではクレジット・ユニオン（Credit Union；以下 CU）による相互扶助の運動が発達し定着してきた。

　CU とは組合員個人を対象とした預金・貸出を主体に行うリテール金融機関であり，信用組合（協同組織金融機関）である[9]。アメリカで最初の CU は1908年，マンチェスターの労働者が職域集団を基盤として設立したものであった。その後，大恐慌期，アメリカ南部農村のアフリカ系アメリカ人が人種差別のために銀行から締め出され，地域を基盤とした初の CU を結成した。この時期，大都市でも貧困層が増大し，相次いで CU が設立されていった。CU は，1960年代にはジョンソン大統領の「貧困との闘い」政策の下で成長したが，一方では大規模化して商業銀行と同様の形態をとり，中産階級がメンバーの主流を占めるようになった。他方，こうした大規模化に対抗して，低所得者層・貧困層への金融アクセスを社会的使命として重視する CU もあり，これらは新たにコミュニティ開発 CU 全国連合（the National Federation of Community Development Credit Unions；NFCDCU）を結成した（1974年）。特に貧困層に対する金融サービスへのアクセス保障を目的とする CU は，この時期から「コミュニティ開発」の名を冠して「コミュニティ開発 CU」（以下 CDCU）と称し，当時のカーター政権の支援を受けながら独自の戦略を進めていくことになる。1980年代にレーガンが政権に就くと CDCU は連邦政府の支援をあまり受けられなくなるが，1992年にクリントン政権が誕生したのと機を一にして，CDCU と，貧困地区を対象とした金融組織が合同で「CDFI 連合」（the Community Development Finance Institutions Coalition）を結成，クリントン政権と歩調をあわせて CDFI 促進政策の実現を図ってきた。2002年時点では全米で220の CDCU が23億ドルの預金を集め，約10億ドルを貸し付け，3億ドルの利子

Ⅲ 投稿論文

収入を得ている。成果としては約60万の貧困世帯が土地建物などの資産を得たという[10]。ブッシュ政権以降は再び逆風が吹いているようである。

　CDCU は1994年に制定された CDFI 法（Community Development Banking and Financial Institutions Act）に基づき，低所得者が多い地域および金融機関へのアクセスが困難な地域に対して金融サービスを提供する。CDCU は地域再投資法（Community Reinvestment Act；CRA）に基づく他機関からの資金調達が可能となり，また連邦 CU 監督局（National Credit Union Administration；NCUA）からの低利融資と補助金を受けられるなど優遇措置を享受できるようになった。CDCU は主に商業銀行にアクセスできない個人および家族経営的な零細企業への融資に加えて，組合員への金銭管理教育，零細企業の経営指導など，教育啓発にも力を入れている[11]。

　このようにアメリカにおいては CDFI 法制定後の1990年代後半以降，MF が着実な発展をみせている。グループ融資のように借り手の相互監視機能に頼るのではなく，むしろ組合員への金銭管理教育や零細企業への経営指導を徹底することで返済率を高めている。

　イギリスにおいては，1964年にウィンブルドンの教区住民によって設立された CU が最初のものとされる。当初は CU に適した法人格がなく，既存の産業節約組合（Industrial and Provident Society；IPS）では貯蓄による相互融資ができないなど不都合が多かったため，1979年に CU 法の制定に至った。政府は CU に対して規制強化と規制緩和を繰り返したが，1996年には規制緩和によって，職域組合と地域組合に加えて職域・地域混合型組合も登場した。しかし依然として資産も収入も少なく，安定した経営には程遠かった。1997年，ブレア政権の支援を受けて地域組合の規模拡大と経営の持続性強化，そして CDCU の理念が導入されたことから，1990年代後半以降は組合員数や預金残高が増加傾向にある。しかしそれでも2005年9月時点で全国組織（ABCUL）加盟の組合員数は40万人，預金量3.8億ポンドと，比較的小規模にとどまっている。重頭はイギリスの CU があまり成長しない理由として，CU の専門性の低さ（多くの CU がボランティアによって担われている），「貧しい人々の銀行」イメージからくる利用意欲の減退などを挙げている[12]。また，個人（住民・消費者）向け

の融資がほとんどで，零細企業への融資は活発ではなかったことも，CUが活発ではない理由として指摘されている[13]。全体としてイギリスではCUは比較的長い歴史をもちながらも，アメリカやカナダ等と異なり，あまり力をもちえていないといえる。

　こうしたなかで，一部には社会的企業やコミュニティ組織にも融資する新たなタイプのCUが設立される動きがでてきた。ロンドン西部の中間支援組織であるUrban Partnership Groupはコミュニティの社会的企業やコミュニティ組織，零細企業を対象としたCUを設立し，現在組合員を募りながら，事業開始の準備を進めている。専門性を備えた中間支援組織がCUという手法を使ってコミュニティの零細企業に資金を積極的に提供する試みは，イギリスのMFの新たな可能性を示していると思われる。

（2）アメリカにおけるCDFIの導入

　Amy Dominiはコミュニティ開発金融機関（CDFI）を，従来の銀行や金融機関からは充分に融資を受けられないコミュニティを中心に融資する専門の金融機関であると定義している。CDFIには，コミュニティ開発銀行やCDCU，貸付基金，コミュニティ開発ベンチャー・キャピタル，零細企業融資基金が含まれる。主な融資先は非営利組織，社会的企業，協同組合，個人などで，既存の金融機関からは融資を受けにくい低所得層の住民や零細企業，非営利組織の経済的自立を図り，地域経済を活性化することを目的としている。

　CDFIの種類も融資先も多様であるが，あえて2つの流れに分けると，地域住民に対して住宅の取得・改修，債務の返済・貯蓄を促進することを主な目的とする小規模なCUと，零細企業に対して起業や事業の存続拡大を促進することを主な目的とする，比較的規模の大きい開発銀行や貸付基金，ベンチャー・キャピタル等に大別できる。この中間として，自営業への融資がある。

　アメリカではクリントン政権によって各種の支援制度が設立された。銀行，CDCU，NPOなどの金融機関がCDFIファンドからCDFIとして認定され，連邦政府から補助金や投融資，税の減免，地域再投資法の格付けなどの優遇措置を受ける[14]。認定には3～5年の事業実績に加え，コミュニティ開発を目的

としていることなど6項目の基準を満たす必要がある。認定されるCDFIは年々増加し，2002年度の625から2004年度の733に増えた。CDFIファンドが2004年度に配分した資金は合計で8億9300万ドル，うち直接CDFIに投資した額は4億6700万ドルに達した（2002年度は4億1600万ドル）。また，減税制度（NMTC）により2004年度に投資された民間の資金は304億ドル（2002年度は258億ドル）と年々大きく増えている。

Raynorの調査によれば，CDFIとして認定されたCDCUなどの金融機関は預金や貸付残高，組合員数などが著しく伸びたが，それは単に政府基金から資金を得たからというだけでなく，民間の投資家からの高い名声を得て資金が集まったことが大きな要因だという[15]。CRAの規制によって，大銀行などがCRAの格付けを上げるためにCDFIを積極的に支援するという構図ができていることが，その背景にある。すなわちCDFIとしての認定は直接・間接の二重の効果をもたらしているといえる。別の側面からみれば，CDFIがMFの担い手として，政府の認定を梃子にして銀行とコミュニティを結びつけ，資金を仲介するシステムが作られている。

（3）イギリスにおけるCDFIの導入

他方イギリスは，アメリカのCDFIの経験を取り入れて制度化を図った。1980年代以降，イギリス国内での貧富の格差は拡大し，貧しい地域は社会福祉や企業の寄付に依存する傾向にあったが，貧しい地域の経済的自立をかえって阻むという，荒廃の悪循環に陥っていた。こうした状況に対し，貧しい地域に資金を調達するためにソーシャルバンクや貸付基金などの金融機関が相次いで設立された。しかし，CUが以前より政府の手厚い支援を受けてきたのに対し，その他の金融機関は法制度的な位置付けを与えられないままで，存在が政府によって黙認される傾向にあった[16]。

政府は1998年以降，CUのみにとどまらず，CDFI全体を広く支援する政策を打ち出した。1998年，政府部内の社会的排除局が政策を精査したところ，貧困地域の零細企業を支援する政策が不十分であることが明らかとなった。そこで，中小企業局が貧困地域の零細企業を支援する金融機関を奨励し，貧困な地

域や社会的に不利な階層の人々を支援するために，公的基金フェニックス・ファンドを1999年に設立することとなった。さらに2000年，政府部内の社会投資タスクフォースが大蔵大臣に提出した勧告は大部分が実行に移され，イギリスのコミュニティ投資にとって大きな画期となった。

だがフェニックス・ファンドが2006年に終了した後，CDFI は政府からの資金供給の見通しが立たなくなり，現在は公的資金からの脱却を迫られつつある。

2003年から施行された減税制度は，個人投資家・機関投資家が，認定された CDFI に投資することを奨励するため，投資家に対して減税の特典を与えている。だが，銀行をはじめ民間企業・金融機関からの投資は必ずしも順調に進んでいない。2005年の CDFA 年次総会では，銀行が企業社会責任の観点から，貧困地域にどれだけ融資を行ったかを，銀行から政府に報告させるべきだという指摘も出されるほどだった。政府は公的資金依存に代えて減税制度をもっと活用し，投資家からの民間資金導入を図ろうとしているが，減税制度を上手に導入・活用できている CDFI はあまり多くないといわれている。民間の投資家が投資する際は，CDFI の経営能力の確かさが厳しく判断されること，減税制度の利用が複雑なこと，などがその主な理由として指摘されている。事業経験の長さが経営能力証明のひとつとして重視されるが，経験の短い CDFI が多く，先行きは必ずしも楽観できない。

とはいえ，CDFI セクターは全体として大きな成長を遂げ，2004年度統計によれば，全国組織 CDFA 加盟55組織の合計で融資額は1億4700万ポンド（前年度比40％増），融資可能残高は4億ポンド弱（前年度比80％増）となり，融資件数は延べ9500件にのぼっている。融資の結果，8万5000の雇用を確保し，1万以上の雇用を新規創出したという[17]。

3 MF と CDFI

商業銀行にアクセスできない貧しい人々を対象に，融資や貯蓄などの金融サービスを提供し，住宅の取得をはじめとした生活資金，個人の零細事業，コミュニティ活動などのために少額の資金を活用して彼らの経済的な自立を図る

ことが，MF の目的である。したがって MF は，従来の銀行や金融機関からは充分に融資を受けられないコミュニティを中心に融資する CDFI と，おおよそ目的を共有しているといってよい。

しかし，MF と CDFI は重なる部分が大きいとしても，CDFI の事業がすべて MF であるとはいうには無理がある。規模や性格などにおいて，いくつか共通点と相違点がみられる。

（1）MF の融資規模

MF と CDFI の関係を明らかにする上で客観的な根拠になりうる指標のひとつは，融資の上限金額設定である。MF はその名の通りきわめて少額の融資であるが，具体的にいくらまでの金額を指すのか。1件あたりの融資規模によって，融資対象者層も資金使途も，ひいては融資の社会的な意義や役割も規定されてくることは明らかである。

ただし，世界共通の上限金額が一律に定められているわけではない。

アメリカの CDFI の統計によれば，零細企業への融資上限は2万5000ドルであり，2003年の融資実績では中央値が9327ドルであった。また個人消費者の融資は中央値が4476ドルであった。こうした融資は金額が非常に小さいこともあり，CDFI の融資額全体に占める割合はごくわずかである（零細企業融資は，融資額全体の3％）。

ヨーロッパ諸国については零細企業への融資上限は2万5000ユーロとされている。

イギリスでは，EU の基準に従えば2万5000ユーロが上限となるが，CDFI 関係者によれば一般的に5000ポンドが MF の上限だという意見が多かった。全国組織（CDFA）によれば，零細企業への融資額は平均5200ポンドである[18]。

このように，国・地域によって MF の金額の範囲には幅があるが，おおよそ100～360万円を上限とした少額融資を，主に CDCU や貸付基金などが提供していると考えられる。

総じていえば，MF は CDFI の中でも比較的少額の融資を担っているといえよう。

図表1　MFとCDFIの共通点・相違点

	共　通　点	相　違　点	
		MF	CDFI
目的性	・銀行から排除された階層に融資を行う。 ・社会的目的をもつ。	・融資事業の内容は特に制限されない。 ・貧困層の経済的自立に焦点が絞られている。	・社会的目的をもった事業という限定を設けることが多い。 ・一部は貧困対策に限らず，より広汎な目的をカバー。
対象	・貧困層・女性・高齢者・外国人などの起業に対して融資を行う。	・貧困層に直接融資する。融資，貯蓄，送金などの金融サービス提供。	・一部は貧困層や失業者を支援するボランタリー組織，社会的企業などに融資を行う。
経営	・良好な経営の維持。 ・融資先への経営支援態勢を築く必要。 ・行政，銀行，NGO等のネットワーク。	・収益を期待できる。世界的にMF投資ファンドが発達している。 ・市場での資本調達（＝商業化）が課題。	・社会性の高い事業は収益性があまり期待できない。収益性だけで民間投資が参入する余地は低い。公的資金からの完全な脱却は困難。

（2）MFとCDFIの共通点・相違点

　融資上限額という定量的な区分以外に，融資目的・対象領域・経営課題といった定性的な面で共通点と相違点が存在すると考えられる（図表1）。

　融資目的に関しては，商業銀行から排除された人・組織に金融サービスへのアクセスを保障し，資金需要のギャップを埋めること，地域経済の発展や人権尊重といった社会的目的を有することが，MFとCDFIの共通点として挙げられる。他方，融資を行う事業の内容については，CDFIは地域経済振興や雇用拡大，社会的弱者や環境への配慮など社会的目的をもった事業への融資を目的に掲げていることが多いが，MFの場合は一般的に，反社会的な事業でなければ，融資事業内容は特に制限されない。またCDFIは貧困や社会的排除に限らず，有機栽培や自然エネルギー，フェアトレード，職業訓練，環境保全など，より広汎な社会的目的をカバーしている（こうした金融を「ソーシャルファイナンス」と呼ぶ）。

　融資対象に関しては，貧困層や女性，高齢者，障害者，外国人など社会的に排除された人々に対する起業支援，個人の住宅取得など，MFとCDFIの共通する部分が少なくない。他方で，MFは貧困層などに対する直接的な支援を

行うのに対し，CDFI の一部は社会的企業やボランタリー組織，コミュニティ組織などを通した間接的な支援も行っている。

　金融機関の経営に関しては，良好な経営実績の維持の重要性，融資先に対する経営指導など非財政的支援の有効性が，MF と CDFI に共通して指摘されている。他方，MF は社会性の高い事業に限定されていないため，ある程度収益を挙げることが期待でき，MF 投資ファンドから市場の民間資金を調達することが容易である。実際，営利目的の投資家からも資金を得ている。他方で，社会性の高い事業を手がける CDFI の場合は高いリスクの割に収益性が期待できず，収益性だけで民間投資をひきつけることは難しい。

　アメリカでは CRA がコミュニティ投資を義務付けているが，イギリスには CRA のような法的拘束力がなく，企業や銀行による自主的な投資を促すしかない。Royal Bank of Scotland，Barclays などの大銀行は，CDFI などの金融機関を媒介して MF に取り組んでいる。だが，商業銀行の多くは積極的に CDFI や CU に投資せず，市場からの資金導入は厳しいのが実態といわれている[19]。

（3）CDFI の事例
⑴ ACCION USA

　ACCION USAは，国際組織 ACCION International の一組織として1991年ニューヨークで活動を開始し，その後アトランタ・マイアミなどに事務所を設立した。ACCION はラテンアメリカ諸国における長年の事業実績をもとに，アメリカに MF を導入した。

　ACCION は，既存の商業銀行から融資を受けられない零細企業経営者に対して，500～2万5000ドルの範囲内で少額の事業資金を融資する。零細企業経営者は，貧しいため不動産をもたない，融資を受けた実績がない，融資額が小さすぎるなど，不利な条件下に置かれてきた。こうした貧しい経営者が貧困の罠から抜け出せるよう支援することを，ACCION は使命としている。融資を受けた者の87％はエスニック・マイノリティ，55％は低所得者であるという。

　ACCIONは原則として個々の経営者に融資するが，単独で担保や連帯保証

人を用意できない場合，数人が連帯して融資を受ける「連帯グループ融資」も認めている。期限内に返済を終えると次第に融資額を増やすという形で，融資実績を着実に積み上げながら零細企業の発展を支えている。また，借り手に対して経営指導・支援を行う組織を紹介している[20]。

(2) LRS (London Rebuilding Society)

LRSは2000年にロンドン中心部に設立されたCDFIで，ロンドンの貧困地域において雇用創出・サービス提供を行う社会的企業やNPOなどに融資している。

起業者を対象とした相互融資事業「The Mutual Aid Fund (MAF)」は2002年の導入当初，従業員の職業訓練や備品購入などのための少額融資を行ってきたが，2006年にはグラミン銀行のグループ融資方式をもとに独自のアレンジを加えて，新たなグループ融資を始めた。これはLRSが起業家グループに3年間融資し，その起業家グループが構成メンバー（＝個々の起業家）に再融資する。LRSは間接融資により，リスク回避が可能となる。事業未経験の起業家グループに対して，LRSはきめ細かな経営指導を施している[21]。

このようにACCIONやLRSなど一部のCDFIは，途上国の経験を参考にグループ融資などMFの経営手法を取り入れており，注目に値する。

4　CDFIの意義と特徴，課題

1990年代後半以降先進諸国においてMFは脚光を浴び，特に英米では，CDFIがMFの担い手として注目されている。本節ではCDFIの意義と特徴，課題を検討する。

(1) CDFIの意義と特徴
(1) 外部資金の供給

第一に従来のCUとの比較においては，外部資金の供給がCDFIにおける最大の意義といえる。従来のCUは，原則として資金提供者は組合員の範囲内に限られていたが，CDFIとして認定されれば公的・民間を含め外部からの

資金を有利な条件で導入できる。

　外部資金を MF に導入するということ自体は，MF 全体をみれば驚くに値しない。途上国の MF では，政府投資，オイコクレジット（オランダ），カルバート財団（アメリカ）などの民間投資ファンドから資金を集めることができる。しかし，先進国における MF は，外部資金はあまり入らず，低所得者間で細々と続けられていた。こうしたなかで，外部資金の供給促進政策が CDFI セクターの急成長を促した点で意義が認められる。

　社会的責任投資（SRI）への投資額は約50億ポンド（2003年度，EIRIS 調査）にのぼるが，SRI 資金の一部が CDFI を通してコミュニティ開発に投資される可能性は大きい。Brown と Thomas は，金額ベースでは SRI のシェアはまだ小さいものの，金融市場に与えているインパクトは大きく，イギリスでは今後も発展するだろうとの見通しを示している[22]。

　企業による投資に限らず，公益財団やチャリティ組織による事業関連投資も注目を集めている。事業関連投資とは，公益財団が CDFI やボランタリー組織に出融資することである。従来，公益財団は資金を市場で運用して，得られた資金を助成金として分配していたが，この事業関連投資は，資金運用の段階にも公益目的を導入する新しい試みである。

　ただし，イギリスでは民間資金を当初の期待通りに集められず，多くは政府や EU などの公的資金に依存している。民間の自主的な活動だけに任せるのではなく，法的な拘束力をもたせることも必要であろう。

(2) 金融の社会的排除への対策

　途上国と先進国の MF を比較すると，MF の目的や受益者層にも違いがみられる。

　途上国では，グラミン銀行が「農村銀行」という意味であることからもわかるように，そもそも金融機関のない農村部では多くの農民が日々の生計のためにインフォーマルな金融業者から法外な金利で借金し，生活苦にあえいでいた。農村は銀行から地理的に離れていて，銀行にアクセスできない貧しい農民が圧倒的多数を占め，金融に関する法的整備も充分ではなかった。こうした状況下で，多数の貧しい農民に経済的自立の途を示したのが MF であった。他方，

先進国においては，銀行が地理的に近くにあっても，貧しさなどの理由で銀行にアクセスできず，不利益をこうむる特定の社会的弱者層が存在していた。こうした金融からの社会的排除に対し，問題解決の糸口を提供したのが MF であった。

貧困層や社会的弱者に金融サービスへのアクセスを保障し，少額の資金を提供することで彼らの経済的自立を促す，という点では，途上国の MF と共通している。ただし，途上国のように農村部に住む多数の住民を一括して対象とするわけではなく，貧困地区の住民や長期失業者，エスニック・マイノリティ，元受刑者，障害者，移民，高齢者，女性，若者など，CDFI が取り組む対象者はきわめて多様で，地理的にも散在し，各々の市場が抱える背景やニーズも異なる。そのため，社会的排除に取り組む MF には，それぞれの対象者の特性やニーズに関する専門的なアプローチが強く求められる。

（2）CDFI の経営課題

CDFI の導入に伴い，さまざまな課題が浮かび上がってきている。

第一の課題は，個々の CDFI に求められる，金融機関としての経営能力向上である。イギリスでは40％以上の CDFI が，ほとんど，あるいは全く融資実績をもたない。2000年以降に事業を開始した組織が圧倒的多数を占めており，事業経験はきわめて浅い。標準的な総資産5000万〜1億円程度で，従業員数平均5名（正規換算）という零細規模では，組織内分業を進めて従業員が専門性を高めることは容易ではない[23]。イギリスの CDFI はアメリカの CDFI と比べてもずっと小規模である。アメリカの CDFI は，2003年度統計によれば総資産が平均で2764万ドル，従業員数平均約20名（正規換算）である。イギリスよりもやや早い時期（1980〜1990年代）に急増したが，2000年代以降伸びが鈍化している。

CDFI の場合，融資先として有望な社会的企業も決して多くはないので，貸付残高の比率を高めるのに苦労するという。仮に外部から大量の資金を投入しても，資金がだぶついてしまう（結局は当面の資金運用として銀行に預金される可能性が高い）。また，大銀行や企業など民間資金は，堅実な事業実績をもち経営

に信頼のおける CDFI を厳選して資金投入する傾向がある。そもそも CDFI は，商業銀行が高リスク・低リターンだとして取引を拒んできた人々や企業・組織を主な融資対象としているので，経営の舵取りは難しい。

　こうした背景から，CDFI は金融機関として基礎的な経営能力を高め，外部資金を効率的に運用して実績を積み，政府や銀行などの信頼を獲得することによって，次の新たな資金獲得と事業の拡大につなげていくことが求められている。

　具体的な方法論としては，融資のリスク評価の精度を高めること，利用者の実態に合った融資手法を提供すること，利用者（特に零細企業）に対する経営支援・指導を組み合わせて提供すること，他組織とのネットワークを構築すること，さらには CDFI としての社会性評価の方法論を確立することなどが挙げられる。

　リスク評価を正確に行うことは，必ずしも高リスクの融資案件を排除するためではなく，CDFI の経営の観点からより正確な将来予測を立てるとともに，利用者（融資先）に対する的確な助言・指導を行うためでもある。無担保・無保証で，しかもグループ融資等による連帯責任の縛りがない融資の場合，事業のリスク評価はそれだけ重みを増すことになる。

　利用者の実態に合った融資手法については，一部の CDFI はグループ融資など MF の経営手法を，途上国の経験を参考にしながら取り入れている。

　経営支援・指導は，MF の非財政的支援のひとつに数えられる[24]。零細企業や，これから起業する・もしくは起業して間もない企業，コミュニティ組織などは，融資を受ける態勢が必ずしも充分に整っていないため，事業の構想を形にするための助言など，融資する前に準備を整える支援・指導が必要と指摘されている[25]。

　経営支援と融資をひとつの CDFI が一括して提供する自己完結型もあるが，CDFI は融資を，支援組織や NGO が経営支援・指導を提供して両者が連携するような，相互連携型もある。岡本らは途上国のMFにおける多様な連携のあり方を図示しているが[26]，先進国においても経営支援と融資の緊密な連携は重要な課題となっている。Conaty らは金融機関と経営支援組織によるワンス

トップサービスの重要性を指摘している。そこには，数多くのCDFIや経営支援組織が林立して多様なサービスが散在し，利用者からみるとどのようなサービスがあるのかわかりにくく，不便を強いられているという背景がある[27]。

経営支援組織だけでなく，多様な組織との幅広いネットワークを構築する必要性も指摘されている。Forsterは，CDFI間の情報共有，マーケティング，銀行との共同融資，他の金融機関との連携など，多様な提言を出している[28]。Gogginらは，CDFIが経営支援組織や銀行などを経由して有望な顧客を集め，事業拡大につなげるべきだと主張する[29]。

社会性評価の方法に関しては，MFでは経済性と社会性の二重基準に基づく評価方法の開発が行われてきた[30]。例えばImp-ActによるSPM（Social Performance Management in Microfinance）のガイドラインでは，それぞれの組織が社会的目標を最初に定めることになっている。この社会的目標は，一般的には「特定のターゲットグループへの接近」「ニーズに合った適切なサービスの安定供給」「利用者やコミュニティのプラスの変化として現れるインパクト」の3つに分類される。CDFIが経済的な目標（貸出残高等）だけでなく社会的目標を掲げ，その目標がどれだけ達成できたかを測定し，評価することが必要とされているが，現段階ではまだ開発されていない。

CDFIの事業が社会に対してどの程度の成果（アウトカム）を与えたのかを測定・評価することは，直接的な生産量（アウトプット）の測定に比べて困難である[31]。融資額の推移は示せても，賃金の上昇や雇用者数の拡大，市場の拡大，マイノリティ差別の解消といった成果を示すことは，さまざまな要因が複雑に絡んでいるだけに難しい。さらには，現在多様なCDFIが個別の基準で雇用者数拡大などの成果を測定・評価しているが，基準に一貫性がなく比較・集計できないという問題も指摘されている。

（3）経済性と社会性のジレンマ

第二の課題は，経済性と社会性のジレンマである。

MFにおいては，政府補助金依存から脱して，民間資金で事業拡大することが望ましいとされている。政府の政策に左右されず，持続的な経営が可能にな

るからである[32]。

　しかし CDFI の場合，政府補助金依存をなくして，民間投資によって持続可能な経営を図ることは，どこまで可能なのだろうか。また，持続可能な経営を徹底的に追求することは，コミュニティ開発という CDFI の社会的使命と摩擦を引き起こす恐れはないのか。

　Forster の事例研究によれば，Street（UK）という CDFI は効率的な経営を実現し，高い業績を出しているものの，自立的な経営には程遠く，良くても経費の30％しかカバーできていない[33]。したがって残りの経費は公的資金で補うか，他の事業で得た収益を充てることになる。Forster は，経営の多角化と大規模化が今後の重要なポイントになるというが，同時に，政府や銀行などが低所得者への融資に配慮する規制を設けるべきだと指摘している。Goggin らは，いくつかの CDFI の零細事業融資に関する収益率を試算したところ，最低で20.5％，最高でも72％だった。「イギリスにおいて MC の事業が独立採算でやっていくことがはたして現実的なのか，疑問がある」と述べている[34]。

　筆者の聞き取りによる事例調査でも，融資事業単独で採算が取れている CDFI はひとつもなかった。ICOF という CDFI はほとんど公的資金を取り入れずに30年間経営を続けてきたイギリス唯一の組織だが，ここでも融資事業の利子収入は経費の約3割に過ぎず，残りの収入は経営コンサルティングや，他の CDFI に対する支援業務や業務代行の手数料で得ている。他方 LRS という CDFI は大部分を公的資金に依存しているが，フェニックス・ファンドの終了を迎えて，零細企業融資から他の事業（住宅改修に対する融資）に重点を移し，収入源の多元化によって生き残りを図ろうとしている。アメリカでも独立採算は達成できていない。アメリカ最大手の MFI である ACCION USA は，融資事業の収益率（融資事業の経費に占める収益の割合）は31.8％に過ぎない。収入の約4分の3を企業など民間の寄付金に依存しているのが実態である。また政府の CDFI ファンドから多額の資金や税の減免を得ている。

　CDFI が完全に自立的な経営を実現できれば理想的かもしれないが，少なくとも現状では，政府が手を引けば，貧困層などへの融資は困難になる恐れがある。また寄付金への依存率も高い。この問題は個々の金融機関の経営課題を超

えて，政府を含めた社会全体の課題でもある。

　CDFIの抱える経済性と社会性のジレンマは，金融の社会的排除にかかる費用を社会のなかでどのように公平に負担しあえるかという問題であるといえよう。

1) Whitni Thomas はヨーロッパ8カ国比較調査において，イギリスを「自由主義モデル」の例とした。イギリスは「起業家精神の高さ」「零細企業に対する政策的支援」「マイクロクレジットに関連した法整備」「MFの金融機関に対する資金供給や支援の整備」などの項目で最も評価が高い。Whitni Thomas, Sarah Forster, FACET and Evers & Jung, "Policy measures to promote the use of micro-credit for social inclusion," NEF, 2004, p. 16. 別調査によればイギリスは，MF金融機関の数で他国を圧倒している（ヨーロッパ全体の41％）。"Overview of the microfinance sector in Western Europe", NEF, 2004, p. 6.
2) The Global Development Research Centre http://www.gdrc.org/icm/index.html, Woodstock Institute http://www.woodstockinst.org/ など。
3) Buss, Terry F., "Microenterprise in International Perspective: An Overview of the Issues", *International Journal of Economic Development* 1 (1), 1999, p. 2.
4) 中嶋祐「アメリカにおけるマイクロファイナンス」『国際金融』7月号，2003年，55ページ。
5) Prescott, Edward S., "Group Lending and Financial Intermediation: An Example", *Economic Quarterly* Volume 83/4, Federal Reserve Bank of Richmond, 1997, pp. 41-45.
6) Copisarow, Rosalind, "The Application of Micro credit technology to the UK: Key commercial and policy issues", *Journal of Microfinance*, 2000.
7) New Economies Foundation, "Overview of the microfinance sector in Western Europe", European Microfinance Network, 2004, p. 8, 9, 15.
8) 中嶋祐，前掲「アメリカにおけるマイクロファイナンス」52ページ。
9) 永井敏彦「米国クレジット・ユニオンの経営戦略」『農林金融』4月号，2004年，22ページ。
10) Brown, Mick et al., *Life Saving*, New Economics Foundation, 2003, p. 11.
11) 永井敏彦「米国クレジット・ユニオンの経営戦略－6」「米国クレジット・ユニオンの経営戦略－7」『金融市場』4月号，2004年，23-31ページ。
12) 重頭ユカリ「イギリスのクレジット・ユニオン」『農林金融』3月号，2003年，74ページ。
13) Urban Partnership Group の Gordon Keenan 氏からの聞き取り（2006年3月）による。
14) 日本政策投資銀行『米国のコミュニティ開発金融機関と支援の仕組み』2005年，22

III 投稿論文

ページ。
15) Raynor, Jared, "The Impact of Large Capital Infusion to Community Development Credit Unions," *Journal of Microfinance* 5 (1), 2003, pp. 110-112.
16) Mullineux, Andy and Mayo, Ed, "A regulatory framework for community development financial institutions," *Journal of Financial Regulation and compliance*," 9 (2), 2001, p. 111.
17) Community Development Finance Association (cdfa), "Inside Out: The State of Community Development Finance 2004," 2005, p. 2.
18) Whitni Thomas, Sarah Forster, et al., "Policy measures to promote the use of microcredit for social inclusion, op. cit., p. 16. CDP, "Providing Capital, Building Communities, Creating Impact FY2003", the CDFI Data Project, 2004, p. 14, p. 17.
19) CDFI および Co-operative Bank の関係者からの聞き取り（2005年3月）。
20) ACCION USA http://www.accionusa.org/
21) LRS 関係者からの聞き取り（2006年3月）および http://www.londonrebuilding.com/
22) Brown, Jessica and Thomas, Whitni, "Ethical Finance", NEF, 2005, p. 14.
23) Community Development Finance Association (cdfa), op. cit., pp. 3-5.
24) 岡本真理子・栗野晴子・吉田秀美編『マイクロファイナンス読本——途上国の貧困緩和と小規模金融』財団法人国際開発高等教育機構，1999年，121ページ。
25) Sarah Forster, Lessons from Experience, the New Economics Foundation, 2004, p. 41.
26) 岡本真理子・栗野晴子・吉田秀美編，前掲書，102ページ。
27) Conaty, Pat et al., *Community Banking Partnership: A joined-up solution for financial inclusion*, New Economics Foundation, 2004, p. 3.
28) Sarah Forster, op. cit., pp. 40-47.
29) Goggin, Niamh and Thomas, Whitni, "Attracting clients: The challenge of marketing for CDFIs in the UK", New Economic Foundation, 2004, p. 24.
30) Tulchin, Drew, "Microfinance's Double Bottom Line: Measuring Social Return for the Microfinance Industry", Social Enterprise Associates, 2003, p. 7.
31) Benjamin, Lehn et al., "Community Development Financial Institutions: Current Issues and Future Prospects", *Journal of Urban Affairs* 26 (2), 2004, p. 42.
32) 岡本真理子・栗野晴子・吉田秀美編，前掲書，83ページ。
33) Sarah Forster, op. cit., p. 31.
34) Goggin, Niamh and Thomas, Whitni, op. cit., p. 4.

中国における最低生活保障制度の
問題と改善の方向性

朱　珉　Zhu Min

1　はじめに

　中国は1978年から改革開放政策を実施し，1993年の中国共産党第14期3中全会において，「社会主義市場経済体制の確立の若干問題に関する中共中央の決定」が採択されたことにより，「社会主義市場経済」の確立という経済改革の目標を明確にした。その「社会主義市場経済」は国民が共に豊かになることを目標としている。鄧小平も「もしわれわれの政策が両極分化をもたらすとしたら，われわれは失敗したことになる」[1] という言葉を残している。しかし，現実には，確かに一部の人は豊かになったが，貧富の格差も拡大している。世界銀行によると，2001年中国のジニ係数はすでに0.42に達し，中国の専門家の調査によると，2004年のジニ係数は0.53に達しているという[2]。

　鄧小平，江沢民に次ぐ胡錦濤政権は発足以来，「科学発展観」を強調してきた。それは2003年4月に広東省を視察した際に「全面的発展観」として提起され，同年10月の第16期3中全会で採択された「社会主義市場経済体制の若干問題の完備に関する中共中央の決定」に書き込まれ，新政権の指導思想として定着した。「科学発展観」は一言でいえば，「人間本位を堅持し，全面的で協調的かつ持続可能な発展観」で，「均衡がとれた都市部と農村部の発展，地域の発展，経済社会発展，国内発展と対外開放を推し進め，社会の物質文明，政治文明と精神文明の協調的発展を促進し，人間の全面的発展を促進する」ことを強調している[3]。2005年3月の全人代では，「科学発展観」から「和諧社会」（調和のとれた社会）の構築を提唱した。そのため，政府は今後の長期的な重要課

題として貧富格差の改善を第一に挙げ，具体的には失業や生活難に苦しむ「弱勢群体」(社会的弱者集団)の救済,「三農」(農業，農村，農民)問題の改善などが重視されるようになった。

本論文においては，都市部住民の低所得層の生活に焦点を当て，その家計の所得・消費構造の分析を通じて，中国における最低限の生活を支える最低生活保障制度の現状を明らかにすると同時に，社会保障の固有の政策目的である生存権保障，つまり，国民生活の最低限が中国では具体的にどのような水準のものなのか，またどのような形で実現されるべきか，その手かがりを提供することにする。

2 都市部における最低生活保障制度

中国の貧困問題は長い間農村部における問題として認識されていた。実際，1980年代まで都市部の貧困問題は農村部に比べ，深刻ではなかった。1992年の世界銀行の報告書によると，1990年に中国農村部の絶対的貧困人口は9700万人であるのに対して，都市部の絶対的貧困人口は100万人であった[4]。中国政府は農村部の貧困問題に積極的に取り組んできた結果，2004年に農村部における貧困人口は2610万人に減少した[5]。農村部の貧困問題の改善とは対照的に，都市部における貧困問題は近年の経済高度成長にもかかわらず，かえって深刻化していると中国の専門家は指摘する[6]。特に1990年代後半，余剰人員の削減による一時帰休者や失業者の大量発生は，貧困の新しい要因となった。

しかし，従来の都市部社会救済制度は1950年代に形成されたものである。当時の計画経済体制の下で，都市部においては，いったん「単位」(就職先，職場)に配属されれば，すべての労働者は本人およびその家族の生活全般が「単位」によって保障されていた。社会救済はこの保障から漏れた少数の者に対する制度であったため，適用対象は限定的であった。その対象は主に労働力がない，安定した収入がない，法定扶養者がない「三無人員」と，疾病・死亡などの予期せぬ災害・低収入によって貧困に陥った者であった。また，救済水準も低く，「餓死しない」程度であった[7]。1992年，国家の定期・定量的救済[8]を受

けた都市部の貧困者数は19万2000人[9]，救済総額は8740万元，1人当たりの年間受給額は38元で，これは当時の都市部1人当たりの月所得の25％にすぎない[10]。このような制度ではもはや経済改革によって形成された新しい貧困層の救済に対応できなくなった。

1993年6月に，上海市が全国に先駆けて，最低生活保障制度を実施し[11]，全国都市部の社会救済制度の改革が幕を開けた。1994年には中国は史上最高のインフレに見舞われ，これにより31％に及ぶ都市部住民の生活水準が低下した[12]。このような状況を背景に，1994年に開かれた第10回全国民政会議で，民政部は上海の最低生活保障制度を評価し，「都市部社会救済対象に対して逐次に当地最低生活保障ラインによる救済を行う」という目標を打ち出した。1995年末には最低生活保障制度を確立した都市は12に及んだ[13]。

1996年の第9次5ヵ年計画のなかで，「最低生活保障制度を順次打ち立てる」と規定されたが，最低限生活保障が5ヵ年計画に盛り込まれたのはこれがはじめてである[14]。1998年の李鵬による政府活動報告のなかで，「最低生活保障制度を早急に確立すべき」と述べられ，姿勢の変化がみられた。それは1995，1996年に，都市内部の所得格差は一時縮小したが，1997年からアジア通貨危機の影響もあり，所得格差は再び拡大したことが主な原因であると考えられる[15]。1999年3月の第9期全人代第2回会議において，「3本の保障ライン」の確立が提起された。これは，再就職センター，失業保険，最低生活保障という順の3段階に分けて一時帰休者の生活を保障するものである。この「3本の保障ライン」を推進するため，9月に「都市部住民最低生活保障条例」が公布され，10月1日から実施されるようになった。

この条例は適用対象を3種類の者と規定した。それは，①従来の社会救済の対象である「三無人員」，②失業基本手当の受給期間が切れても，就職できず，1人当たりの収入が最低生活基準以下の住民，③最低賃金，基本生活費，年金をもらっても，その世帯の1人当たりの収入[16]が最低生活保障基準以下の住民，である。

最低生活保障基準の設定については，「最低生活を維持するための必需の衣食住費用に基づき，水道，電気，ガス代および未成年者の義務教育費を考慮す

Ⅲ 投稿論文

図表1 最低生活保障受給者数と給付総額 (単位:万人,億元)

	1996	1997	1998	1999	2000	2001	2002	2003	2004	2005
受給者数	84.9	87.9	184.1	265.9	402.6	1,170.7	2,064.7	2,246.8	2,205.0	2,232.8
給付総額	3.0	2.9	7.1	13.8	21.9	41.6	108.7	150.5	172.7	190.7

注:受給者数および2004,2005年の数値は中国民政部「民政事業発展統計報告」2004,2005年版による。
出所:中国社会科学院人口研究中心『中国人口年鑑』編輯部編『中国人口年鑑 2004』355頁より作成。

図表2 最低生活保障受給者の構成(2002～2005年) (単位:万人,%)

	現役就業者	一時帰休者	失 業 者	定年退職者	左記人員の家族とその他	三無人員
2002	186.8 (9.0)	554.5 (26.9)	358.3 (17.4)	90.1 (4.4)	783.1 (37.9)	91.9 (4.5)
2003	179.3 (8.0)	518.4 (23.1)	409.1 (18.2)	90.7 (4.0)	949.4 (42.3)	99.9 (4.4)
2004	141.0 (6.4)	468.9 (21.3)	423.1 (19.2)	73.1 (3.3)	1,003.5 (45.5)	95.4 (4.3)
2005	112.5 (5.0)	432.1 (19.4)	401.1 (18.0)	60.2 (2.7)	1,131.1 (50.7)	95.7 (4.3)

出所:中国民政部「民政事業発展統計報告」2002～2005各年版より作成。

る」と規定している。具体的には,①最低生活を満たす物品の種類と数量,②生活必需品への支出,③市場総合物価指数,特に生活必需品の価格指数,④当地の1人当たりの平均収入と消費水準,⑤当地の経済発展と財政収入状況,⑥その他社会保険拠出水準,である[17]。

1999年の最低生活保障制度は,従来の制度と比べると,量・質ともに大きく異なっている。まず,量的には,受給者数と給付総額は大幅に増加した。最低生活保障の受給者は図表1に示されているように,1996年の84万9000人から2005年の2232万8000人に急増した。受給者数の増加にともない,給付総額も1996年の3億元から2005年の190億7000万元に約64倍増加した[18]。

その内訳をみてみると,従来の最低生活保障の主要受給者である「三無人員」が最低生活保障の受給者数に占める割合は少なくなり,図表2でみられるように,近年では5%を下回っている状態である。それに代わって,失業者や

一時帰休者が主な構成員となっており，受給者数の4割前後を占めている。つまり，「三無人員」を主な適用対象とする従来の救済制度はすでに機能しなくなったといえる。そして，もっとも大きい割合を占めているのが現役就業者，一時帰休者，失業者および定年退職者の家族とその他という項目で，増加傾向がみられ，2005年現在，ついに半数を超えたが，その詳細な実態の把握はできていない[19]。

つぎに，質的には，以下のような変化がみられた。

第1に，条例は最低生活保障制度に関する初めての法規である。中国の憲法第45条では「中華人民共和国の国民は老齢，疾病あるいは労働能力を喪失した場合，国家と社会から物質援助を得る権利を有する。国は国民がこの権利を享受するために必要な社会保険，社会救済および医療衛生事業を発展させなければならない」と定めている。ここでは，最低生活保障について明記していないが，条例の第2条は「非農村戸籍の都市部住民は，共同生活をしている世帯員の1人当たりの収入が当地住民の最低生活保障基準を下回る場合，当地の人民政府から最低生活の物資援助を得る権利を有する」と規定し，最低生活保障を受給することは国民の権利であることが述べられている。また，誰であれ生活が困窮した場合，最低生活保障が受けられるので，図表2が示しているように受給者数の大幅の増加がみられた。

第2に，国家が都市部住民の最低生活を保障するということが明記されている。1978年第8次民政工作会議で決定された都市部の救済方針は「末端組織を頼りにし，生産によって自助し，民衆によって互助し，政府が必要な救済を補う」[20]であった。ここでは国民の自助と互助が強調され，政府による救済が最後の手段とみなされている。これに対して，条例の第4条は「都市部住民の最低生活保障制度は各地人民政府が責任をもって実施し，……国務院の民政部は全国都市部住民の最低生活保障の管理行政を担う」と定め，都市部住民の最低生活保障が国家の直接責任において実施されることが明確にされた。また，その保障基準を，統一的な方法に基づいて設定すると規定し，1999年から2005年まで各地の最低生活保障基準は5回にわたって引き上げられた。

3　低所得層の家計収支

　このように，都市部の新しい貧困問題に対処するため，最低生活保障制度が創設された。しかし，この制度は本当に都市部住民の最低生活を保障できたのだろうか。以下では都市部低所得層はどのような生活をしているのか，その現状について考察する。考察にあたっては，生活実態を観察するための材料として，中国で毎年行われている家計調査[21]を用いる。

　まず，最近5年間の家計収支の推移について検討するにあたり，世帯平均，年間可処分所得のもっとも低い下位5％の層（以下貧困層と略称する），下位10％の層（以下第Ⅰ分位階層と略称する）および上位10％の層（以下第Ⅶ分位階層と略称する）を取り上げ[22]，それらの主な家計収支項目を図表3にまとめた。この図表から2つのことを読み取ることができる。

　第1に，所得格差が拡大したことである。1998年の第Ⅶ分位階層の実収入は第Ⅰ分位階層の実収入の3.4倍で，貧困層の実収入の3.8倍であったが，2003年になると，それぞれ6.7倍と8倍に拡大している。詳しくみていくと，この5年間に実収入が世帯平均で58％増加しているのに対して，第Ⅶ分位階層は108％も増加している。一方，第Ⅰ分位階層は7％の増加で，貧困層は2001年には13％増加したが，2003年には減少し，1998年の水準に逆戻りしている。中国の都市部における所得格差は低所得層（第Ⅰ分位階層および貧困層）の所得水準が改善されないまま，高所得層の所得水準が大幅に上昇したことに原因がある。

　その背景には，税と社会保障の所得再配分機能が働いていないことが挙げられる。個人所得税と社会保険料に関するデータが得られるのは2002年以降であるので，2003年を例にしてみることにする（図表4）。個人所得税に関しては確かに累進的に課税されているが，第Ⅶ分位階層は実収入の1％しか納税していないことから中国の高所得層に対する課税の弱さが窺える[23]。社会保険料は貧困層についてみると，特に年金保険料が実収入に占める割合は，7分位階級のなかでもっとも高い5.26％となっている。所得税と社会保険料の実収入に占め

図表3　1998〜2003年の家計収支の推移（1998年＝100）　(単位：元，％)

	世帯平均			貧困層		
	1998	2001	2003	1998	2001	2003
実　収　入	17,248.2 100	21,412.0 124	27,274.2 158	7,912.2 100	8,915.4 113	7,882.9 100
可処分所得	17,143.3 100	21,264.8 124	25,501.3 149	7,806.1 100	8,799.3 113	7,262.2 93
実　支　出	16,820.7 100	20,316.2 121	24,204.6 144	8,778.8 100	9,587.9 109	8,896.4 101
消費支出	13,687.9 100	16,457.9 120	19,597.8 143	7,861.5 100	8,749.7 111	7,741.1 98
食　費 　エンゲル係数	5,793.2 42.3	5,921.6 36.0	6,907.0 35.2	4,099.2 52.1	4,113.7 47.0	3,601.2 46.5
純預貯金	24.0 100	355.3 1,480	444.6 1,853	−636.5 100	−481.6 76	−913.8 144
可処分所得−消費支出	3,455.5 100	4,806.6 139	5,903.5 171	−55.4 100	49.6 −90	−478.9 864

	第Ⅰ分位階層			第Ⅶ分位階層		
	1998	2001	2003	1998	2001	2003
実　収　入	8,792.6 100	10,300.8 117	9,392.2 107	30,309.1 100	38,658.8 128	62,937.1 208
可処分所得	8,693.6 100	9,837.8 113	8,806.7 101	30,146.1 100	38,391.8 127	58,524.0 194
実　支　出	9,394.9 100	10,475.6 112	10,026.3 107	28,676.7 100	34,686.7 121	49,608.4 173
消費支出	8,415.6 100	9,445.4 112	8,712.2 104	20,883.5 100	25,962.3 124	38,902.1 186
食　費 　エンゲル係数	4,372.4 52.0	4,349.2 46.0	3,967.1 45.5	6,973.7 33.4	7,328.4 28.2	11,103.2 28.5
純預貯金	−502.6 100	−519.5 103	−707.5 141	847.0 100	2,349.2 277	2,441.7 288
可処分所得−消費支出	278.0 100	392.4 141	94.5 34	9,262.6 100	13,413.0 145	19,621.9 212

注：1　家計調査は1人当たりの単位で表示しているが，それを各階層の世帯人数にかけて世帯単位の数値として計算しなおした。
　　2　中国の家計調査の分類では，「食費」のなかに「たばこ代」も含まれているが，日本の家計調査の分類に従い，ここでの「食費」は「たばこ代」を差し引いたものである。
出所：国家統計局城市社会経済調査総隊編『中国価格及城鎮居民家庭収支調査統計年鑑』1999年版，115-124頁，2002年版，119-128頁，2004年版，127-136頁より作成。

図表4　年間収入7分位階級別個人所得税と社会保険料の
実収入に占める割合（2003年）

(単位：元，％)

		I	貧困	II	III	IV	V	VI	VII
個人所得税		3.7 (0.04)	3.2 (0.04)	8.6 (0.06)	20.5 (0.12)	43.2 (0.19)	104.7 (0.35)	217.3 (0.55)	704.4 (1.11)
社会保険料		482.8 (5.14)	522.9 (6.56)	681.1 (4.90)	892.8 (5.05)	1,267.5 (5.45)	1,791.9 (5.91)	2,289.6 (5.81)	3,548.1 (5.60)
	年金	355.3 (3.78)	419.7 (5.26)	402.6 (2.90)	470.6 (2.66)	579.0 (2.49)	721.8 (2.38)	889.3 (2.26)	1,344.1 (2.12)
	医療	55.4 (0.59)	35.7 (0.45)	156.4 (1.13)	262.9 (1.49)	460.8 (1.98)	759.2 (2.50)	1,006.3 (2.55)	1,667.0 (2.63)
	失業	53.0 (0.56)	50.1 (0.63)	88.1 (0.63)	114.1 (0.64)	162.6 (0.70)	222.7 (0.73)	276.9 (0.70)	373.7 (0.59)
	住宅	12.2 (0.13)	9.8 (0.12)	25.7 (0.19)	32.9 (0.19)	50.1 (0.22)	67.6 (0.22)	96.3 (0.24)	137.2 (0.22)
	その他	7.1 (0.08)	7.7 (0.10)	7.9 (0.06)	12.1 (0.07)	14.7 (0.06)	20.6 (0.07)	20.7 (0.05)	26.2 (0.04)

出所：国家統計局城市社会経済調査総隊編『中国価格及城鎮居民家庭収支調査統計年鑑 2004』133-136頁より作成。

る割合が貧困層の6.60％と第VII分位階層の6.71％であるように，税と社会保障が所得格差の是正に貢献していないということがいえる。

　第2に，低所得層の家計が逼迫していることである。この5年間の可処分所得でみると，2003年の第I分位階層の所得は1998年の水準より1％増加している。貧困層については増加するどころか，7％も減少している。これに対して，第VII分位階層は依然として94％という高い比率で増加している。可処分所得から消費支出を差し引いた家計収支差をみると，第VII分位階層の黒字は増え続けているが，貧困層の赤字は大幅に増えた。そして，第I分位階層はわずかながら黒字を保っているが，預貯金から預貯金引出を差し引いた純預貯金の赤字が増えていることから，貯金を取り崩し，生活を維持していることがみられ，貧困層と同様に，家計がすでに赤字に向かっていることが窺える。

　このように逼迫した状態の低所得層が日々どのような消費生活を営んでいるか，また，いかなる問題に直面しているか，2003年の世帯平均と第I分位階層

図表5 世帯平均と低所得層の年間消費支出構造（2003年）
(単位：元，%)

	世帯平均	第Ⅰ分位階層	貧困層
食　　　　料	5,588.1 (28.5)	3,615.9 (41.5)	3,310.2 (42.8)
被服および履物	1,919.5 (9.8)	675.6 (7.8)	543.2 (7.0)
外　　　　食	1,319.0 (6.7)	351.2 (4.0)	291.0 (3.8)
教 養 娯 楽	1,265.4 (6.5)	218.6 (2.5)	180.6 (2.3)
家具・家事用品	1,235.0 (6.3)	312.8 (3.6)	266.1 (3.4)
光 熱 水 道	1,242.2 (6.3)	825.5 (9.5)	777.8 (10.0)
保 健 医 療	1,432.8 (7.3)	597.7 (6.9)	501.7 (6.5)
交 通 通 信	2,170.5 (11.1)	592.3 (6.8)	476.4 (6.2)
教　　　　育	1,547.1 (7.9)	895.6 (10.3)	833.2 (10.8)
住　　　　居	863.0 (4.4)	225.4 (2.6)	214.9 (2.8)
そ　の　他	1,015.3 (5.2)	402.2 (4.6)	346.0 (4.5)

注：「食費」のなかに含まれている「たばこ代」は「その他」として計上されている。
出所：国家統計局城市社会経済調査総隊編『中国価格及城鎮居民家庭収支調査統計年鑑2004』137-143頁より作成。

および貧困層の年間消費支出構造を示している図表5を用いて，分析を進めていくことにする。

　まず，所得の低下にしたがい食料費の比率が高くなっていることが目立っている。食料費の比率は世帯平均が28.5％であるのに対して，第Ⅰ分位階層と貧困階層がそれぞれ41.5％と42.8％で，世帯平均値を大きく上回っている。食費に続き，光熱水道と教育の支出は世帯平均より低所得層にとって大きな負担となっている。一般的には，住居，光熱水道，保健医療，交通通信および教育と

図表6　上海市年間収入5分位階級別の「病院へ行かなかった」
　　　 理由の構成（2003年）

(単位：%)

	平　均	I	II	III	IV	V
病気がなかった	48.8	42.7	47.4	57.3	51.3	50.0
時間がない	2.3	0.6	0.7	4.0	5.3	30.0
医療費が高い	8.9	19.1	7.1	4.0	2.6	0.0
持　病	0.9	1.1	0.7	1.4	0.0	0.0
自分で薬を買う	37.7	34.3	43.0	32.0	40.8	20.0
そ の 他	1.3	2.2	1.1	1.3	0.0	0.0

注：収入の低い方から順番を並べた5分位階級である。
出所：上海統計局「城鎮居民基本生活調査」資料より作成。

いった項目は人間として生活していくための前提条件であり，また，これらの項目は節約しにくいため，社会的固定費用としての性格が強い。これらの項目の合計をみると，世帯平均は37％で，第Ⅰ分位階層は36.1％で，貧困層は36.3％である。各項目を詳しくみると，保健医療，交通通信と住居においては，逆に世帯平均のほうが消費支出に高い比率を占めている。

　保健医療に関しては，栄養成分の補給や健康増進のための支出は第Ⅰ分位階層が4.1元，貧困層が2.7元で，世帯平均の44.8元との間に大きな差がある。また，医療費支出は世帯平均が129元であるのに対して，第Ⅰ分位階層が49.6元，貧困層が39.7元と逓減している[24]。それは貧困層が経済的理由で病気にかかっても病院へ行けず，医療サービスを受けられないことが原因であると考えられる。2003年衛生部の第3次衛生服務調査の結果によると，経済的理由で，都市部における受診していない人と入院していない人の比率はそれぞれ36.4％と56.1％である[25]。また，2004年に上海で行われた基本生活調査[26]は低所得層が健康状態がよくないにもかかわらず，医療サービスを受けられないという結果を示している。図表6は病院へ行かなかった理由を年間収入の5分位階級別にみた構成である。低所得層（Ⅰ）の19.1％が「医療費が高い」と答えており，ほかの収入階級に比べて，その比率が明らかに高いが，「病気がなかった」と答えた比率は逆に低所得層（Ⅰ）がもっとも低かった。

　交通通信に関しては，車やパソコンが普及していないことが原因である。図表7で示しているように，低所得層の自家用車，携帯電話およびパソコンの所

中国における最低生活保障制度の問題と改善の方向性

図表7　年間収入7分位階級別百世帯ごとの
耐久消費品所有量（2003年）　　　（単位：台）

	I	貧困	II	III	IV	V	VI	VII
自 転 車	130.8	119.7	146.3	146.8	148.8	144.3	143.2	135.2
バ イ ク	13.4	12.9	18.5	22.1	25.2	25.3	29.7	31.7
自家用車	0.2	0.1	0.3	0.4	0.6	1.0	2.0	6.6
固定電話	77.3	72.7	88.8	94.2	97.0	98.7	101.5	104.0
携帯電話	24.6	18.8	45.3	64.6	89.7	110.1	129.0	158.9
パソコン	3.3	2.5	8.4	14.8	23.4	35.3	48.3	64.8

出所：国家統計局城市社会経済調査総隊編『中国価格及城鎮居民家庭収支調査統計年鑑2004』159-160頁より。

有量は明らかに少ない。実際，家庭用交通手段や通信機器への支出の合計は第Ⅰ分位階層と貧困層の場合，それぞれ16.9元と8.8元であるが，第Ⅶ分位階層の場合，それが702.4元である[27]。

住居に関しては，計画経済時代には，福祉の一環として国家が国民に無料に近い住宅を提供していたので，もともと家賃などはかからない。世帯平均の住居費が低所得層より高いというのは，生活にゆとりが出ている人はお金をかけて住宅条件を改善することによって生じた結果と考えられる。上記の上海市の調査によると，最上位の第Ⅴ分位階層の61.8％がマイホームをもっている。そのうち，2戸以上をもっている比率は36.6％で，3戸以上をもっている比率は9.7％である。そして，1人当たりの居住面積と所得が正比例になっていることも調査でわかった。所得の低い順からみていくと，1人当たりの居住面積は15.6，19.4，23.7，30.7および38.8平方メートルとなっている。市の平均水準の20.5平方メートルに比べ，最下位の第Ⅰ分位階層は平均水準の76.1％であるのに対して，最上位の第Ⅴ分位階層はそれの1.9倍である[28]。

総じていえば，中国都市部の低所得層の生活は，ゆとりのない状態である。貧困層の外食や教養娯楽といった文化的な生活を表す項目をみると，世帯平均の消費水準の5割も満たしていない。これに対して，食費や被服費からなる「個人的再生産費目」は消費支出の約50％も占めている。これは生活最低限の確保だけの状態で，言い換えれば，「手から口へ」といった暮らしの状態を意

Ⅲ 投稿論文

図表8 年間収入7分位階級別1人当たりの主な食品の
年間購入量と単価（2003年）

（単位：kg，元，kg/元）

		平均	Ⅰ	貧困	Ⅱ	Ⅲ	Ⅳ	Ⅴ	Ⅵ	Ⅶ
主　食										
穀物	購入量	79.5	84.1	84.3	82.6	82.9	78.5	78.7	77.5	69.7
	金額	194.2	170.7	166.6	178.5	188.6	190.5	202.7	213.7	220.1
	単価	2.4	2.0	2.0	2.2	2.3	2.4	2.6	2.8	3.2
澱粉および芋類	購入量	10.1	11.3	11.8	10.5	10.5	9.9	9.9	10.1	8.8
	金額	17.1	15.1	15.4	15.5	16.3	16.6	17.9	19.6	19.5
	単価	1.7	1.3	1.3	1.5	1.6	1.7	1.8	1.9	2.2
副　食										
魚介類	購入量	13.4	7.4	6.5	9.4	11.1	13.1	15.2	18.2	21.1
	金額	170.3	60.6	50.7	85.6	114.9	154.3	201.0	268.9	377.1
	単価	12.7	8.2	7.8	9.1	10.4	11.8	13.2	14.8	17.9
肉類	購入量	36.8	25.7	23.2	30.9	34.6	37.5	40.8	43.3	44.0
	金額	473.2	283.1	248.8	364.8	419.3	477.1	538.7	597.9	652.0
	単価	12.9	11.0	10.7	11.8	12.1	12.7	13.2	13.8	14.8
牛乳および乳製品	購入量	21.7	7.7	6.0	12.7	18.1	22.1	27.2	31.4	33.3
	金額	124.7	38.3	29.6	66.2	95.6	122.9	153.3	189.3	228.0
	単価	5.7	5.0	4.9	5.2	5.3	5.6	5.6	6.0	6.8
卵および卵製品	購入量	11.9	9.4	8.8	11.0	12.1	11.9	12.6	13.2	12.5
	金額	70.0	45.4	42.2	53.7	60.3	60.9	65.7	70.1	68.8
	単価	5.9	4.8	4.8	4.9	5.0	5.1	5.2	5.3	5.5
生鮮野菜	購入量	118.3	105.0	103.0	110.3	116.3	117.4	124.1	129.9	125.0
	金額	214.9	152.1	142.5	174.0	194.6	211.8	236.8	262.9	286.5
	単価	1.8	1.4	1.4	1.6	1.7	1.8	1.9	2.0	2.3
嗜好食品										
菓子	購入量	4.2	2.0	1.7	3.0	3.7	4.3	4.9	5.6	5.7
	金額	53.5	19.7	15.6	30.5	40.0	51.6	63.4	82.4	100.1
	単価	12.7	9.9	9.2	10.2	10.8	12.0	12.9	14.7	17.6
果物	購入量	60.5	34.3	28.5	47.2	54.6	62.0	68.9	76.2	80.8
	金額	174.9	72.1	59.7	108.0	134.6	168.4	205.5	252.9	321.9
	単価	2.9	2.1	2.1	2.3	2.5	2.7	3.0	3.3	4.0
酒類	購入量	9.4	6.1	5.2	8.1	9.1	9.7	10.7	10.8	10.2
	金額	67.9	31.1	25.9	46.6	57.5	67.1	82.1	92.4	102.5
	単価	7.2	5.1	5.0	5.8	6.3	6.9	7.7	8.6	10.0

注：ここでの「菓子」は年鑑では「糕点」という項目に該当する。なお，2006年1月18日に国家統計局城市経済社会調査司への電話でのヒヤリングによれば，「糖類」という項目に「調理用砂糖」と「甘味菓子」を両方含んでいるというが，それぞれの数値を表示していないため，ここでは計上していない。

出所：国家統計局城市社会経済調査総隊編『中国価格及城鎮居民家庭収支調査統計年鑑 2004』137-140頁，153-156頁より作成。

味している。そのほか，図表3の数値で計算すると，2003年の可処分所得に占める消費支出の割合は，貧困層が106.6％で，第Ⅰ分位階層が98.9％である。このように，生活最低限を確保するだけでも，低所得層の所得ではもはや耐え切れない状態にあるといえる。

最後に，実際の生活におけるもっと具体的な姿を描き出すため，食生活を通じて低所得層の消費生活の質的側面について少し検討を加える。図表8は年間収入7分位階級別1人当たりの主な食品の年間購入量とその単価を表している。

購入量でみると，低所得層が購入する食料品の種類は極めて偏っていることがわかる。主食の購入量は7分位階級のなかで一番多いが，副食や嗜好食品になると，すべて最下位に逆転してしまう。各食品の単価でみると，低所得層が一番安い食品を購入していることは明らかである。中国社会科学院が1998年から1999年にかけて行った5つの都市における貧困世帯[29]の調査では，食品消費に関する貧困世帯の声を挙げている[30]。たとえば，「まだゆとりがあるときは週に1回肉を食べるが，ないときは月に1回しか肉を食べない」や，「基本的には豆腐や青菜などの野菜中心の食生活で，しかも一番安いものを買っている」などである。これはいずれも，低所得層がいつも財布と相談しながら倹しい食生活を営んでいることを示している。このような食生活にもかかわらず，食費が消費支出に大きな割合を占めていることを考えると，低所得層の生活状況がいかに深刻であるかがわかるであろう。

4 最低生活保障制度の問題点

都市部の生活困窮者の最低生活を保障するために，最低生活保障制度は創設されたが，以上みてきたように，中国の低所得層は最低限の生活さえできていない。なかでも，光熱費，教育費などの支払いが生活を圧迫している。なぜこのようなことが起きたのだろうか。それは実際設定された保障基準の額が明らかに低すぎて，生活最低限を保障するという目的と乖離しているからである。

最低生活の基準設定法からみれば，低所得層の最低生活を保障するための考慮を払ってはいるが，実際に各地で設定された基準がその役割を果たしている

Ⅲ 投稿論文

図表9　各地の最低生活保障基準と平均1人当たりの月可処分所得，
　　　消費支出および食費の比較（2004年）

（単位：元，%）

	最低生活保障基準(A)	平均可処分所得(B)	C=A/B	平均消費支出(D)	E=A/D	平均食費(F)	G=A/F
北　京	290	1,303.2	22.3	1,016.7	28.5	327.1	88.7
天　津	241	955.6	25.2	733.5	32.9	273.2	88.2
河　北	205	662.6	30.9	484.9	42.3	178.5	114.8
山　西	171	658.6	26.0	471.2	36.3	159.8	107.0
内モンゴル	180	676.9	26.6	518.3	34.7	168.7	106.7
遼　寧	205	667.3	30.7	545.3	37.6	220.3	93.0
吉　林	169	653.4	25.9	505.8	33.4	181.7	93.0
黒龍江	200	622.6	32.1	464.0	43.1	164.4	121.7
上　海	290	1,390.2	20.9	1,052.6	27.6	382.8	75.8
江　蘇	220	1,373.5	16.0	611.0	36.0	244.3	90.1
浙　江	300	1,212.2	24.7	886.3	33.8	320.9	93.5
安　徽	210	626.0	33.5	475.9	44.1	209.1	100.4
福　建	220	931.3	23.6	680.1	32.3	282.9	77.8
江　西	165	630.0	26.2	444.8	37.1	191.4	86.2
山　東	208	786.5	26.4	556.2	37.4	192.6	108.0
河　南	200	642.1	31.1	441.2	45.3	154.6	129.4
湖　北	220	668.6	32.9	533.2	41.3	209.7	104.9
湖　南	200	718.1	27.9	573.7	34.9	206.6	96.8
広　東	300	1,135.6	26.4	891.2	33.7	329.4	91.1
広　西	190	724.2	26.2	537.1	35.4	227.3	83.6
海　南	221	644.6	34.3	483.5	45.7	226.9	97.4
重　慶	185	768.4	24.1	664.4	27.8	251.3	73.6
四　川	178	642.5	27.7	530.9	33.5	213.4	83.4
貴　州	156	610.2	25.6	457.9	34.1	188.4	82.8
雲　南	190	739.2	25.7	569.8	33.3	241.3	78.7
チベット	180	758.8	23.7	703.9	25.6	316.6	56.9
陝　西	180	624.4	28.8	519.4	34.7	186.4	96.6
甘　粛	172	614.7	28.0	494.8	34.8	183.7	93.7
青　海	155	610.0	25.4	479.9	32.3	171.3	90.5
寧　夏	170	601.5	28.3	485.1	35.0	179.7	94.6
新　疆	159	625.3	25.4	481.1	33.0	173.6	91.6

注：1　月1人当たりの平均可処分所得，消費支出および食費は年間金額を12で割ったものである。
　　2　最低生活保障の数値は2004年3月に公表された数値である。なお，直轄市（北京，上海，天津，重慶）以外，各省，自治区の省会都市（日本の県庁所在都市）の数値である。そのうち，浙江省の基準は270～300元で，福建省の基準は200～220元である。この場合，高い方を表示している。

出所：洪大用『転型時期中国社会救助』177-178頁，中国国家統計局編『中国統計年鑑 2005』347-348頁より作成。

かは疑問である。図表9は各地の最低生活保障基準を当地の平均1人当たりの月可処分所得，消費支出および食費と比較したもので，これをみると，各地の生活保障基準がばらついていることがわかる。全体からみると，各地の最低生活保障基準は当地の平均可処分所得の16～35％，平均消費支出の25～45％に相当する水準である。このような水準でどのような生活ができるのかを示すために，当地の平均食費と比較してみた。その結果，各地の最低生活保障基準の多くは平均食費を下回っている。最低生活保障基準が食費を下回る行政地区は，31地区中23もある。つまり，各地の最低生活保障基準の多くは食べることを保障できず，生理的生存にとって不可欠な条件にも達していない可能性が大きい。

最近，2004年9月に社会科学院の研究員は遼寧省の瀋陽，大連，阜新，朝陽および葫芦島の5つの都市における最低生活保障の受給世帯を対象とする調査を行った。1257世帯を対象としたこのヒヤリング調査は，「受給額が家族の最低生活を維持するには十分な金額ではない，あるいはかなりの差がある」と答えた人が全体の62％を，「辛うじて生活を維持できる」と答えた人が全体の36.2％を占めているという結果を示している[31]。

最低生活保障水準の低さの原因は保障基準の設定法にあると思う。国民生活最低限は全国民にナショナル・ミニマムとして画一的に保障される水準であるが，その水準は一国の経済的，社会的諸条件に規定されながら，絶えず変化する相対的な水準とみなされなければならない[32]。その水準は単に辛うじて生物として生存を維持できる程度のものではなく，「人間に値する生存」を維持するものでなければならない。しかし，中国の最低生活保障基準の設定は基本的にはマーケット・バスケット方式，つまり最低生活の絶対的な水準を決める方法をとっているので，この視点が欠けている。

また，国民の生活水準が上昇するにともない，生活様式も変化し，通常社会で当然と認められている水準はマーケット・バスケット方式で設定された基準とのギャップが生じてしまう。実際，低所得層（第Ⅰ分位階層と貧困層）と世帯平均の1人当たりの消費支出を比較してみると[33]，格差が拡大していることがわかる（図表10）。世帯平均との消費格差は，第Ⅰ分位階層の場合，1999年の54.7％に対して2004年の39.8％と，貧困層の場合，1999年の50.4％に対して

図表10　低所得層と世帯平均の消費水準格差　(単位：元，％)

	1人当たりの消費支出			格　差	
	世帯平均 (A)	第Ⅰ分位階層 (B)	貧困層 (C)	B/A	C/A
1999	4615.9	2523.1	2327.5	54.7	50.4
2000	4998.0	2540.1	2320.4	50.8	46.4
2001	5309.0	2691.0	2450.9	50.7	46.2
2002	6029.9	2387.9	2079.5	39.6	34.5
2003	6510.9	2562.4	2237.3	39.4	34.4
2004	7182.1	2855.2	2441.1	39.8	34.0

出所：国家統計局城市社会経済調査総隊編『中国価格及城鎮居民家庭収支調査統計年鑑』2000〜2005各年版より作成。

2004年の30.4％と推移し，格差が広がっている。この格差の拡大を是正するために，相対的最低生活保障基準の設定が必要であろう[34]。たとえば，経過措置として，エンゲル方式をとり，その後格差縮小方式に移行することが考えられる。

5　おわりに

中国の「社会主義市場経済」は「共に豊かになる」ことを目指している。しかし，以上で概観してきたように，現段階では高所得層がますます富み，低所得層との格差がますます拡大していき，この目標から遠ざかっている。このような所得格差は消費生活に大きな影響を与え，低所得層は平均水準よりはるかにゆとりのない生活を強いられている。

1990年代後半には，国有企業の改革によって，大量の一時帰休者，失業者が発生し，新しい貧困層が形成された。対象を主に「三無人員」と限定した社会救済制度は機能しなくなり，それに代わって都市部すべての生活困窮者を対象とする最低生活保障制度が作られた。制度の条文からみると，原理として生存権を国民の権利として保障すると認めており，これは中国の社会保障制度の歴史にとって画期的といえよう。しかし，実施状況からみると，保障基準が低いため，低所得層の最低生活が保障されておらず，原理と現実が大きく乖離して

いる。

　社会保障の目的は生存権保障であり，その生存権保障の具体的な内容は国民生活の最低限を保障することである。最低限度の国民生活は一種の限界概念[35]で，それを客観的に存在するもの，把握可能なものにするために，国民の生活実態を分析することから，低所得層の生活問題あるいは貧困の今日の所在を明らかにすることが必要である。これを解明してはじめて，その対策として今日のあるべき生活の内容と水準を客観的に設定することができる。したがって，低所得層や最低生活受給世帯に対して調査を行い，その生活実態の中身から最低生活基準を判断していくべきである。本論文の分析から示唆したように，光熱費，教育費をいかに軽減していくか，ということが中国の国民生活最低限の保障を考える際に重要な意味をもつものと考えられる。

　また，中国は1986年から社会保険を中心に社会保障改革を行ってきたが，その改革は国有企業改革と合わせて展開されていたゆえに，国や企業の負担減など目前の経済改革に従属し，それへの奉仕機能を負わされた。その結果，社会保障本来の理念と目的は制度構築に反映されておらず[36]，生存権保障の実現に向けての全体構想が欠如している。したがって，市場経済を導入したからこそ，社会保障における国家や企業の負担を軽減することを優先するのではなく，いかに国家責任をもって国民の最低生活保障を実現するかを考えるべきである。そのため，国家は社会保険だけではなく，最低生活保障制度のような公的扶助制度に力を入れるべきである。そして，単に経済的給付にとどまらず，医療サービスや教育など，受給者の総合的生活基盤の改善に配慮した，より有効な援助方法が求められている。

1)　鄧小平『鄧小平文選』人民出版社，1993年，111頁。
2)　朱慶芳「社会経済和諧度指標体系総合評価和分析」汝信・陸学芸・李培林主編『2006年：中国社会形勢分析与予測』社会科学文献出版社，2005年，376頁。
3)　小島朋之『崛起する中国——日本はどう中国と向き合うのか？』芦花書房，2005年，16-17頁。
4)　The World Bank, *China : Strategies for Reducing Poverty in the 1990s*, Washington, D. C., 1992, p4.
5)　中国では，農村部の貧困ラインは設定されている。2004年の貧困ラインは年収668元

Ⅲ 投稿論文

である（中国国家統計局編『中国統計摘要 2005』中国統計出版社，2005年，104頁）。
6) 『中国青年報』2006年2月9日。
7) 唐鈞「完善社会救助制度的思路与対策」陳佳貴・王延中主編『中国社会保障発展報告（2001〜2004）』社会科学文献出版社，2004年，26頁。
8) 当時の救済方法は定期・定量の救済と臨時の救済の2種である。定期・定量的救済の期間は半年以上であるのに対して，臨時的救済の期間は半年以下である（衛興華主編『中国社会保障制度研究』中国人民大学出版社，1994年，272頁）。
9) 中国国家統計局編『中国統計年鑑 1993』中国統計出版社，1993年，808頁。
10) 唐鈞「城市居民最低生活保障報告」蔡昉主編『中国人口与労働問題報告 No. 4』社会科学文献出版社，2003年，59頁。
11) 実施背景については，唐鈞等『中国城市貧困与反貧困報告』華夏出版社，2003年，56-57頁，参照。
12) 樊平「中国城鎮的低収入群体——対城鎮在業貧困者的社会学考察」『中国社会科学』1996年第4期，72頁。
13) 唐鈞，前掲論文，2003年，60頁。
14) 唐鈞，前掲論文，2004年，29頁。
15) 『中国統計年鑑』1996，1998年版および『中国物価及城鎮居民家庭収支調査統計年鑑1997』の数値で計算してみると，年間所得もっとも高い上位10％の層ともっとも下位10％の層の所得格差は1995，1996，1997年にそれぞれ3.9倍，3.8倍と4.2倍である。また，もっとも上位10％の層ともっとも下位5％の層の所得格差はそれぞれ4.4倍，4.1倍と4.7倍である。
16) ここでの収入というのは，共同生活をする家庭の成員の貨幣収入と実物収入の合計である。
17) 馬春輝「中国城鎮居民貧困化問題研究」『経済学家』2005年第3期，76頁。
18) 受給者数は2003年で頭打ちになっているが，給付総額はその後もなお増加している。それは最低生活保障基準が1999年に30％引き上げられた後，さらに2000，2002，2004，2005年に4回にわたって引き上げられたことが原因だと考えられる。
19) 唐鈞，張時飛はこの項目が半数以上を占めているため，その細分化が必要であり，このブラックボックスの存在は最低生活受給者の構成分析を妨げることになる，と指摘している（唐鈞・張時飛「調整中的城郷最低生活保障制度」汝信・陸学芸・李培林主編，前掲書，166頁）。
20) 蘇廷林等主編『社会保障辞典』首都師範大学出版社，1994年，253頁。
21) 中国は1980年から家計調査を再開した。調査の世帯数は毎年異なっているが，増加する傾向がみられる。1998年までの調査は4万世帯以下であったが，1999年には4万世帯を超え，2004年には5万430世帯となった。被調査世帯が家計簿を作り，調査員が月ごとにデータを回収するという方法をとっている。具体的な調査法や調査内容は中国国家統計局のホームページを参照。http://www.stats.gov.cn/tjzd/gjtjzd/t20020327_14257.htm

22) 中国の家計調査では，年間収入を7分位階級に分けている。1人当たりの年間可処分所得を低い方から高い方へと，10％，10％，20％，20％，20％，10％，10％という順に並べ，低い方から第Ⅰ，第Ⅱ，第Ⅲ，第Ⅳ，第Ⅴ，第Ⅵ，第Ⅶ分位階級とする。全体のなかでもっとも所得の低い5％は貧困層とする。
23) 一部の報道では，中国の裕福層は総人口の20％を占めているが，彼らの上納した所得税は国家の個人所得税の収入の10％でしかないという（「中国富人税収負担世界最軽」，人民網，2005年8月7日 http://finance.people.com.cn/GB/42775/3597625.html 2005年11月27日付）。2005年8月23日に開かれた第10期全国人民代表大会常務委員会第17回会議では，高所得層の自主申告や課税強化を検討されていた（『青年報』，2005年8月24日）。
24) 国家統計局城市社会経済調査総隊編『中国価格及城鎮居民家庭収支調査統計年鑑2004』中国統計出版社，141-143頁。
25) 衛生部統計信息中心編『中国衛生服務調査研究──第三次国家衛生服務調査分析報告』中国協和医科大学出版社，2004年，37，45頁。
26) この調査は近年上海で行われた調査のなかで，規模が一番大きい。有効サンプル数は3289世帯である。上海統計局はこの調査結果を基づいて，総合報告書と所得，住宅，教育，医療，旅行および社会意識といった7つのテーマ別報告書を出した。データ入手に関しては，上海市統計局のホームページで調査したことを知り，情報公開を申請したところ，2005年8月1日のメールにて送られた。
27) 国家統計局城市社会経済調査総隊編，前掲書，143-144頁。
28) 上海統計局「城鎮居民基本状況調査」資料による。なお，住宅に関する報告書の資料は2006年4月14日に情報公開を申請して，4月18日にメールにて送られたものである。
29) 調査対象は最低生活保障の受給世帯以外に，最低生活保障を申請したが受理されなかった世帯を含む（唐鈞等，前掲書，2003年，48頁）。
30) 唐鈞等，前掲書，178-191頁，参照。
31) 唐鈞・張時飛，前掲論文，171頁。
32) たとえば，日本の生活保護法の第3条では，「この法律により保障される最低限の生活は，健康で文化的な生活水準を維持することができるものでなければならない」と規定している。1960年の朝日訴訟の第一審判決では，「健康で文化的な生活水準」について，「その具体的な内容は決して固定的なものではなく通常は絶えず進展向上しつつあるものと考える」とした（金澤誠一「生活不安と経済学研究の課題」『経済』2005年11月号，113頁）。
33) 本当は最低生活保障の受給世帯のデータを用いて比較しなければならないが，中国では，受給世帯についての公式データがないため，ここでは近似的に低所得層のデータを用いた。
34) タウゼントは，人々の生活資源（所得，資産，社会的給付など）が，平均的な個人や家族が自由にできる生活資源に比べて，極めて劣っているため，その時代のその社会の生活様式，慣習，社会的活動から事実上締め出されている状態を，貧困と定義した。彼

は、この貧困の状態を「相対的剥奪」と呼んだのである。ちなみに、日本は1961年にエンゲル方式、1965年に「格差縮小方式」を導入したが、1984年から被保護世帯の消費水準と一般世帯との格差を60％前後に固定しようとする「水準均衡方式」に切り替えた（金澤誠一編著『公的扶助論』高菅出版、2004年、137-140頁、参照）。
35) 江口英一「生活の構造と『最低保障の理念』――全国最低賃金制の位置」『賃金と社会保障』1992年2月下旬号、No. 1076、40頁。
36) たとえば、国務院委員であった李鉄映は1995年の「中国の特色をもつ社会保障制度を構築しよう」という文章のなかで、「新しい社会保障制度の根本的な目的は生産力発展のためである」と述べている（李鉄映「建立具有中国特色的社会保障制度」『求是』1995年第9期、3頁）。

【参考文献】

衛興華主編『中国社会保障制度研究』中国人民大学出版社、1994年
江口英一「生活の構造と『最低保障の理念』――全国最低賃金制の位置」『賃金と社会保障』1992年2月下旬号、No. 1076
衛生部統計信息中心編『中国衛生服務調査研究――第三次国家衛生服務調査分析報告』中国協和医科大学出版社、2004年
金澤誠一編著『公的扶助論』高菅出版、2004年
金澤誠一「生活不安と経済学研究の課題」『経済』2005年11月号
小島朋之『崛起する中国――日本はどう中国と向き合うのか？』芦花書房、2005年
洪大用『転型時期中国社会救助』遼寧教育出版社、2004年
国家統計局城市社会経済調査総隊編『中国価格及城鎮居民家庭収支調査統計年鑑2004』中国統計出版社、2005年
上海統計局「城鎮居民基本生活調査」資料
朱慶芳「社会経済和諧度指標体系総合評価和分析」汝信・陸学芸・李培林主編『2006年：中国社会形勢分析与予測』社会科学文献出版社、2005年
蘇廷林等主編『社会保障辞典』首都師範大学出版社、1994年
唐鈞等『中国城市貧困与反貧困報告』華夏出版社、2003年
唐鈞「城市居民最低生活保障報告」蔡昉主編『中国人口与労働問題報告 No. 4』社会科学文献出版社、2003年
唐鈞「完善社会救助制度的思路与対策」陳佳貴・王延中主編『中国社会保障発展報告（2001～2004）』社会科学文献出版社、2004年
唐鈞・張時飛「調整中的城郷最低生活保障制度」汝信・陸学芸・李培林主編『2006年：中国社会形勢分析与予測』社会科学文献出版社、2005年
中国民政部「民政事業発展統計報告」2002～2005年版（2006年1月19日付）
http://www.mca.gov.cn/artical/content/WJYL_ZH/2004823160909.html

http://www.mca.gov.cn/artical/content/WJYL_ZH/200492134212.html
http://www.mca.gov.cn/news/content/recent/2005510114517.html
http://www.mca.gov.cn/news/content/recent/200572095132.html
馬春輝「中国城鎮居民貧困化問題研究」『経済学家』2005年第3期
樊平「中国城鎮的低収入群体―対城鎮在業貧困者的社会学考察」『中国社会科学』1996年第4期

SUMMARY

From District Committees to Community Welfare Volunteers: Public Assistance Policy in Historical Perspective

Hirotake YAZAWA

  The aim of this article is to propose some ideas to put the reform of the public assistance policy of Japan in historical perspective. The public assistance policy termed Kyuugo-hou (Poor Relief Law) was established on a large scale in 1932. Because the number of households receiving income support in the prewar period was far smaller than that in the postwar period, it has been commonly believed that the policy provided only limited relief for poor households. However, the system generated positive policy impacts in prewar Japan. First, there were fewer foundlings (street children) in metropolitan areas than in other countries in early stages of economic development. Secondly, property owners took the lead in the district committees (houmen-iin) when they supported the system, while neighborhood associations were successively founded in the 1920s.

  Immediately after World War II, the public assistance system was drastically reformed by GHQ. The name of houmen-iin was changed to community welfare volunteers (minsei-iin). Welfare offices took over the role of houmen-iin; for example, the offices introduced a means test to measure income. Minsei-iin had a reduced responsibility under the new policy, but still continued to play an important role in caring for the poor. Neighborhood associations were the source of minsei-iin in the postwar period as well as the prewar period.

  These days, households receiving income support have been increasing in number and staying longer in supported status because of the depression. In addition, elderly persons who are unable to work and single-female-parent households account for a large proportion of households receiving income support. It is well known that welfare offices arbitrarily apply official criteria when deciding which poor recipients qualify for benefits. From a long-term perspective, the following four reforms are necessary to the public assistance system.

1. The minimum standard of living should be decided not only by flow-oriented information (e. g., total income) but also stock-oriented information (e. g., ownership and use of assets) from the viewpoint of relative deprivation.
2. Counseling to recipients on public assistance is needed to shorten the period during which they remain dependent on public support. Such recipients include people whose normal relationships have been destroyed by heavy debt, domestic violence,

and other severe problems.
3. The system should provide incentives to youth to seek employment. Particularly important are NEETs, whose number is believed to be still increasing.
4. Policies targeting the elderly and the handicapped should be improved through better involvement of neighborhood associations and NPOs.

Systems such as neighborhood associations, which have been in operation since the prewar era, have continued to function effectively in local communities, and should contribute greatly to making public assistance policy more effective in the future.

Rethinking the Poverty Line in Japan

Kingo TAMAI

We hear that there have been rapid increases in economic and social inequalities in Japan. This is a consequence of the long depression of the 1990s. However, we also experienced various economic and social inequalities prior to the decade of the 1990s. Needless to say, various social policies were employed to tackle such problems, and for this reason the inequality issue has been a familiar one to social scientists. Although we pay attention to new inequalities, it is necessary to grasp them in the context of the history of social policy in Japan. If we do so, we can better recognize the differences between new and old inequalities.

This paper deals with the poverty line issues in Japan after the Second World War. Certainly, the high rate of economic growth drastically changed Japanese society and seemed to reduce poverty. Throughout the early postwar era, the social security system was expanded through the extension of social insurance coverage and benefits. It was enough that we believed that economic and social inequalities would gradually decrease. In the early 1980s, the central government stressed the need to establish a national minimum as a safety net. It is not unusual for nations to think that the poverty problem lessens as the percentage of beneficiaries on public assistance falls. In other words, we can see declining poverty as the result of social policy.

However, the 1990s constituted a turning point in Japan. From the second half of the decade, the ratio of persons receiving public assistance began to increase. Moreover, the national pension system caused a fiscal crisis. Finally, because of the increasing numbers of part-time workers, the minimum wage became a prominent issue. Thus, in the 1990s, debate about the poverty line spread to the fields of public assistance, public pensions, and the minimum wage. It is difficult to determine an appropriate poverty line due to differences in benefit levels by family size, age, and so on. Thus, we need to establish a new standard in benefit levels. This paper aims to make proposals regarding current issues in social policy through the insights gained from examining the history of poverty line determination in Japan.

Inequality in Education and the Rise of "Learning Capitalist Society"

Takehiko KARIYA

A number of advanced countries, including Japan, are conducting neo-liberal education reforms such as the decentralization and devolution of control over education, privatization, school choice, and national testing. In addition, economic globalization and the rise of the "knowledge-based" economy may make education an important arena of socio-economic policy as governments seek to enhance human capital and individuals' employability, and to provide equal opportunity in life chances.

In this paper, I argue that those changes promote a shift of human capital formation toward the rise of "learning capitalism". In Japan, especially, this shift coincides with the transformation from the "Japanese Mode of Credential Society" to the "Learning Capitalist Society", where learning skills and competences become core mechanisms to form, accumulate, and arrange human capital. Previously, under the Japanese mode of credential society, career paths were seen as simple and straightforward. Success in entrance examinations was thought to be the main route to enter good schools and universities, then to get into good workplaces and lead happy lives. Being good at memorizing school knowledge was seen a key factor for this success story. Upon getting into good jobs, which usually meant working for large companies, employees from prestigious universities were given more opportunities to pursue advancement. Their learning skills, sometimes called "trainability", might have played an important role behind the scenes, but their importance was not clearly recognized.

The Japanese mode of credential society changed and declined during the 1990s. This transformation was caused by changes in labor markets and in education. Acquiring learning skills and competences took the place of memorizing knowledge. Now both in the workplace and in school, people are expected to master advanced learning skills and competences to keep up with rapid changes in technology and society. People are also required to pursue lifelong learning. In addition, they are expected to become 'clever' investors in choosing what, how, and when they should learn in order to maximize their human capital. In other words, learning skills and competences have become "capital" in this society.

However, the distribution of learning skills and competences among students is not equal. In the paper, using survey results, I show that they are unequally distributed among children from different family backgrounds. I then argue that the recent decentralization of education funding and neo-liberal education reforms such as the introduction of voucher systems will increase inequality in learning capital accumulation.

From Widgets to Digits: Legal Regulation of the Changing Contract of Employment

Katherine V. W. STONE

In this article, Professor Katherine Stone describes how employers in the United States have built a new employment relationship—a "new deal at work"—that differs from that which pertained for the past one hundred years. In the past, employers organized their workforces into "internal labor markets" in which they encouraged employees to stay in their jobs long-term by implicitly promising them lifetime employment, orderly promotion opportunities, generous health insurance and reliable retirement benefits. In recent decades, employers have abandoned their commitment to long-term relationships, and have instead instituted fundamental reforms in order to gain flexibility in the face of heightened international competition. The "new deal at work" involves an emphasis on employability rather than job security, a flattening of hierarchy, an implicit promise of training and networking in lieu of promotions, and an expectation that employees will manage their own careers.

Professor Stone argues that the new employment relationship shifts onto employees many risks that were previously borne by the firm. These risks include the possibility of job loss, wage uncertainty, loss of the value of labor market skills, loss of health insurance and pensions, loss of legal protections, and the undermining of labor unions. She shows that the U.S. labor and employment laws were built upon the assumption of a long-term employment relationship between employees and firms and thus they need to be revised to meet the needs of the new employment relationships.

Professor Stone argues that the new workplace has created new types of problems for workers, including new types of employment discrimination, the dissolution of employee retirement and health benefits, and the deterioration of employee representation. In addition, she maintains that public policy needs to focus on the problems created by the career transitions that most people will experience several times in their working lives. Professor Stone offers proposals for revising our labor and employment laws in order to enable workers to survive and thrive in these new, boundary-less workplaces.

SUMMARY

Labor Law Reform and Employment Systems: The Case of Dismissal Regulations in 2003

Michio NITTA

The basic argument in this paper is that while the Japanese economy is under pressure from globalizing markets very similar to that experienced by the United States, the actors' responses to this pressure with relation to employment relations are significantly different. For the U. S. case, I draw on the eloquent description in Prof. Katherine Stone's book, *From Widgets to Digits*.

Pushed by economic and political pressures and pursuing the agenda of "Reform," the Koizumi government introduced a bill to the Diet in 2003 to revise the Labor Standards Law. Opposition parties criticized the bill in the Diet, partly as a result of lobbying from unions. In the end, a compromise was reached. A new clause inserted into the Law stated that, "Employers may not discharge employees without just cause." Legally, this meant that the essence of current dismissal regulations based on case law was incorporated into a statute. The attempt to significantly change dismissal regulations ended up returning to the status quo.

To correctly understand the political drama on dismissal regulations in 2003, it is particularly important to investigate in what direction the mainstream business leaders have tried to lead other employers through the channels of various business organizations. I hypothesize that their strategy in employment relations can best be characterized as a 'dualist approach,' keeping core employees as 'lifers' and surrounding them with various types of flexibly employed workers. The strategy called 'Portfolio Employment' was laid out in the well-known white paper titled 'Japanese-style Management in the New Era' published in 1995 by Nikkeiren, the national employer organization, before it merged with Keidanren. The 'Portfolio Employment' strategy envisions the following three groups of workers in a company.

1) Core workers, termed the 'Long-term Competence Accumulation Group'
2) Peripheral workers, termed the 'Flexible Employment Group'
3) In-between workers, termed the 'Professional/Specialist Group'

This is a clear expression of the 'Dualist Approach,' which is different from the 'Boundary-less Workplace Approach' in large corporations in the U. S. as described in Prof. Stone's book.

Recent Wage Reforms and Equal Pay for Work of Equal Value in Japan

Masumi MORI

Japanese companies facing intensifying global competition and seeking to reduce total personnel costs began a rapid shift to performance-based pay and promotion systems from the mid-1990's.

The aims of this paper are to examine trends in wage system reforms and to explain the movement toward the realization of ILO Convention No. 100, the principle of equal remuneration for work of equal value, in Japan.

We can characterize recent wage reforms as a change from the work qualifications system to the performance-based personnel system, though the contents of reform vary by company.

Wage reform consists of three main components. The first is a change of the grade system that determines an employee's treatment. The second is a change in the basic salary, from pay determination based on age and performance evaluations to a role- and job-based pay system. The third is a change in the individual evaluation system that determines qualification grades and individual employees' wages.

This paper examines the wage systems of five Japanese companies. As is clear from "Japanese-type job-based pay", the term applied to these new systems, they are not equal pay for equal value work systems.

On the other hand, two industrial unions have adopted the principle of equal pay for work of equal value. One is the All-Japan Prefectural and Municipal Workers Union, which experimented with "putting into practice equal pay for work of equal value" for civil servants' job evaluations in one city in 2003.

Rengo, the national labor union federation, promotes equal pay for work of equal value as a means of achieving equality for part-time workers. In 2005, Rengo started up a job evaluation system to achieve equal pay for work of equal value.

The findings from the analysis of this paper are as follows. One is that we should base more comprehensive job evaluations on the principle of equal pay for work of equal value in order to achieve fairness. The second is that labor unions should more actively attempt to implement fair and equal job evaluations by using precise job classifications.

SUMMARY

Gendering Man : Necessities and Possibilities in Current Japanese Gender Studies

Saori MIYASHITA

Studies on men and masculinities have drawn increasing attention in Japanese gender studies since the end of the 20th century. There has been a yawning gap between the examination of women and that of men from gender perspectives, despite the approximately 20-year history of gender studies in Japan, of which studies on men and masculinities are an integral part. This paper seeks to explore the reason why Japanese gender studies have failed to develop critical studies on men and masculinities, which concern the relationship between patriarchy and men.

The answer to this question lies in the course of the development of Japanese gender studies as a whole. There has been little concern with 'subject' or 'agency' matters, which require empirical research on everyday life and culture. In the 1980's, when gender studies emerged in Japan, Japanese academics, including feminists, tended to neglect diversity within society, while feminists in English-speaking countries of the same period confronted the diversity of women. Thus, Japanese academics lost sight of the need to explore subjective meanings or interpretations of people in their everyday lives.

Feminism requires studies on men and masculinities for two reasons. Firstly, the studies help correct misunderstandings about the concept of gender, particularly the way that many academics misconstrue gender as concerning only women's problems. Secondly, the core component of patriarchy is deeply held by men and associated with masculinities.

We must launch critical studies on men and masculinities, while reflecting on the history of gender studies in Japan.

Problems concerning recent labor policies for the mentally disabled

Junko EMOTO

Due to the rapid globalization caused by structural industrial change, the prolonged economic recession, ageing populations and declining birthrates, it has become necessary to review and redirect social policies all over the world. In Japan as well, social welfare policies have been radically transformed from policies based on social compensation such as income security to those focusing on social integration with an emphasis on independence. Labor policies for mentally disabled people have been greatly influenced by this transformation.

Since the late 1990s, the number of labor policies for mentally disabled people has been increasing, and during the present decade the government's structural reforms have brought the multiplication of these policies. However, due to the rapid implementation of these policies and the resulting lack of discussion, they are characterized by ambiguity regarding conceptual definition. Consequently, the current system is not one based on social models wherein the mentally disabled can choose what they desire according to their needs. The conditions of mentally disabled people vary, depending on their situations and environments; therefore, a system that is not based on social models creates various problems. Moreover, "mental disability," unlike other types of disabilities, develops during one's working years and occurs in relation to one's labor. Therefore, establishing a labor system wherein mentally disabled people can work in a normal manner despite disabilities is a step forward in establishing a system in which all workers can work safely.

Section 1 of this paper confirms the fact that labor policies for disabled people, like general labor policies, have been influenced by economic and financial conditions, and that those for mentally disabled people have developed likewise. Section 2 shows that one of the reasons that these policies have multiplied is that the government has aimed at reducing the budget for social welfare. On the basis of this understanding, Section 3 points out that the labor policies for mentally disabled people are not in accordance with international trends, targets, or theories. Section 4 proves that the policies are too unrealistic to have much effect, the basic reason for this being inadequately formed policy ideals. Therefore, policy ideals need to be discussed early on to heighten policy effectiveness.

The Attitudes of Part-time Workers' Union Leaders towards Participating in Enterprise Unions in Japan

Kaoru KANAI

Although the number of part-time workers in the Japanese labor market continues to grow, for a long time part-time workers were not allowed to join enterprise-based unions. Nowadays, the proportion of part-time workers in unions is gradually increasing, especially in the retail industry, due to the unions' need to maintain membership. But unionizing part-time workers could be seen by managers as representing a step towards more constructive relations with part-time workers. This paper examines the leaders of unions with part-time workers, and their attempts to improve part-time workers' working conditions. The findings are based on 10 in-depth interviews with the leaders of retail industry unions that include part-time workers.

SUMMARY

The paper concludes that leaders of unions that include part-time workers (who are all female in these cases) have strongly internalized gender role norms. I argue that this internalization occurs because the women workers are treated primarily as wives/mothers with family responsibilities, and only secondly as union members and workers. They willingly accept subordinate positions to their husbands at home, to regular (full-time) workers at the workplace, and to regular union members in the union, but nonetheless express satisfaction with their situation. My findings suggest that even if the work conditions of part-time workers have more or less improved since their inclusion into the enterprise unions, union leaders representing part-time workers are less likely to push for improving part-time workers' working conditions if they do not let go of the gender role norms existing in enterprise unions.

Microfinance by Community Development Financial Institutions (CDFIs) in the USA and the UK

Takashi KOSEKI

Microfinance is regarded as a development method for developing countries. However, it has also been introduced in developed countries, including the USA, the UK, and continental EU countries. Now it is regarded as an effective method for solving the problem of social exclusion. One of the major agents of microfinance in the developed countries is Community Development Financial Institutions (CDFIs).

In this article, the author clarifies the present conditions of micro-finance in the US and the UK by focusing on the experiences of CDFIs.

CDFIs are financial institutions that target residents in deprived areas, the handicapped, micro-enterprises, voluntary associations and social enterprises. Why? Because these people are unable to borrow from commercial banks. CDFIs have grown rapidly since the 1990s.

The significant features of CDFIs are that they (1) provide outside resources and (2) promote financial social inclusion. Credit unions cannot deal with non-members' assets, but CDFIs can under preferable conditions. Microfinance in the developed countries is understood as tackling social exclusion, especially for the disadvantaged (such as the unemployed, ethnic minorities or the handicapped), whereas microfinance in the developing countries basically seeks to improve the living conditions of vast number of residents in rural areas.

The role of CDFIs as money providers is often said to be quite important for disadvantaged people who want to start micro-enterprises or build homes in order to live independently.

In the USA, the CRA (Community Reinvestment Act) helps microfinance institutions raise private funds, but there is no statute like the CRA in the UK. Most such institutions in the UK still rely on public funds.

CDFIs should build up their competitiveness in managing finance, for most of them lack skill in this area.

Researchers of microfinance often insist that microfinance institutions should pursue sustainable development without relying on public grants. However, the condition of CDFIs in these developed countries is far from being able to promote sustainable development. Public funding and tax credits as well as private contributions are still needed.

The National Minimum of Living Level in China

Min ZHU

China began implementing economic reforms in 1978, and creation of a socialist market economy was formally proposed as an aim of economic reform in 1993. The social market economy aims to make all citizens prosperous, but in reality the disparities between the rich and the poor have grown larger. For a long time, poverty in China was commonly regarded as a rural issue, but with the accelerated reform of State-Owned Enterprises, the number of poor people in urban areas began increasing in the latter half of the 1990s. Because of this situation, the Minimal Living Security Scheme was promulgated in 1999.

This paper will focus on the following issues.

First, the Minimal Living Security Scheme, which supports a minimum standard of living, is explained and the present situation is described. The guaranteed standards of different provinces are compared, and the current minimum living standard guarantees in China are shown to be too low to effectively guarantee basic living requirements. In other words, the guaranteed standards are not sufficient to support physical existence. Moreover, according to several surveys, it is certain that the urban poor who received social assistance from the Minimal Living Security Scheme did not receive enough money to live on.

Second, the income and expenditures of urban households are analyzed to show the details and point out the problems of the urban poor. It is shown that expenditures for utilities, education and social insurance fees have become a large burden for the urban poor. Further, the income gap has a strong impact on lifestyle; as a result, the urban poor have to subsist at a level much below the average. This means it is necessary to reduce these expenditures in view of the national minimum livelihood level in

SUMMARY

China.

Since 1986, the social security system in China has been reformed by establishing old age, unemployment and medical insurance systems. But given the increasing number of urban poor and also the existence of a large number of rural poor, it can be said that China should place emphasis on a public assistance system such as the Minimal Living Security Scheme. And the system as such should be reconsidered and expanded. First of all, as shown above, the guaranteed standard of the Minimal Living Security Scheme is insufficient and should therefore be raised.

学会記事 (2006年度春)

1　大会関係

　第112回大会（井上雅雄実行委員長）は，2006年6月3日（土）・4日（日），立教大学池袋キャンパスで開催された。2日間の参加者は416名（うち非会員74名）であった。

▶第112回大会
　　2006年6月3日（土）～6月4日（日）
　　会場：立教大学
　　実行委員長：井上雅雄
【共通論題】「格差社会」のゆくえ
　　　　　　　　　　　　座長：矢野　聡（日本大学）・居城舜子（常葉学園大学）
　報告1　方面委員から民生委員へ　　　　　　谷沢弘毅（札幌学院大学）
　報告2　現代日本のポバティラインを考える　　玉井金五（大阪市立大学）
　報告3　「学習資本主義」と教育格差　　　　苅谷剛彦（東京大学）
　報告4　社会的格差に関する一考察　　　　　斎藤貴男（ジャーナリスト）
　　　　　　　　　　　　　　　コメンテーター：高田一夫（一橋大学）

【テーマ別分科会】
《第1（国際交流委員会Ⅰ）》
　労働市場の構造変化と労働法・労働政策の課題―日本とアメリカ―
　　　　　　　　　　　座長・コーディネーター：関口定一（中央大学）
　　　　　　　　　　コメンテーター：逢見直人（日本労働組合総連合会）
　1．労働市場の構造変化と労働法制　　　　　仁田道夫（東京大学）
　2．雇用関係の変容と法規制　　　　キャサリン・ストーン（UCLA）
《第2》東アジア発の比較福祉国家論
　　　　　　　　　　　　　　座長：埋橋孝文（同志社大学）
　　　　　　　　　　　コーディネーター：上村泰裕（法政大学）
　1．韓国と台湾の医療保険制度発展の比較
　　　　―内側からみた「東アジア福祉国家論」―　　李　蓮花（早稲田大学院）

2. 比較論的視点からみた韓国福祉国家の形成と発展
　　―「遅れた福祉国家化」と「遅れた民主化」の結合局面―
　　　　　　　　　　　　　　　　　　　　　　　金　成垣（東京大学）
《第3（保健医療福祉部会）》
　健康格差と社会政策―不健康と貧困・社会排除に対する欧州の政策展開―
　　　　　　　　　　　　　　　座長：藤澤由和（新潟医療福祉大学）
　　　　　　　　　　コーディネーター：松田亮三（立命館大学）
　　　　　　コメンテーター：山本　隆（立命館大学）・近藤克則（日本福祉大学）
1. 欧州における健康の不平等に関する取り組み　　松田亮三（立命館大学）
2. イングランドにおける健康の不平等に関する取り組み　青木郁夫（摂南大学）
《第4》
　同一価値労働同一賃金原則と賃金制度改革の動向
　　　―日本におけるペイ・エクイティ実現の課題を探る―
　　　　　　　　　　　　　　　　　　　座長：遠藤公嗣（明治大学）
　　　　　　　　　　　　コーディネーター：森ます美（昭和女子大学）
　　　　　　　　　　　　コメンテーター：木下武男（昭和女子大学）
1. 日本における同一価値労働同一賃金原則の実現への論点
　　　―今日の賃金制度改革とかかわって―　　森ます美（昭和女子大学）
2. 同一価値労働同一賃金原則からみた生協労働者の職務と賃金
　　　　　　　　　　　　　　　八谷真智子（全国生協労働組合連合会）
3. 公務部門における同一価値労働同一賃金原則の展望
　　　―自治体での職務評価の試みから―　菅谷　功（全日本自治団体労働組合）
《第5（労働組合部会）》
　サービス産業の企業別組合の現状分析―ホテル，流通産業の事例を通じて―
　　　　　　　　　　　　　　　　　座長：高木郁朗（日本女子大学）
　　　　　　　　　　　　　コーディネーター：鈴木　玲（法政大学）
1. 帝国ホテル労組が直面・対応している課題　秋山邦夫（帝国ホテル労働組合）
2. 「TO：Uにおける組合組織の再構築」について
　　　―必要性と取り組み，組織化後の状況と課題―
　　　　　　　　　　　　　　　　　　　紫桃満之（東武百貨店労働組合）
《第6および第9（国際交流委員会Ⅱ）》
　東アジアにおける社会政策学の可能性
　　　　　　　　　　　座長・コーディネーター：武川正吾（東京大学）

コメンテーター：埋橋孝文（同志社大学）
1. 日本における社会政策の展開と特質　　玉井金五（大阪市立大学）
2. 韓国における社会政策学の可能性　　尹　朝徳（韓国労働研究院）
3. 中国社会の発展の現状と社会政策，近隣諸国の協力
　　　　　　　　　　　　　　　　　　　楊　　団（中国社会科学院）

《第7（産業労働部会）》
　アジア諸国の人的資源管理—現状と課題—
　　　　　　　　　　　　　　　　座長：黒田兼一（明治大学）
　　　　　　　　　　　コーディネーター：白井邦彦（青山学院大学）
1. 韓国財閥企業における大卒ホワイトカラーのキャリア管理の動向
　　　—S化学の事例—　　　　　　　　佐藤静香（東北大学院）
2. 在マレーシア日系企業の従業員に対する動機付け
　　　—20社1万人のマレーシア人労働者を対象とした職務意識分析—
　　　　　　　　　　　　　　　　　　國分圭介（国際経済労働研究所）

《第8（ジェンダー部会）》
　日本におけるジェンダーレジームの諸相—ジェンダー部会の10年を経て—
　　　　　　　　　　　座長・コーディネーター：居城舜子（常葉学園大学）
1. 男性稼ぎ手規範の普及過程と日本のジェンダー分析
　　　　　　　　　　　　　　　　　　宮下さおり（一橋大学院）
2. 社会手当の貧困とジェンダー　　　北　明美（福井県立大学）

《第10》労働紛争と労働者団結の新展開
　　　　　　　　　　　　　　　　座長：上原慎一（北海道大学）
　　　　　　　　　　　コーディネーター：遠藤公嗣（明治大学）
　　　　　　　　　　　コメンテーター：木下武男（昭和女子大学）
1. 個別労働紛争の考察　　　　　　　　遠藤公嗣（明治大学）
2. コミュニティ・ユニオンの構造と機能—神奈川シティユニオンの事例—
　　　　　　　　　　　　　　　ウラノ・エジソン・ヨシアキ（JSPS特別研究員）

《第11（非定型労働部会）》地域における非正規労働の存在形態と諸問題
　　　　　　　　　　　座長・コーディネーター：小越洋之助（国学院大学）
1. 東京・下町地域における雇用・就業
　　　—中小企業技術労働者の不安定就業実態—　　笹本良行（日本大学院）
2. 地域における少子化と雇用形態—岩手県中部の事例—　渡邊幸良（富士大学）
3. 大都市パートタイマーの労働組合組織化の再検討　　本田一成（国学院大学）

学会記事（2006年度春）

【自由論題】
《第1》児童をめぐる社会政策
　　　　　　　　　　　　　　　　　　　座長：藤原千沙（岩手大学）
1. 少子化問題と社会政策
　　　―ミュルダールと高田保馬―　　　杉田菜穂（大阪市立大学院）
2. 母子世帯の母親の就労支援の課題
　　　―北海道K市を事例として―　　　中囿桐代（釧路公立大学）
3. アメリカ AFDC/TANF 改革における世論の支持決定要因分析
　　　―中位投票者仮説の実証データによる検証―　　稗田健志（一橋大学院）

《第2》パート・契約労働者
　　　　　　　　　　　　　　　　　　　座長：伍賀一道（金沢大学）
1. プロサッカー選手の労働市場と賃金制度　　青木　梓（専修大学院）
2. ジェンダー視点から見た日本のパート制度
　　　―大手GMS企業の改正パート制度を中心に―　　金　英（聖公会大学）

《第3》社会福祉
　　　　　　　　　　　　　　　　　　　座長：上掛利博（京都府立大学）
1. 精神障害者労働政策の近年の動向とその課題　　江本純子（佛教大学院）
2. 地域における高齢者の住まいとケア　　　　　嶺　学（法政大学）
3. 「格差」の視点から中国の社会政策を捉え直す
　　　―東アジア福祉国家論との関連で―　　王　文亮（金城学院大学）

《第4》労使関係
　　　　　　　　　　　　　　　　　　　座長：関口定一（中央大学）
1. 現代日本の外国人労働者問題とコミュニティ・ユニオン
　　　―神奈川シティユニオンを事例として―　　李　憓珍（筑波大学院）
2. ワイマール期ドイツの労働組合運動における「混在型経営」の問題
　　　　　　　　　　　　　　　　　　　枡田大知彦（立教大学）
3. 労使関係と社会規範―新聞社説の日韓比較―　　金　正勲（東京大学院）

《第5》若年雇用問題
　　　　　　　　　　　　　　　　　　　座長：岩上真珠（聖心女子大学）
1. 若年失業と雇用補助金　　　　　　　　福島淑彦（名古屋商科大学）
2. 日本の若年者雇用対策を評価する視点
　　　―「逆接」論と「順接」論―　　　橋口昌治（立命館大学院）
3. 新規高卒者の労働移動

　　　　―都道府県データを用いた実証分析―　　　　　伊佐勝秀（西南学院大学）
《第6》医療保障
　　　　　　　　　　　　　　　　　　　　　　座長：土田武史（早稲田大学）
　1. 中国新型農村医療合作制度および給付状況について
　　　　―河南省K県の事例調査を中心に―　　　李　暁暉（東京農工大学院）
　2. イギリスにおける保健サービスの展開
　　　　―NHS成立に関する一考察―　　　　　　白瀬由美香（一橋大学院）
　3. 歯科医療政策にみる public-private mix と予防・治療・機能回復の重点化
　　　　―OECD諸国の歯科医療改革の経験からの示唆―　野村眞弓（千葉大学）
《第7》貧困問題
　　　　　　　　　　　　　　　　　　　　　　座長：布川日佐史（静岡大学）
　1. イギリスのコミュニティ開発金融機関（CDFI）による
　　　マイクロ・クレジット　　　　　　　　　　　　小関隆志（明治大学）
　2. 1980～2002年の日本の貧困率の推移と要因分析
　　　　　　　　　　　　　　　　　阿部　彩（国立社会保障・人口問題研究所）
　3. 中国における国民生活の最低限　　　　　　　朱　珉（中央大学）
《第8》新自由主義と規制緩和
　　　　　　　　　　　　　　　　　　　　　　座長：武居秀樹（都留文科大学）
　1. 現代ドイツにおける「社会的市場経済」の変容
　　　　―2003年閉店時間法改正議論を手がかりに―　石井　聡（名古屋大学）
　2. 新自由主義の政治過程
　　　　―現代政治における日本社会党構造改革派・構造改革論の意味―
　　　　　　　　　　　　　　　　　　　　　　　　　山本崇記（立命館大学院）

2　総会関係

　2006年度総会は2006年6月3日（土），立教大学池袋キャンパスにおいて開催された。
　1. 玉井金五代表幹事から，2005年度の活動報告があった。
　2. 服部良子会計担当幹事から2005年度決算報告が，伊藤セツ会計監査から2005年度会計監査報告があり，承認された。
　3. 玉井代表幹事から2006年度活動方針の提案があり，承認された。
　4. 服部会計担当幹事から2006年度予算の提案があり，承認された。
　5. 玉井代表幹事から企画検討委員会規程ならびに旅費規程の改正が提案され，

承認された。
6. 高木郁朗学会賞審査委員長から第12回社会政策学会賞の審査結果の報告があり，表彰が行われた。
7. 玉井代表幹事から，武川正吾会員が次期代表幹事に選出されたとの報告があり，武川新代表幹事から次期幹事会の構成が紹介された。
8. 秋季大会企画委員会（阿部誠委員長），学会誌編集委員会（橋元秀一委員長），国際交流委員会（武川正吾委員長）からそれぞれ報告があった。
9. 第113回大会開催校である大分大学の阿部誠会員，ならびに第114回の東京大学の森建資会員から挨拶があった。

3　第12回（2005年度）社会政策学会賞

2006年6月3日に開催された2006年度大会において，社会政策学会賞選考委員会（委員長：高木郁朗，委員：埋橋孝文・上井喜彦・木本喜美子・谷沢弘毅）から，第12回社会政策学会賞の選考経過ならびに結果の報告があった。

1. 学術賞は該当無し。
2. 次の3作品に奨励賞を授賞する。なお，対象となる作品の発表期間は2004年である。

　　菅沼　隆『被占領期社会福祉分析』ミネルヴァ書房
　　近藤克則『健康格差社会－何が心と健康を蝕むのか－』医学書院
　　森ます美『日本の性差別賃金－同一価値労働同一賃金原則の可能性－』
　　　有斐閣

◆編集後記

　本号の編集にあたり，投稿論文の審査にひとつの小さな改良を試みた。

　社会政策学会誌は，これまでの経緯から，年2回の大会の内容を中心に編集されてきた。その意味では，大会企画の段階ですでに学会誌面の大枠がほぼ決まる仕組みになっている。投稿論文のスペースは確保されているものの，掲載本数は投稿数に対して決して多いとは言えないかたちで推移してきている。

　学会から編集委員会に与えられた役割は，毎号の学会誌を正確に編集し公刊すること，そして，会員のニーズや社会からの期待に応えられるような誌面編集に心がけることにある。学会誌への投稿論文数は最近では号あたり10本を超える数に上っており，大学院生・若手の会員の皆さんからの投稿が活発になっている。論文テーマも多様化しており，投稿論文の動向は，学会の研究の現状や今後の動向のバロメーターになっているようにも思える。にもかかわらず，実際に掲載される本数は限られており，どうしても「選ぶ掲載」になってしまうのも仕方のない状態にあった。

　本号には，12本の投稿論文が寄せられた。審査（査読）は，編集委員による第1次審査と，会員の先生方に依頼して行う第2次審査からなる。今回，論文の形式要件で厳しいチェックを入れることはせず，できるだけ実質的な審査に付すという考え方にたって，11本が第2次審査に進んだ。第2次審査について，方法を改良した。できるかぎり具体的で改善促進的なコメントを付して投稿者に改訂をお願いし，再審査を行い，さらに必要な場合には改善コメントを付すという形にした。その結果，4本掲載（1本は前号からの先送り掲載分）となり，編集日程から次号以降への掲載にまわさざるを得なかったものが3本ある。

　第2次審査を担当してくださった各位には，ご無理を申し上げた。にもかかわらず，多い方で3回にわたり，しかも，勤務先の学位論文指導と並行する年末年始の時期に改訂コメントを提出してくださった会員が数名いらした。また，丁寧なコメントをという要請をご理解くださって，最長でA4判4頁にわたるものがあった。学会誌は会員のヴォランタリーな相互主義によって支えられていることに，改めて気づかされた。

　学会誌のジャーナル化に向けた作業が進んでいる。どのような編集形態になったとしても，こうした会員相互のコミットメントが豊かな研究成果を生み出す源になるのであろう。

（小笠原　浩一）

『社会政策学会誌』投稿論文募集について

　『社会政策学会誌』に掲載する論文を，下記の【投稿規程】により募集いたします。投稿ご希望の方は，封筒に「社会政策学会誌・投稿論文在中」と朱書きのうえ，法律文化社宛に簡易書留でお送り下さい。

　なお，送付先は学会本部とは別の所ですので，ご注意下さい。

　　　送付先：〒603-8053 京都市北区上賀茂岩ヶ垣内町71
　　　　　　　㈱法律文化社（担当　浜上知子）
　　　問合せ先：小笠原浩一　Tel：022-301-1172　Fax：022-301-1172
　　　　　　　　E-mail：o-koichi@tfu-mail.tfu.ac.jp

【投稿規程】
1. 『社会政策学会誌』の投稿資格は，社会政策学会の会員とします。
2. 会員が代表執筆者である場合は，共同執筆論文の投稿を認めます。
3. 投稿原稿の種類は論文とし，未発表のものに限り，他誌等への二重投稿は認めません。和文原稿の場合は400字詰め原稿用紙50枚以内（図表を含む），英文原稿の場合はＡ４用紙にダブルスペース（１枚28行，１行10～15単語）で25枚以内（図表を含む）とします。その他，詳細については，学会公式サイトの【執筆要領】を参照してください。
4. 論文締切日は，７月20日と１月20日（いずれも当日消印有効）です。締切日までに，和文原稿の場合は英文タイトルと英文要旨（400単語程度）を，英文原稿の場合は和文タイトルと英文要旨（400単語程度）を付して，正１部，副２部を法律文化社編集部宛に送るものとします。その際，論文の電子ファイルをＦＤその他の媒体によって提出してください。

　　なお，英文タイトル・英文要旨・英文原稿については，執筆者があらかじめ英語を自国語とする人のチェックを受けた原文を提出してください。
5. 投稿論文の採否は，社会政策学会誌編集委員会が指名するレフェリーの審査を経て，社会政策学会誌編集委員会が決定します。

　　なお，不採択の理由について編集委員会より説明します。
6. 採用原稿の執筆者校正は再校までです。なお，校正時の加筆・修正を含む改訂は認められません。編集委員会の指示に従わずに，校正段階で論文内容の変更がおこなわれた場合，学会誌への掲載を取り消すことがあります。
7. 投稿原稿および電子ファイルは，採否にかかわりなく返却いたしません。
8. 原稿料は，支払いません。
9. 『社会政策学会誌』に掲載された論文を執筆者が他の出版物に転載する場合は，あらかじめ文書によって編集委員長の了承を得なければなりません。
10. なお，詳細はあらためて学会公式サイトでご確認下さい。

Shakai-seisaku Gakkai Shi
(The Journal of Social Policy and Labor Studies)

March 2007　　No. 17

Rethinking Disadvantageous Society : Viewing from the Poverty and Education Inequality Issues

1. From District Committees to Community Welfare Volunteers:
Public Assistance Policy in Historical Perspective .... Hirotake YAZAWA (3)
2. Rethinking the Poverty Line in Japan .... Kingo TAMAI (17)
3. Inequality in Education and the Rise
of "Learning Capitalist Society" .... Takehiko KARIYA (32)

Comment by Chair

4. Rethinking Disadvantageous Society .... Satoshi YANO (49)

From the Sub-sessions

1. From Widgets to Digits: Legal Regulation of
the Changing Contract of Employment .... Katherine V. W. STONE (57)
2. Labor Law Reform and Employment Systems:
The Case of Dismissal Regulations in 2003 .... Michio NITTA (73)
3. Recent Wage Reforms and Equal Pay for Work of
Equal Value in Japan .... Masumi MORI (84)
4. Gendering Man: Necessities and Possibilities in
Current Japanese Gender Studies .... Saori MIYASHITA (103)

Comments by Sub-sessions Chairs .... (116)

Articles

1. Problems concerning recent labor policies for
the mentally disabled .... Junko EMOTO (159)
2. The Attitudes of Part-time Workers' Union Leaders
towards Participating in Enterprise Unions in Japan .... Kaoru KANAI (180)
3. Microfinance by Community Development Financial
Institutions (CDFIs) in the USA and the UK .... Takashi KOSEKI (205)
4. The National Minimum of Living Level in China .... Min ZHU (225)

Summary

Edited by
SHAKAI-SEISAKU GAKKAI
(Society for the Study of Social Policy)
c/o Professor Shogo TAKEGAWA
Graduate School of Humanities and Sociology, The University of Tokyo
7-3-1, Hongo, Bunkyo-ku, Tokyo, 113-0033, JAPAN
URL http://oohara.mt.tama.hosei.ac.jp/sssp/
E-mail : takegawa@l.u-tokyo.ac.jp

〈執筆者紹介〉（執筆順）

谷沢　弘毅	札幌学院大学経済学部教授
玉井　金五	大阪市立大学大学院経済学研究科教授
苅谷　剛彦	東京大学大学院教育学研究科教授
矢野　聡	日本大学法学部教授
キャサリン・ストーン	UCLA ロースクール教授
仁田　道夫	東京大学社会科学研究所教授
森　ます美	昭和女子大学人間社会学部教授
宮下さおり	一橋大学大学院社会学研究科特任講師
関口　定一	中央大学商学部教授
埋橋　孝文	同志社大学社会学部教授
藤澤　由和	新潟医療福祉大学社会福祉学部助教授
遠藤　公嗣	明治大学経営学部教授
鈴木　玲	法政大学大原社会問題研究所助教授
武川　正吾	東京大学大学院人文社会系研究科教授
黒田　兼一	明治大学経営学部教授
居城　舜子	常葉学園大学教育学部教授
上原　慎一	北海道大学大学院教育学研究科助教授
小越洋之助	国学院大学経済学部教授
江本　純子	佛教大学社会学研究科研究員
金井　郁	東京大学大学院新領域創生科学研究科博士課程・院生
小関　隆志	明治大学経営学部助教授
朱　珉	中央大学経済学部非常勤講師

格差社会への視座
―貧困と教育機会―

社会政策学会誌第17号

2007年3月31日　初版第1刷発行

編集　社　会　政　策　学　会
（代表幹事　武川正吾）

発行所　社会政策学会本部事務局
〒113-0033　東京都文京区本郷7-3-1
東京大学大学院人文社会系研究科気付
電話／Fax 03-5841-3876
URL http://oohara.mt.tama.hosei.ac.jp/sssp/
E-mail:takegawa@l.u-tokyo.ac.jp

発売元　株式会社　法律文化社
〒603-8053　京都市北区上賀茂岩ヶ垣内町71
電話 075(791)7131　FAX 075(721)8400
URL:http://www.hou-bun.co.jp/

©2007　社会政策学会　Printed in Japan
印刷：㈱冨山房インターナショナル／製本：藤沢製本所
装幀　石井きよ子
ISBN 978-4-589-03016-0

救貧のなかの日本近代

◎「大正デモクラシー」から「戦時体制」へ

冨江直子著●生存の義務 社会事業は転向したか？ 戦前の救貧をめぐる言葉と経験のなかに、日本近代のあり方を読み取る。

社会政策学会奨励賞＆損保ジャパン記念財団賞受賞！

5775円

被占領期社会福祉分析

菅沼 隆著 一次資料発掘の成果。

4725円

現代資本主義と福祉国家

加藤榮一著 福祉国家システムの形成・発展・解体を資本主義発展の全歴史過程に位置づけて内在的に解明する。

6300円

公共政策決定の理論

Y・ドロア著 足立幸男監訳 木下貴文訳

7350円

移行経済国の年金改革

西村可明編著●中東欧・旧ソ連諸国の経験と日本への教訓 市場経済化の中での世代間利害調整制度整備の課題を析出。

5775円

ブレア政権の医療福祉改革

伊藤善典著●市場機能の活用と社会的排除への取組み サービス分野ごとに、現状と課題および政策の動向を紹介。

3990円

欧米のケアワーカー

三富紀敬著●福祉国家の忘れられた人々 欧米の介護や保育事情を解明。

6825円

福祉化と成熟社会

藤村正之編著 福祉化を、家族・地域社会や労働・雇用の変貌、貧困や不平等問題、社会保障政策の展開から把握する。

3675円

官僚制化とネットワーク社会

舩橋晴俊編著 変動する社会のあり方を組織の変動を基軸に考察する。

3675円

〒607-8494 京都市山科区日ノ岡堤谷町1　☎075-581-0296　宅配可/価格税込
E-mail eigyo@minervashobo.co.jp　URL http://www.minervashobo.co.jp/

ミネルヴァ書房

高齢女性のパーソナル・ネットワーク
野邊政雄著
地方小都市に住む高齢者はどのようなネットワークを保持しているのか。ソーシャル・サポートのメカニズムを探究する。
●高齢女性はサポートを仰ぐ相手をどう選択するか 階層的補完モデル
A5判・二五〇頁・六七二〇円

中国村民自治の実証研究
張文明著
「八〇年代から中国農村に導入された直接選挙を特徴とする村民自治制度の実施実態とその影響を現地調査で初めて究明。
●中国農村における〈静かな革命〉といわれる村民自治の「真の姿」
A5判・三九〇頁・七三五〇円

中国東北農村社会と朝鮮人の教育
金美花著
植民地下にあった朝鮮人の国境を越えた定着過程を、楊城村とその周辺の朝鮮人農民の生活と教育の状況から分析。
●植民地下の朝鮮人の教育展開からみた社会構造分析
A5判・四〇〇頁・八四〇〇円

シュタインの社会と国家
柴田隆行著
本邦未公開の文献を利用し、シュタインが新たに独自に提示した《社会》の学としての国家学の現代における有効性を問う。
●社会と国家が複雑に絡み合う現代世界の今後を展望する
吉林省延吉県楊城村の事例を中心として(一九三〇─四九年)
菊判・五四二頁・九四五〇円
ローレンツ・フォン・シュタインの思想形成過程

新しいアフリカ史像を求めて
富永智津子・永原陽子編
●アフリカ研究そのものをフェミニズムの視点で捉えなおす最先端の研究
I フェミニズムと歴史／アミナ・ママ／マージョリー・ムビリニ／富永智津子 II 奴隷制の再考にむけて／クレア・ロバートソン／マーガレット・シュトローベル III 抵抗運動史の再検討／タデウス・サンセリ／栗田禎子／モニカ・セハス／國恒雄 IV 歴史と文学のはざま／バーガー／マージョリー・ムビリニ V 女性たちの語りから／レロバ・モレヤント／デズリー・ルイス／永原陽子執筆
菊判・五六八頁・四九三五円

「対テロ戦争」と現代世界
木戸衛一編著
ロシア、ドイツ、ポーランド、東アジア、パレスチナ、イスラエル、アフリカ、キューバ、アメリカといった地域からの多面的な視点にメディア、ジェンダーからの批判を加えて、対テロ戦争の本質とその帰結を詳細に報告。
[執筆者]石郷岡建・木戸衛一・小林宗悦・末爛砂・木下ちがや・服部孝章・康宗憲・本山央子・田浪亜央江・稲場雅紀・太田昌国
●「軍産学情複合体」が喧伝する脅威論に惑わされない冷徹な分析
B5変型・二一〇頁・二六二五円

アナーキカル・ガヴァナンス
土佐弘之著
戦争の国家─社会への内部化とグローバリゼーションに伴う主権国家体系の変容と連動し新しいステージへと進みつつある。
●小さな戦争〈small wars〉の常態化と他者〉の関係を問う
A5変型・二五八頁・二九四〇円
批判的国際関係論の新展開

グローバル権力とホモソーシャリティ
清水耕介著
●ポスト9.11のいま、「国際」を問う場を批判的に再考
暴力と文化 国際政治経済学 ファルス中心主義が蔓延する国際関係学で、平和、秩序などをめぐる言語はどう生成されているのか
A5変型・二七二頁・二九四〇円

韓国の軍事文化とジェンダー
権仁淑著／山下英愛訳
●「大韓民国は、教育制度から軍隊まで、現代韓国社会分析。
「大韓民国の想像力」の全訳。教育制度、学生運動、軍隊生活に注目した現代韓国社会論
●新しいアジアの想像力へ──中国を語る困難に挑む
教育制度、学生運動、軍隊生活に注目した現代韓国社会論──女性学的視点で見た平和、軍事主義、男性性の全訳
四六判・三四〇頁・二九四〇円

中国映画のジェンダー・ポリティクス
戴錦華著／宮尾正樹監訳・舘かおる編
ジェンダーとポスト冷戦時代の文化政治──ジェンダー理論の中国における実践と文化研究の交錯から生まれた新たな中国研究の可能性。
A5判・二二六頁・二五二〇円

御茶の水書房 113-0033 東京都文京区本郷5-30-20 電話03(5684)0751
http://www.ochanomizushobo.co.jp/ （価格は税込み）

東アジアにおける社会政策学の展開
社会政策学会編

中国、韓国などの経済成長をうけて近年急速に関心が高まってきた東アジアの社会政策研究。社会政策学会においてこの十年で蓄積されてきた研究の成果を一挙に掲載し、社会政策学確立の可能性をさぐる。

3990円

福祉政策と権利保障
秋元美世著 ●社会福祉学と法律学との接点

社会福祉政策においてともすれば無視される福祉の権利。その構造と特質を英米の理論と日本の福祉政策に照らして論究する。権利か裁量かの二者択一的な議論に対して新しい枠組みを提示。

3360円

現代社会保障・福祉小事典
佐藤進・小倉襄二監修／山路克文・加藤博史編

構造改革のもとで劣化した社会保障および社会福祉サービスを人権視座から批判的に検証した「読む事典」。各頁ごとに読み切りの構成で、複雑な諸制度の関連や脈絡をわかりやすく解説。

2520円

地域福祉の主流化
武川正吾著 ●福祉国家と市民社会Ⅲ

地域が基軸となって社会福祉を推進していく状況を「地域福祉の主流化」ととらえ、その背景や概念をさぐり、地域福祉計画の具体策を示す。

2415円

日本の貧困
室住眞麻子著 ●家計とジェンダーからの考察

所得格差や家族の多様化により深刻化する「貧困」。家族内での家計配分に焦点をあて、これまで見逃されてきた女性や子どもの現状を明らかにする。

3255円

戦後「措置制度」の成立と変容
北場勉著

措置から契約へ。「措置制度」の概念・範囲を明らかにし、基本理念を抽出することで、社会福祉サービス供給体制の本質部分の変化をさぐる。

6300円

EU社会政策の展開
佐藤進著

ヨーロッパが拡大をたどる過程で、労働組合運動はどのような役割を果たし、社会保障や労働にかかわる政策はどう形成されたのかをさぐる。

5775円

法律文化社
価格は定価（税込）